金庸政治学（二）

叶克飞 著

译林出版社

目录 Contents

《倚天屠龙记》之明教卷

《倚天屠龙记》之丐帮卷

《飞狐外传》卷

序言 Foreword

叶克飞这小家伙

王小山

标题模仿金庸《韦小宝这小家伙》，金庸原本对韦小宝是极爱的，后来不爱了。

总觉得，金庸爱韦小宝是真情流露，那个时候，他还“年轻”。到了老年，所追求的东西会有些改变，于是到处说，后悔了，韦小宝会教坏小朋友，不该让他有好结果——给他配了七个性格各异，但个个绝色的老婆。

这本身就是政治，就像他在公开场合把自己年轻时的偶像莎士比亚改成了邓小平。只不过这种政治现象发生在金庸身上，让人觉得可以原谅。金庸做任何事情都会被大多数人原谅，这没办法，他在华人世界的声誉比排名第二的都高出很多，虽然谁也不知道华人世界声誉排名第二的是谁。

一般说来，我很不喜欢所谓政治权谋、职场指北一类的书，能离多远就离多远，总觉得这类书是在教人“学坏”。窃以为，做人还是直接一点好，除非你真的想搞政治而不是总被政治搞。年纪大了，见识阅历多了一点后，心里有了一点纠结，觉得年轻人看这类书，职业生涯会少走些弯路——纠结的是，这些书，会不会把年轻人身上的棱角磨平?

如果年轻人身上都没有了棱角，这个世界，是否太单一了些?

不喜欢没有年轻人的世界，不喜欢没有棱角的年轻人，也就不喜欢这类书，这本也不例外——除非你不把本书当成职场秘籍和政治入门，而把它当成从人性角度分析金庸笔下人物心理图谱。

多年以来，金庸处身香港，做政治评论员，成为了出色的内地观察家。他多年一直为《明报》撰写政治社评，而内地这几十年人性各个角度的极端突破，为他的分析带来丰厚土壤，香港的地理位置又为他带来近乎无限的言说空间。在这种情况下，他（为提高报纸发行量而撰写）的武侠小说里，像他自己老了以后所说，没有掺杂他的政治洞见，估计鬼都不信。要说任我行、东方不败的种种作为没有文革的影子，要说《连城诀》诸君没有来自内地政治的灵感，要说袁承志的漂流海外，令狐冲、任盈盈事后只羡鸳鸯不代表他的人生终极理想和凶险政治躲避之道……你信吗？

叶克飞君对金庸浸淫之深、把握之精细，自不待言，让人吃惊的是以他刚满三十岁的年纪，居然深谙官场精髓、人性险恶，而其条分缕析、鞭辟入里，读之偶尔会冒冷汗。以金庸为名衍生出来的作品，并不少见，但同类著作中，无疑，此书力拔头筹。

值得提醒的有两点。第一，有关金庸著作，故事固然精彩绝伦，但其华丽外壳下，是儒家内核，和现代人权、民主、科学等格格不入，而历史事实告诉我们，儒学作为一套学说，自有其存在价值，但如果还是依靠这套东西，欲如金庸笔下人物那样试图修齐平治，是没有出路的。第二，关于本书，如果你体会到了叶克飞阐明的那些明规则、潜规则，固然会为你日后生活、工作带来一些方便，但做人做事，还是要有自己的坚守——最好的例子莫过韦小宝，四处骑墙，最后的结果是不得不退出，销声匿迹。

十年前认识叶克飞的时候，他还是个学生，已经开始为《南方都市报》撰写专栏。十年后，他奉献了这本《金庸政治学》，但实话实说，这并不是我对他的期待。这类小品文，好看好读，能让人想点什么，也会让人会心微笑，但他完全有理由也有能力，写出更好的作品。

是为序。

某年月日于挖矿斋

《倚天屠龙记》之六大派卷

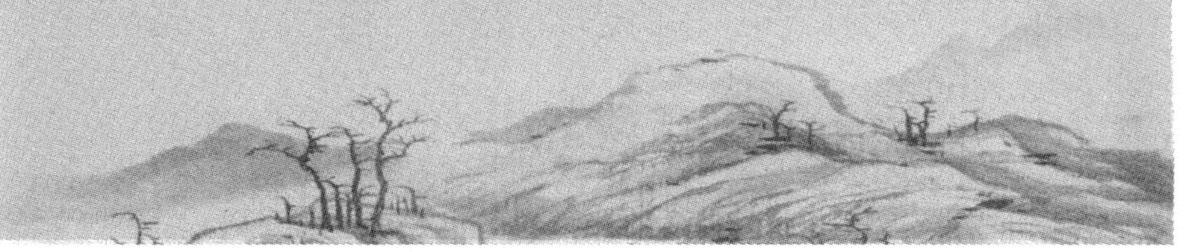

真正的难得糊涂，决不是饱食终日，而是洞悉一切之后的“选择性失明”，而且这种选择的出发点，不是明哲保身，更不是无视公义，而是基于对局势的控制、对关系的协调，以及对别人感受的照顾。

“忙”只是一个现象，忙的时机、忙的事情才是本质。上位前忙和上位后忙不一样，今年忙明年忙也不一样，打个最简单的比方，你难道不觉得你们单位的人在竞争上岗之前是最忙的吗？为什么会这样，就是因为那个阶段有忙的需要。

双轨制是张三丰任期内的一个重大决策和政治路线，从社会意义上来说，张三丰期待技术接班人张翠山可以将武学发扬光大，并将之用于救国救民，以求武当派的影响力得到无限外延。而从内部政治格局来说，双轨制可以形成彼此的制约，宋远桥负责政务，营造武当的正义和权威形象，张翠山专注于技术发展，从而合力打造一个“德才兼备的武当派”，而且彼此的发展可以对对方形成一定制约，避免野心的过度膨胀。

张三丰的户籍问题

户籍这东西，历朝历代都有。什么？你说没福利没分红？那关我啥事！关键你得挂个号，以后方便给皇帝老人家交税。在这方面，权利和义务向来都不是平等的。

户籍也分很多种，僧籍是其中之一，各寺住持每隔几年都会报个名册给官府，确认和尚们的身份。

张三丰年少时还不叫张三丰，而是叫张君宝，他的户籍就在少林寺。早在《神雕侠侣》末尾，觉远带着张君宝漫山遍野地追潇湘子和尹克西，要讨回经书，在华山遇见杨过等人，他当时就曾说过“小徒姓张，名君宝。他自幼在藏经阁中助我洒扫晒书，虽然称我一声师父，其实并未剃度，乃是俗家弟子”。

也就是说，虽然张君宝一直没剃度，只是个号称俗家弟子的打杂小厮，但也属于少林寺常住人口。当年的少林寺，商业化不严重，成本意识也不浓，这些打杂工勤人员都是自聘，还包吃住，不像现在的单位流行“外包”，搞劳务派遣控制成本，除非遇上重大活动，自己人手不够，才考虑临时外聘，比如后来的“屠狮大会”得应付几千来宾，工作人员紧缺，张无忌就用外聘打杂的身份潜入。

《倚天屠龙记》开篇，昆仑三圣何足道跑到少林寺捣乱，见谁灭谁，很是拉风，修习了九阳神功的少年张君宝挺身而出，挽救了少林的面子。但好心没好报是武侠小说里的例牌情节，少林寺的面子一回来，立刻就翻脸不认人，拿出当年火工头陀偷学武功，结果造成少林分裂势衰的旧事，要清算今日的张君宝。

没办法，逃吧，师父觉远带着他逃了，临终前还传了非完整版的“九阳真经”。再后来，流浪汉张君宝走上了自立门户的道路，从此成了张三丰，开创武当派。

按理说，你在原单位呆得无聊，跑出去自己混，结果步步高升或做了大老板，这当然不算坏事。在官场上，一个单位“走出去的牛人”很多（当然，是正常调动或离开，不是赶出去的），首先意味着领导有面子，走出去一说“XXX 就是我们单位走出去的”，腰杆都比别人直一点；第二，证明领导有水平，会培养人才，还能大局为重，把人才培养好了也不自己藏着掖着，而是送去更高平台上发挥更大作用；第三，无论是单位还是领导本人，人脉都大大扩展，你送一个人出去，等于跟其新单位、新领导都搭上了关系；最后是有利于单位内部新陈代谢，改善人际关系，有时人才太多也不是好事，个个都值得培养，可领导位置就那么少，你无论分给谁，其他人都免不了眼红，任何单位都不可能在只进不出的情况下解决内部层级问题，所以在大系统内进行适当的人才流动很有必要。

可这个理论往张三丰身上一套就不对劲了，尽管他开宗立派，成为一代奇人，但原单位少林寺一直不待见他，甚至称其为叛徒。

难道理论有错误？那当然不是。事情关键在张三丰同志的户籍上，之后的一切问题都因户籍而产生。要了解武当的崛起，以及武当乃至整个武林的暗流涌动，首先得搞清楚张三丰的户籍以及背后隐藏的问题。

说起他的户籍问题，可真有点复杂。话说他先是在少林寺打杂，后来逃跑，如果户籍中心的同志跑去少林寺进行人口普查，就会发现此人已走，注销其档案。但他是非正常离开，去处不明，这头注销了，那头没地方接收，就变成了流民。

后来他在武当山上圈了块地，折腾自己的事业，慢慢就家大业大，搞个大院子盖几栋楼收一帮徒弟，天天一大早起来列队练功，当地户籍中心就少不了盯上他，虽说张三丰背地里不反对弟子骚扰元政府、杀杀元兵，但表面上还是清静出家人，属于户籍管理对象。所以，尽管武当山当时的路不太好走，但当地政府还是会给武当派建个户籍，树个门牌号码。

按理说，官方都承认了，这事情也就没啥争议了，可少林那边不干了，你有户籍又怎样？你有身份证又怎样？你在武当山上盖楼收徒弟又怎样？反正，你是少林的叛徒。

后来，张三丰带着小张无忌去少林求“九阳真经”，以解玄冥神掌之毒，少林寺众位高层专门在寺外接待，说法就是：“张真人光降敝山，原该恭迎入寺。只是张真人少年之时不告而离少林寺，本派数百年的规矩，张真人想亦知道，凡是本派弃徒叛徒，终身不许再入寺门一步，否则当受削足之刑。”

张三丰的回答是：“贫道幼年之时，虽曾在少林寺服侍觉远大师，但那是扫地烹茶的杂役，既没有剃度，亦不拜师，说不上是少林弟子。”

意思很明白，我没做过和尚，没拜过师父，你想让我当你们少林弟子，咱还不干呢！我张三丰从来没有过少林寺户口。

这是两大门派的高峰会谈，针锋相对。但官方说法这东西向来真假难辨，咱们前面不是说了嘛，张三丰少年时代的户口确实在少林寺，这是觉远证实过的，俩人确实是师生关系，只是由于觉远本人在少林系统内的地位就十分低微，所以他只能承担一些打杂工作，但不管怎样，他的少林弟子身份可确定。

咱们再来看看当事人的“非官方说法”。武当七侠的老三俞岱岩遭人用少林金刚指功夫暗算，张三丰派宋远桥等前往交涉，在他们临行前说了句“本派与少林派之间，情形很是特殊。我是少林寺的逃徒，这些年来，总算他们瞧我一大把年纪，不上武当山来抓我回去，但两派之间，总是存着芥蒂”。

说这话的场合是武当山内部，说话对象都是自己人，虽然有调侃成分，但可以视为真言，由此可见，尽管对外不予承认，但张三丰内心还是承认了自己的“少林逃徒”身份。

放弃户籍，但带走了福利

前面扯了这么多，其实就一句话：张三丰当年有少林户口，但他在非正常状态下离开了，少林很生气，说他是少林的叛徒，但张三丰同志对外不予承认。

可就算是非正常离开，张三丰当年也不过就是一个打杂小孩张君宝，少林那么多人，多他一个不多，少他一个不少，空闻空智这些高僧犯得着动那么大肝火吗？而张三丰呢，他可是一代宗师，到了晚年承认一下当年的错误，或者讲讲那过去的故事，也不妨碍其威望。更何况，不就是离开少林这点破事儿吗？就当神童逃个学呗，有啥不好意思承认的呢？

看上去，少林和张三丰都太较真了。

但这世界上从没有无缘无故的较真，一方拼了命强调，一方说啥也不认账，里面绝对是有利害关系的。

我们都知道，户籍制度背后往往牵涉着福利制度，造成人生差异，元代也如此。你拿着少林寺的户口，也就享受着少林寺的福利，吃着寺里的馒头，住着寺里的房子，还可以学学寺里的武功，这是多么幸福的生活。而你的义务就是做好一个和尚的本职工作，顺便钻研武功：一来保护少林这块招牌，二来争取为武功传承出出力。如果哪一天你心血来潮，跑去方丈那里说我想离开少林寺，不要这户口了，想换个地方发展发展，方丈一般情况下也会深深地祝福你。比如都大锦跑去开个镖局，闯出名头，那也是为少林争光并支援武林建设嘛。

换言之，人都是趋利避害的，少林也一样，你作为少林弟子，要不就乖乖留在这里搞研究工作，要不就出去搞个少林分公司，这样的话，即便户口属于其他地方，你的心你的名字你的事业你的钱也永远和少林在一起。

但有一种情况例外，你主动把少林给炒了，临走的时候还顺便带了本武功秘籍，然后找个山头，凭着这秘籍开宗立派教徒弟，那少林肯定不愿意。

前面提到，张三丰带着张无忌去少林求助时，少林方面说他是少林叛徒，所以不得入寺，张三丰则说自己当年只是打杂，又没剃光头，不算少林弟子，这个时候，四大神僧里最无气量的空智说了一句“可是张真人却从少林寺中偷学了武功去”。

由此可见，矛盾的焦点所在，是否叛徒这个争论的背后，是“九阳真经”的所有权问题，是武当的“血统”问题。

在这个问题上，少林其实也很尴尬。在他们看来，张三丰只是一个少林弃徒，但他却成为了一代宗师，这就好比你认为你的员工不行，将之扫地出门（虽然这之中有陈年寺规这一意外因素），谁知道人家后来混得比你还好，你面子上肯定挂不住，这个时候就得找个台阶下，所以，将“张三丰剽窃少林武功”合法化，是关乎少林面子的事情。

作为当事人，张三丰又如何看待这个问题呢？他先是“气往上冲”，但转念想道：“我武当派的武功，虽是我后来潜心所创，但推本溯源，若非觉远大师传我‘九阳真经’，郭女侠又赠了我那一对少林铁罗汉，此后一切武功全是无所依凭。他说我的武功得自少林，也不为过。”

可见，张三丰对此还是有点“心虚”。不过虽然“心虚”，但张三丰的干劲非常大，致力于武当派的建设工作。培养出了武当第二代——武当七侠。

乍一看，这个时期的武当很像当年的全真教，张三丰和王重阳一样，都是武林第一人，武当七侠则跟全真七子相对应，连人数都一样。而且大家都是道教的，握个手，哥俩好吧，顺便批评一下金庸老爷子偷懒。

且慢，他们还真不一样。

这里有必要说说时代背景。全真教由王重阳开创，在丘处机得成吉思汗召见后，达到全盛，但在元宪宗也就是蒙哥大汗统治期间的佛、道“化胡经”之争中，元朝持明显的袒护佛教立场。在那次中国历史上规模最大的佛道大辩论中，少林寺长老福裕和全真教张志敬分别率队参加舌战，结果道教惨败，全真教就此走了下坡路，道教也从此陷入低谷。

所以，在《倚天屠龙记》中，全真教连个出场机会都没捞着，少林寺却牛气冲天。

后来，张三丰在武当山创立了一个新的道派，也就是三丰派，经过发展，掀起了封建社会中道教发展史上的最后一波高潮。换言之，全真七子的时代恰恰是全真教和道教的鼎盛时期，可武当七侠的时代呢？他们正跟着张三丰老师创业呢，那是道教的低谷期，也是三丰派的原始积累阶段。

道家本就强调清心寡欲，全真教家大业大的时候，大家的日子更是安逸，所以除了“天性热情”的丘处机和好胜的王处一，其他全真诸子的露面机会都不算多，内部竞争也不算激烈。毕竟摊子都这么大了，道观到处开，发展已有惯性，连传宗接代都“井然有序”，马钰给刘处玄，刘处玄给丘处机，操那么多心干吗？只是到了尹志平和赵志敬这一代，全真教开始走下坡路，内部的人际关系问题才被激化。

可武当派不一样，它处于原始积累阶段。一个企业草创期间，大家的干劲都是很足的：一来都被捆在一条船上，不成功就玩完；二来得捞取进步资本啊，日后论功行赏，咱起码得混个董事会成员干干。武当七侠也是这样，张三丰老爷子到了七十岁才开始收徒弟，那个年代的人寿命都不长，在老爷子面前表现好了，保不准就是武当派第二代领导人了。至于张三丰能活那么大年纪，一百多岁了还精神抖擞，那纯属意外，不是大家能够预料的。

忙的背后是微妙政治格局

因为处于原始积累阶段，所以武当七侠都很忙，书中就提到不少关于他们忙的细节。比如老大宋远桥“越来越爱做滥好人，江湖上遇到甚么疑难大事，往往便来请其出面”，虽然是殷梨亭的玩笑话，但也可看出宋远桥的地位。老二俞莲舟呢？他潜心武功，是七侠中的武功第一人。老三俞岱岩一出场就跑去了海边，那年头从内地到海边也不容易，辛苦跑一趟，全为闯名头。

老四张松溪更是了得，估计比谁都忙，他知道张翠山因为都大锦灭门的事情，注定与天下镖局结怨，便着意施恩于各大镖局的镖头，他“细加查访，多年不变，而且料定有朝一日，张翠山若重履中原，龙门镖局灭门惨案定会再起波澜，其中固然另有乾坤，但恐怕张翠山必定牵涉其中，而虎踞、燕云、晋阳三家镖局分别为江南、冀鲁、西北各省众镖局之首，到时这三家镖局必要出头干预，为了避免到时手足无措，是以事先精心打探埋下恩惠，如高手对弈，开局就胜了三分”，这等于是一个人走遍了全国各地，还得等待施恩于人的机会，要花费多少精力，不言自明。

年纪小些的五侠张翠山，也早早闯下了极大名头，六侠殷梨亭则与峨嵋联姻，七侠莫声谷内外兼修，大家也都没闲着。

不过，虽然武当七侠都很忙，忙于自我表现，忙于在武当派的原始积累阶段捞点政治资本。但七位的忙并非同步进行。

那位说了，忙的时候不一样，你就当正常上班或者加班呗，有啥好研究的？

我的回答是：太值得研究了！“忙”只是一个现象，忙的时机、忙的事情才是本质。上位前忙和上位后忙不一样，今年忙明年忙也不一样，打个最简单的比方，你难道不觉得你们单位的人在竞争上岗之前是最忙的吗？为什么会这样，就是因为那个阶段有忙的需要。

这还是简单的，咱们再说点复杂的：这次竞争上岗，大家都在忙，但你没有忙，可能是你年纪还小，时候未到，他也没有忙，可能是人家知道内幕，胸有成竹，而还有一位也不忙，可能是以为自己注定上位，结果被人涮了……

看到没？个案都是不一样的。武当七侠的忙，时间不同，方向不同，背后隐藏的是武当派第二代的微妙政治格局。这个微妙格局主要体现在两方面：一是年龄层次，二是派系。

武当七侠与全真七子有一个巨大差异，那就是年龄层次跨度较大。从马钰和孙不二曾经的夫妻关系，以及排名第六的郝大通在《神雕侠侣》时代也是“须发皆白的老道”来看，全真七子的年龄差距不算太大。而武当七侠呢？三侠俞岱岩出场时是三十多岁，五侠张翠山则是二十岁出头，七侠莫声谷只有十几岁，而在书末，宋远桥已年过六十，可见出场时是四十岁出头，换言之，武当七侠的首尾年龄差距多达二十几岁。

所以，当宋远桥协助师父处理武当事务、俞岱岩满江湖惩戒坏人时，七侠莫声谷还在山上学功夫。换言之，年长的正处于业务表现阶段，年幼的处于能力积累阶段。而到了十年后，张翠山从冰火岛归来，宋远桥的触角已经从武当内部伸向江湖，开始处理各种江湖纠纷，可以看作是寻求外界的认同，巩固“武当派准第二代领导人”（当时还未正式接班）的形象，而莫声谷的进步则更多体现于他在武当内部的话语权。至于其他几人，他们在不同年龄段的表现也各自不同，后文还会详细分析。

这种年龄差距甚至还影响到了派系关系。在派系方面，武当七侠所表现出的情况十分复杂。比如说，从老大宋远桥到老五张翠山，他们都是张三丰的亲传弟子，而六侠殷梨亭和七侠莫声谷的武功则是由宋远桥和俞莲舟代传。按理说，殷莫二人应有较大几率属于宋远桥或俞莲舟派系，但他们恰恰和年纪相若的张翠山关系甚笃——老臣子和少壮派之间，似乎天然就有着一条鸿沟。

另外，客观局势的不同也影响着派系格局。比如四侠张松溪曾经为了张翠山与镖局的仇怨，暗中对几位镖局大佬施以恩惠，可谓殚精竭虑，但在十多年后，精明如他，却先入为主地怀疑张无忌谋杀了七侠莫声谷，尽失智者风范。在我看来，此前为了张翠山而忙，只是因为宋远桥身份未明，备受宠爱的张翠山同样有接班机会，自己表现好了同样有机会（毕竟，只要张三丰没有正式传位，所谓的“准接班人”就只是个名头，只能证明你占了一点先机，历史上被拿掉的准接班人实在太多了），而后来对张无忌不够信任，则是因为宋远桥已经接班，张松溪必须要忙于揣摩领导人的意图。

一个忙字，背后藏着太多东西了。

宋远桥可胜任第二代领导人

张三丰作为一代宗师，开创武当，并将之壮大。在收徒弟方面，他也精挑细选，唯恐光大不了门楣，这一点，从他七十岁才收下第一个徒弟宋远桥便可看出。

那个年代的人寿命并不长，早点收个徒弟，不但可以趁着自己精力充沛时倾囊相授，年纪大了身边也能多个人照应。可张三丰却坚持到了七十岁，可见对弟子资质的挑剔已到苛刻的程度。宋远桥的素质也客观印证了张三丰的谨慎，他功力深厚，同时人情练达。

他的出场很具威势。张翠山因为三哥俞岱岩重伤的缘故，迁怒于都大锦，龙门镖局的祝史二镖头在门外嚷嚷武当派欺负人，宋远桥听不得这番聒噪，朗声说“门外客人不须喧哗，请稍待片刻，自当分辨是非”，语气威严，内力充沛，让祝史二人顿时为之气夺。

而他问询都大锦时的和颜悦色，让张翠山保持冷静时的肃然，也都体现了领导风范。金庸明确写道，“武当门中，师兄威权甚大，宋远桥为人端严，自俞莲舟以下，人人对他极是尊敬”，这里面隐藏着两层意思：一是张三丰虽为人诙谐，整天和徒弟开玩笑，但很重视层级管理；二是宋远桥在这种层级制度的支持下，自身表现也很突出，师弟们都很尊重他。

而且，他很明白自己的角色定位，该他说话的时候他就说话，不该他拿主意的时候他就请示领导，比如大家发现重伤俞岱岩的武功是少林金刚指，涉及少林武当的关系，此事十分棘手，张三丰便问他：“远桥，你说目下怎生办理？”要知道，“近年来武当派中诸般事务，张三丰都已交给了宋远桥”，是全权负责内部管理事务的二把手，以他的身份，这时必须表态，但此事涉及到少林和武当的关系，不是他可以做主的，表态需要很高的技巧，既要说明白事情的重要性，说出解决办法，还不能越权。他的说法是“师父，这件事不单是给三弟报仇雪恨，还关连着本派的门户大事，若是应付稍有不当，只怕引起武林中的一场大风波，还得请师父示下”。

可能有些人会说，这是典型的推卸责任啊，把包袱都丢给师父了，其实非也，这个表态的水平实在太高了。

首先，作为副手，他为决策者张三丰提出了最重要的参考意见，揭示了事件的本质——报仇不是关键，门户问题才是关键，搞不好会掀起武林大风波。作为首徒，他阅历丰富，对本门历史有较深了解，知道少林和武当的背后瓜葛，并敏锐地将这次事件和历史瓜葛相联系。其次，他提出了解决办法，那就是请张三丰决定，有人会说了，难道这还不是推卸责任吗？当然不是，关乎门户大事，进行决策的只能是掌舵人，而且这句话其实并非说给张三丰听，而是说给师弟们听，潜台词就是“此事不能意气用事，一切由师父做主”，他的这个表态是对决策者张三丰的莫大支持，扫清内部不同声音。另外，这个表态也没有越权，恰到好处。

如果是作为一个全权负责具体事务的二把手，宋远桥无疑是合格的。但作为众人眼中的“准接班人”，他要从二把手变成一把手，则需要具备更高的素质、更全面的能力，还得有外力支持。

二把手和一把手，那完全是两个不同概念。二把手起的是辅佐作用，一把手则更重决策；二把手的协调能力必须出众，而一把手除了协调能力外，魄力和决断力也要高人一筹。做副手其实是做一把手的必经之路，但绝不是每个副手都适合做一把手。

宋远桥呢？我的看法是他基本合格。除了能妥善处理内部事务之外，他对外也很得体，谦和有礼貌，但涉及原则问题时，又毫不退让。

比如祁天彪、云鹤、宫九佳三位总镖头跑到武当山上来找茬，为横死的都大锦一家出头。宋远桥始终表示张翠山未归，此事不可妄下定论，态度谦和。但后来三大镖头急眼了，说了几句风凉话，矛头直指张三丰，这下事情的性质就变了，从谈判变成了骂街，而且骂的是对方的老板，“宋远桥虽然涵养极好，但听他辱及恩师，却也是忍不住有气，当着武当七侠之面，竟然有人言辞中对张三丰不敬，那是十余年来从未有过之事”。

于是，只见宋远桥说“送客”，随后甩甩袖子，露了一手内功。“祁天彪等三人被这一股看似柔和、实则力道强劲之极的袖风压在胸口，登时呼吸闭塞，喘不过气来，三人急运内功相抗，但那股袖风倏然而来，倏然而去，三人胸口重压陡消。三人心知宋远桥只须左手袖子跟着一挥，第二股袖风乘虚而入，自己所运的内息被逼得逆行倒冲，就算不立毙当场，也须身受重伤。”

这一手一露，三个不把豆包当干粮的总镖头才知道，这位客客气气的宋大侠不好欺负，“实是身负深不可测的绝艺”。

宋远桥此举很是得体，他显露深厚功力打压对方，但又适可而止，且不着痕迹，只是让对方吃个暗亏，对方要是自己不说出去，别人也不会知道，双方不至于完全撕破脸，给下次见面留下了余地。

对内威严极大，平时又慈和，对外处事得体，既讲原则又不过火，以这样的全面素质，加上深厚武功，宋远桥做个武当派第二代领导人无疑是能胜任的。

张翠山是宋远桥的威胁吗？

素质很全面，决断力稍弱一点，这是宋远桥的硬条件，靠这个硬条件，做个守成的第二代领导人，问题不算大。

可软条件呢？比如外部环境、外力支持等。一说到这个，可能有人要嚷嚷了：宋远桥形势不妙啊！

他们的依据很简单：书中曾借俞莲舟之口提到，张三丰九十五岁寿诞时曾说："我七个弟子之中，悟性最高，文武双全，惟有翠山。我原盼他能承受我的衣钵。"

俞莲舟还提到，"恩师的衣钵传人，负有昌大武学的重任。恩师常自言道，天下如此之大，武当一派是荣是辱，何足道哉？但若能精研武学奥秘，慎择传人，使正人君子的武功，非邪恶小人所能及；再进而相结天下义士，驱除鞑虏，还我河山，这才算是尽了我辈武学之士的本分。因此恩师的衣钵传人，首重心术，次重悟性。说到心术，我师兄弟七人无甚分别，悟性却以你为最高。"

但我认为，这话里面很有玄机，绝非表面这么简单。

首先，"继承衣钵"是什么概念？衣钵是佛教用语，指法衣和食钵，"继承衣钵"泛指继承某人的思想体系、学术知识或技巧技能。

我们再来看看这两段话的语境，前一段是在张三丰九十五岁寿诞时，也就是张翠山失踪五年后，此时的张翠山，下落不明，生死未卜。老爷子做寿之际，看着七个弟子少了一个，心里不痛快在所难免，而且越是在喜庆时刻，这种悲伤的"袭击"就越猛烈。至于后一段，金庸用了"自言"二字，就是闲着没事干时自言自语，我们都知道，很多人解决悲伤的办法就是忙碌到没空喘气，一闲下来就容易胡思乱想，老爷子同样如此，坐在大厅里一看，少了个张翠山，心里就免不了记挂。这就好比“得不到的就是最好的”，有时你不在场，反而比在场的还有优势。

所以，张翠山在听到俞莲舟的转述后，态度十分清醒，谦让的话说得很实在：“那是恩师思念小弟，一时兴到之言。”

我们还得搞清楚一点：张三丰的这句“原盼他（张翠山）能承受我的衣钵”，其中的“衣钵”真的是指武当基业吗？换个说法，掌门这个位置是不是对众位弟子的唯一认同方式？

我们都知道，在一个单位里，对人的认同方式必须多样化，如果只有一条路子，势必造成上升渠道的堵塞，会出大问题。比如行政级别和权力就是两条路，你可以做个有实权的副科长，也可以做个无权但享受待遇的副主任科员；职称和权力也是两条路，你可以拿个高级职称，也可以在某个部门当个领导，这就是认同方式的多样化。如果认同方式局限于一种，那注定僧多粥少，不但满足不了大家，搞不好还会造成打群架。

武当七侠都是人品端正、武功高强的好同志，你光设一个掌门的位置，对另外六位的安抚就会是个大问题，张三丰作为一个深谙变通之道的领导，决不会傻到只用一个掌门位置来评定诸弟子。

他对张翠山的评定是“文武双全，悟性最高”，这都是业务范畴，而非协调能力范畴，再综合张翠山在书中的表现，我们可以发现他的协调能力确实不足，遇事不够沉稳，明显比不上宋远桥。另外，根据张三丰的观点，他的衣钵传人“负有昌大武学的重任……进而驱除鞑虏，还我河山”，这同样偏重于业务（包括武学的研究和武学的运用），甚至将武当一派的荣辱放在了次要位置。

换言之，张三丰对衣钵传人的要求已超越了武当一派的小范畴，对武学乃至国事能否做出贡献才是关键，按现在的说法就是基于高度的社会责任感。

这个情况类似《碧血剑》里的华山派，真正继承华山派武功并发扬光大的是袁承志，而且他还身为武林盟主，在抗清斗争中起到了极大作用，但穆人清选择的接班人却是处事圆滑、能够协调各方面关系的大弟子黄真。掌门位置和武学成就、社会成就，其实是不同的上升渠道。

至于宋远桥，尽管他武功不如俞莲舟（就好比黄真比不上二师弟归辛树），悟性更比不上张翠山（就好比黄真比不上袁承志），但作为威望极高、协调能力出众的大弟子，依然是掌门的最好人选，掌握权力，控制内部事务。而张三丰心目中的“衣钵传人”张翠山，则应该是一个潜心业务研究，并将学术成果用于社会领域的“专家型人才”。

所以，张翠山并未威胁到宋远桥的“行政接班人”地位。

另外值得留意的是，因为六侠殷梨亭和七侠莫声谷二人的武功由宋远桥和俞莲舟二人代传，张翠山便等于是张三丰的关门弟子。金庸对这个细节的处理其实很有深意，从历史上来看，小儿子往往最受宠爱，比如袁绍宠爱袁尚，成吉思汗宠爱拖雷，但宠爱归宠爱，把小儿子当成接班人往往会引起内部动荡，造成巨大灾难。张翠山作为关门弟子，最受师父宠爱完全在情理之中，但这个身份却是他成为接班人的一大障碍。

宋远桥为啥穿道服

前面说了，所谓“张翠山继承衣钵”这一说法，其实只是张三丰希望这个五弟子能够潜心武学，并将成果用于救国，跟武当派确立第二代接班人并没有形成冲突。

而且，在武当七侠的年龄存在较大落差的情况下，由大弟子接班，担任第二代领导人，有助于武当派的内部稳定，即便宋远桥日后年迈，师弟们也还年富力强，可以成为过渡领导人，等待第三代弟子的真正成熟。另外，以宋远桥的大弟子、二把手身份，长期分管具体内务的经验，只要不出大的岔子，这个武当派第二代领导人的位置绝对是名正言顺。

但咱们在这里说来说去，都是以旁观者的角度来分析，要知道，当局者迷，宋远桥等当事人又是怎么想的呢？尤其是张三丰对张翠山的偏爱已经呈现表面化，这又会造成什么影响呢？

咱不说别人，起码宋远桥有点心惊胆战。其实这也很容易理解，身为二把手，处理日常事务，但无名无分，老爷子也没说让你接班，反倒天天在你面前念叨“老五有悟性，比大家都强”，换成你，你怕不怕？这就好比你在一个科室里资格最老，眼看着副科长要退休了，心想就要轮到自己上位了吧，结果领导天天在你面前说“新来的那个小张不错”，估计还没熬到副科长退休，你自己先吓病了——哪怕领导只是说着玩玩，心里还是想提拔你。

当局者迷，这句话是亘古真理，哪怕是最聪明的人，只要身在局中，判断上都很容易有所偏差。正因为张三丰的态度，所以在宋远桥的潜意识里，张翠山必然是他荣登掌门的“假想敌”，这其实也是人之常情，你不能指望宋远桥整天疲于应付还能把问题想得那么全面。

当然，害怕归害怕，宋远桥还是很有分寸的，他知道把工作做好才是最重要的，所以半点花花肠子都没有，专心处理武当派的内部工作。

但这一切，都随着张翠山的失踪而改变。

张翠山失踪，意味着宋远桥心理障碍的逐步解除，毕竟，失踪时间越久，生还希望就越小，而且，就算你回来了，除非你是掉到悬崖下面拣了本武功秘籍，不然的话，凭着你走之前学那点功夫，在师兄弟里也全无竞争力。

所以，我们可以发现宋远桥自身的一些变化，比如，他穿上了道装，比如，他频繁介入江湖事务。

张翠山十年后回到武当山，在屏风后看到，“宋远桥穿着道装，脸上神情冲淡恬和，一如往昔……宋远桥并没出家，但因师父是道士，又住在道观之中，因此在武当山上时常作道家打扮，下山时才改换俗装”。

书中并没有明确提到宋远桥是从什么时候开始经常穿道装的，但张翠山在十年未见这位大师兄的情况下，首先注意到他穿着道装，可见这与张翠山多年前的固有认知不同，甚至产生了“抢眼”的效果，因此可推断宋远桥穿道装是近年来的事情。而且，除他之外，书中并未提到其他师兄弟穿道装。显然，宋远桥在强调自己的正统地位——师父是道士，自己作为准接班人，也得穿个类似的，这就好比太子跟自家兄弟们的服装、仪仗和排场都不同一样，有着象征意义。

殷梨亭也提到，“这几年大哥越来越爱做滥好人，江湖上遇到甚么疑难大事，往往便来请大哥出面”，宋远桥频繁介入江湖事务，事实上也是在以武当派代言人自居，通过寻求外界的认同去巩固内部基础。

可见，在张翠山失踪后，宋远桥的心态起了微妙的变化。

深沉隐忍的俞二侠

前面说过，虽然张三丰并没有真的打算把掌门位置交给张翠山，但因为整天夸这孩子有悟性，已经使得其他人的心态起了变化。因此，武当派的格局开始变得微妙——看多了影视剧的人都知道，离开太久固然会失去沟通机会，但对方往往会更想念你，反倒也会成为优势，多年后回归的人往往会成为抢戏的角色。张翠山也一样，老爷子张三丰天天念叨他，他这一回来，就算自己全无争权之心，也足够宋远桥尿一壶的。

这个时候，有两个人的立场就变得异常重要。一个当然是张三丰，老爷子手握武当派人事权，说让你上你就上，不让你上你还真是只能先忍气吞声；另一个是二侠俞莲舟。

在武当七侠中，俞莲舟排名第二，仅次于宋远桥，武功则最为精纯，业务能力最强，是实力派加实权派。而且，他堪称武当七侠中最有侠义精神、最有责任感的人，好事干了一票，处处为别人着想，重情重义又不计较，要说他争权之心极淡，我绝对相信——人家已经在一定程度上超越了那低级趣味。

这样的角色，在任何系统内都是被争取的对象，而且也是制衡的棋子。各派系都不担心他自立门户，但又生怕他被对方给挖去了，所以就算自己挖不过来，也得想办法让他保持中立。

俞莲舟本人的态度呢？首先，他是淡然的，而且因为自身出众的业务能力和面冷心热的性格，无论谁上台，他都肯定是分管业务的副手，权力、待遇一样不缺。

但这种淡然只是自身欲望上的淡然，他极具责任感，而且“为人深沉，喜怒不形于色”，这两个性格特质合在一起，其实非常令人畏惧。

因为为人深沉，又没有过多地参与夺权，所以俞莲舟能够看清局势，对微妙关系心知肚明；因为有责任感，所以俞莲舟能够时刻以武当大局为重，不允许任何有碍武当大好局面的事情发生。有些人性格深沉，但权力欲过重，走到哪里都瞎折腾；有些人有责任感，却不够内敛或看不清局势，好心都用不到点子上。兼具这两个特质的俞莲舟，面对武当此时的微妙局面，几乎凭借一人之力，力挽狂澜。

有很多人都看到了俞莲舟身上的侠气，却忽视了他深沉内敛的一面。不过这个不怪大家，因为深沉到了大家都没发现的程度，那才是真正的深沉。

假设在你的单位里，有个人总是一脸深沉状，深沉到众所周知，那这个人并不可怕，大家都会防着他，不管他是真深沉还是假深沉。有一种境界比这要高得多，就是一脸和气，见人带笑，但城府极深，比如宋远桥。可还有一种人，光华内敛，一点都不起眼，所有人都没觉得他深沉，甚至都不注意他，可他偏偏城府极深，那才是最高境界，俞莲舟恰恰是这种人。

前文曾提到这样一个片段：祁天彪等三大镖头在武当山上找茬，言辞中对张三丰不敬，于是宋远桥露了一手绝顶功夫，暗暗教训了三人。我对宋远桥的这一手评价很高，认为他“此时的举措很是得体，打压了对方的嚣张气焰，但又适可而止，且只是让对方吃个暗亏，不至于完全撕破脸，给下次见面留下了余地”。

而类似的事情发生在俞莲舟身上时，又会怎样呢？

失踪十年的张翠山与俞莲舟重逢后，各路人马齐聚天鹰教的大船上谈判，说到十年前龙门镖局灭门的公案，俞莲舟表示此事关系重大，不是他个人可以裁定的，必须回山汇报，再向各大门派解释。这个说法很有分寸，但昆仑派的西华子出言不逊，说了一句“俞二侠这一招‘如封似闭’的推搪功夫，果然高明得紧啊”。

俞莲舟“并不轻易发怒，但西华子讥嘲武当武功，便是辱及恩师，但立时转念：'这事处理稍有失当，便引起武林中一场难以收拾的浩劫。这莽道人胡言乱语，何必跟他一般见识？'"

连象征性的惩戒都没有，俞莲舟就忍了下来！忍，是俞莲舟身上的最大特质。武功这么高，胆气那么壮，居然还能忍，这太可怕了。

也恰恰因为能忍，他在与张翠山一家回武当山的路上，居然为了避开路上拦截的那些小角色而连夜赶路——"近年来俞莲舟威名大震，便是昆仑、崆峒这些名门大派的掌门人，名声也尚不及他响亮，但这次见到两个无名小卒的背影，便不愿在富池口逗留，自是为了师弟一家三口之故"。武当七侠中，宋远桥表面和气，但城府极深，俞岱岩有偏执的一面，张松溪过于精细，张翠山和殷梨亭则"爱面子"，莫声谷火气极大，这些性格特质都决定了一点：他们多少会有"计较"的一面，或计较别人，失之于小气，或计较自己，对自己要求太高，在隐忍这一点上绝对不如俞莲舟——所谓隐忍二字，在某种程度上来说不就是"脸皮厚心黑"吗？

最深沉的人，竟然也有不给面子的时候

内敛深沉的人，在我们印象中应该是喜怒不形于色，让人看不出他的情绪，而且八面玲珑，面对谁都不会得罪，留有余地。可内敛深沉的俞莲舟，却有两次不给面子的时候。

第一次是张翠山对众位师兄弟说明当年龙门镖局血案是妻子殷素素所为，张松溪提出建议，认为知错能改，善莫大焉，此事不必再追究，宋远桥对此犹豫迟疑，一时拿不准主意，俞莲舟却斩钉截铁说了两个字："不错！"

在武当派中，师兄威权极大，而且宋远桥已经负责了派内事务的处理，身份是二把手，他这个领导还在思考，俞莲舟就以"下结论"的语气表态，这在历史和现实中都是很忌讳的——你想想，你能随便代替单位领导发号施令吗？

这个举动似乎和俞莲舟内敛深沉的性格不符，但却与武当内部的微妙格局有关。

前面提到，俞莲舟很有责任感，时刻将武当派的利益放在第一位，这种责任感的具体表现就是他只在乎大局，却不依附具体的人，换言之，他并非因为不支持宋远桥而不给对方面子，也并非支持张翠山，他所希望的是武当大局的稳定，你宋远桥掌权可以，但不能因为师父宠爱张翠山就心生情绪；你张翠山受宠更没问题，但不能破坏了大好团结局面。所以，他说了两个字，"不错。"

那位说了，就"不错"这么两个字，还能敲山震虎，防患于未然？没错，这两个字在这个时候、在俞莲舟口中说出来，就是能起到这样的效果。

首先，这个表态虽然对宋远桥不敬，但成功阻止了一次分裂事件的发

生——如果宋远桥说不，那会发生什么？张翠山将失去组织支持，而其他几人呢？提出建议的张松溪也许会习惯性明哲保身，但与张翠山交好的六侠殷梨亭和七侠莫声谷则会产生不满，武当七侠中的当权派和少壮派将会产生分歧，而且分歧背后是关乎张翠山前程甚至生命的原则性问题，加上在接班问题上的暗流，内部分裂决不是危言耸听。俞莲舟的表态，一方面对宋远桥作出提醒，对内部可能出现的问题作出预警，另一方面也表达了自己的立场，那就是决不允许有破坏武当内部团结的事情发生，武当七侠必须站在同一战线上。

此外，他的表态也是对殷梨亭和莫声谷二人的安抚。这二人与张翠山交好，而且“殷梨亭最怕二哥，知道大哥是好好先生，容易说话，二哥却嫉恶如仇，铁面无私，生怕他跟五嫂为难，一直在提心吊胆，却不知俞莲舟早已知道此事，也早已原宥了殷素素”，俞莲舟的表态无疑使得二人大喜。

就靠“不错”二字，俞莲舟成功控制了局势，武当七侠中在场的六人（除俞岱岩外）形成了统一战线。而后来瘫痪在床的三侠俞岱岩意外认出殷素素便是当年伤己之人，客观造成张翠山夫妇自杀，则是不折不扣的意外，怪不得俞莲舟。

俞莲舟第二次不给人面子是在后来六大派围攻光明顶时，殷天正连场恶战，已是强弩之末，崆峒五老中的宗维侠想去捡个现成便宜，俞莲舟却不愿殷天正一世英雄，如此丧命，出场拦阻，谁知宗维侠不给面子，非要去伤害一个无还手之力的人。

这时，俞莲舟抛了一句重话：“此刻任凭于你。回归中原以后，我再领教宗二先生的七伤拳神功。”

这说白了就是约架了，大家都是所谓的名门正派，要对付的也是大魔头，可俞莲舟却在六大派面前对殷天正百般维护，这样的表现和深沉内敛可是一点都不搭边——领导提出的工作大方向就是消灭明教，你却当场对着干，后来发现没法对着干了，你居然还赌气，这成何体统？但这恰恰体现了俞莲舟骨子里的气魄。他在不破坏六大派组织目标（消灭明教）的前提下，对工作中的不合理现象提出异议，证明他有思想有原则，不随大流，而对宗维侠的“约战”，看似莽撞，有赌气成分，但也体现了敢担当的一面——唯唯诺诺的人，固然可以不犯错，但也别指望他能挑大梁，俞莲舟这样的人，绝对是给点阳光就灿烂。

难得糊涂

官场之上，什么最难？

业务？人际关系？升迁？非也非也，这些都只是单一领域里的表象，在它们背后，有一样东西就如一条看不到的线，牵引着这一切。这样东西叫做“糊涂”。糊涂才是最难做到的，当然，这个“糊涂”绝不是尸位素餐、拿工资不办事。

有时，糊涂叫做变通，可以让你在制度缺失、人力紧张、领导无能等“常见性客观情况”下，合理解决工作中的许多难题；有时，糊涂叫做宽容，可以让你在人际关系的处理中既不违背原则，又不过分损害别人利益；有时，糊涂叫做豁达，升不升迁，升到什么程度，都没所谓，关键是享受工作。

糊涂需要的是大智慧，深沉内敛的俞莲舟恰恰有这大智慧。话说他护送张翠山夫妇回武当山，一路上险阻甚多，甚至连平日交好的峨嵋派也来“趁火打劫”，俞莲舟上前交手，以他的武功，自然是轻松打发对方。

可打发了就算完事了？非也非也。这也算是一起外交事件了，人是赶跑了，咱还得留个余地，下次见面好说话啊！这个时候，就需要点公关了。俞莲舟此时的表现极其精彩！

他把人赶跑后，朗声说道：“俞二、张五多多拜上铁琴先生，请恕无礼之罪。”

广大观众一听，哦，铁琴先生何太冲门下，那就是昆仑派的。张翠山夫妇也这么想，殷素素就说了一句：“这些大半是女子啊。二伯，她们都是昆仑派的么？”

俞莲舟一看，现在只剩下自己人了，就给出了正确答案：“不，是峨嵋派的。”

大家一听就傻眼了，既然是峨嵋派的，那你应该说“拜上灭绝师太，请恕无礼之罪”才对呀，叫错名字可不是小问题，比如你在电梯里遇到张局长了，很客气地鞠躬敬礼，然后说一句“李局长您好”，人家老张不但不领情，还得记恨着你。

可俞莲舟这样做自有道理，他告诉张翠山夫妇：“她们自始至终不出一声，脸上又以黑帕蒙住，那自是不肯以真面目来示人了。五剑指住无忌，那是昆仑派的‘寒梅剑阵’。两人平剑刺我，又使昆仑派的‘大漠平沙’。她们既然冒充昆仑派，我便将错就错，提一提昆仑的掌门铁琴先生何太冲。”而且，俞莲舟已经从这些人的武功中看出了其心法，“她们以柔劲化解我指击剑刃的功夫，确是峨嵋心法。要学别派的招数阵式不难，但一使到内劲，真相就瞒不住了”。

因为张三丰和郭襄的关系，武当和峨嵋渊源甚深，而且作为武林的两大新晋门派，彼此扶持也是政治需要，所以张三丰曾对弟子们“谆谆告诫，决不可得罪了峨嵋门下弟子,以保昔年的香火之情”。而俞莲舟在“以指击剑”的电光石火间，就已经看出了对方是峨嵋中人，便立时收势，虽然因为对方功力太弱，还是伤了两人，但未酿成大怨，而且他还加上一句“拜上铁琴先生，请恕无礼之罪”，帮对手圆谎。

后面还有个细节，“殷素素望了一眼地下明晃晃的五柄长剑，俯身想拾起瞧瞧”，俞莲舟立刻说：“别动她们的兵刃，倘若剑上刻得有名字，咱们以后便无法假作不知。这就走罢。”可见俞莲舟的心细，每一个细节都照顾了别人的感受。

本来就难得糊涂，这糊涂还到了处处照顾对方感受的程度，人家能不感激么？所以，峨嵋弟子们偷偷送给他们三匹坐骑，“以谢毁舟之罪”。

真正的糊涂，决不是饱食终日，而是洞悉一切之后的“选择性失明”，而且这种选择的出发点，不是明哲保身，更不是无视公义，而是基于对局势的控制、对关系的协调，以及对别人感受的照顾。

俞莲舟，无疑是真正的“难得糊涂”。

别拿卧床的不当干部

俞莲舟曾对武当七侠逐一评价，点评自己时十分谦虚，但点评其他几人则十分到位，如宋远桥“冲淡弘远”、张松溪“机智过人”，都一语中的，但也有例外，那就是对老三俞岱岩的评价，说这位“三师弟精明强干，师父交下来的事，从没错失过一件”。

真实的俞岱岩却跟“精明强干”四个字全不搭边。

他在回武当山的路上见到海沙派、长白三禽等抢夺屠龙刀，插手管一管本是情理中事，可他过于鲁莽，一露面就展示了“梯云纵”轻功，被人识穿身份后还暗感得意。要知道，名气一大就容易成为众矢之的，而且大家现在是在抢屠龙刀，你一掺和进来，立刻就会成为大家的假想敌，暴露身份十分不智。而他在得到屠龙刀后，去江边乘船也毫不小心。之前的血腥厮杀竟然没有让他增加警惕意识，可见其智商和应变能力都很有限。

此后，他在江中遇险，跳上天鹰教的大船并遭暗算，被暗算的方式也十分低级。最可笑的是，当他用屠龙刀逼退白袍客后，对方问他“要性命还是要宝刀”，他说“你给我解药，我给你宝刀”，于是将刀掷在舱里，而对方却“只是看刀，不去取解药”。

俞岱岩急了，跟人家要解药，对方可乐坏了，表示“你手中有刀，我终是忌你三分。便说你打我不过，将刀往江中一抛，未必再捞得到。现下宝刀既入我手，你还想我给解药么？”

若是换成俞莲舟和张松溪，肯定不会有这般低劣的表现。尽管金庸表示俞岱岩“向来行事稳重，原不致轻易上当，只是此番一上来便失了先机，孤身陷于敌舟，又兼身中二毒，急欲换取解药，竟尔低估了对方的奸诈凶狡”，但以他的身份，处变不惊是起码的素质。可预见的是，即便他不受伤瘫痪，以他的资质，也无法在武当的接班斗争中出彩。

但也恰恰是这个瘫痪的废人，竟然左右了武当的格局。

在被捏断四肢关节之后，俞岱岩始终瘫痪在床，江湖中算是没了这么一号人物。可不在江湖上混，不等于在武当派内部完全失去了话语权——作为内退老干部，他还是能够享受班子成员的待遇，其他六侠平时出去混江湖，也还是以“武当七侠”自称。而且，他虽然平时不用工作不用开会，但关键时刻还是可以参与班子决策。比如武当七侠要摆“真武七截阵”，就没把瘫痪的俞岱岩落下，而是走了一遭形式主义，要挑一个人选临时由俞岱岩口授武功，参与这“真武七截阵”，事后可以对外宣称露脸的是“武当七侠”，可见大家对俞岱岩都还不错。

但就是这次参与，要了张翠山的命，差点要了张无忌的命，也改变了武当派的内部格局。

俞岱岩听出殷素素就是当年让都大锦将他送回武当山的人，而殷素素也坦承自己当日用蚊须针暗算了俞岱岩。这一变故导致张翠山引咎自杀，殷素素以身殉夫，张无忌就此成了孤儿。

要说这事情还真不能全怪俞岱岩，他因为遭到殷素素和殷野王的暗算，才遭遇手足关节全被折断的横祸。何况，一个人瘫痪十年，心理要是没有点变态，那才不正常。书中还提到，“俞岱岩骨气极硬，自受伤以来，从不呻吟抱怨……对当日之事始终绝口不提”，别以为这是什么好事，郁闷憋在心里，不去找人倾诉，很容易造成心态失衡。

结果，在那一刻，俞岱岩选择了问殷素素“你如此待我，为了何故”，也选择了借对方之口说出事实，尽管他嘴上说“那你便不用说了。反正我已成废人，往事不可追，何必有碍你夫妇之情”，但嘴上说出来不等于心里这么想，甚至可以说，如果心里真的这么想，就不会说这刻薄话——俞岱岩终究格局有限，若是换成俞莲舟，哪怕要了他的命，他也不会说这样的话。

俞岱岩终究是武当七侠中最不济的人物。

但这个故事也告诉我们，在一个组织内部，任何一个角色都不可忽视，别把瘫痪在床的不当干部，也别无视小角色，尽管俞岱岩"病退"，看似没什么话语权，可他短短几句话，却使得张翠山夫妇殒命，改变了武当派的整个内部格局。

在现实中有太多这样的例子，比如一个看着不起眼的人突然成了你的领导，比如一件小事或一个小角色左右了你的升迁……要想在复杂社会里混，滴水不漏很重要，虽然，我是那么讨厌滴水不漏的人生。

张翠山之死带来的武当巨变

经历了十年海外之旅后，张翠山拖家带口回归武当。

此时，宋远桥正在接班人的道路上撒蹄狂奔，五弟一回来，这事儿就有点麻烦。

虽然多年后的我们都知道，张翠山就算生还了，张三丰也只是想把他培养成一代宗师，拿着特殊津贴当专家，武当是你的，是我的，但掌门这位置归根到底还是宋远桥的，可作为当事人，宋远桥却不这么想，从他的立场来说，道装都穿上了，全世界都说自己就是武当派第二代掌门了，要是到时候大热倒灶，丢人就丢大发了。

而且，此时的张翠山表面看起来几无重大缺陷——龙门镖局的惨案不是他干的，好不容易问明白是他老婆干的，结果俞莲舟、张松溪和殷梨亭一边倒地说人家已改邪归正，不该再追究。甚至连他的“正邪联姻”都被张三丰轻轻带过，表示“只要媳妇儿人品不错，也就是了，便算她人品不好，到得咱们山上，难道不能潜移默化于她么”，还表示“你那岳父教主我跟他神交已久，很佩服他武功了得，是个慷慨磊落的奇男子，他虽性子偏激，行事乖僻些，可不是卑鄙小人，咱们很可交交这个朋友”。

张三丰这话说得十分大气，但宋远桥等人则心想：“师父对五弟果然厚爱，爱屋及乌。连他岳父这等大魔头，居然也肯下交。”

这无疑有些酸溜溜的味道，可见下任掌门的位置已经在一定程度上蒙蔽了大家的眼睛和内心，人一旦被利益所牵绊，气量便会褊狭，显然大家都“吃醋”了。

可就在众人心情复杂之际，意外发生了：在张三丰百岁寿宴上，各大门派前来逼问谢逊下落，张翠山意外发现妻子殷素素是当年暗算俞岱岩之人，按捺不住胸中郁悒，当众自杀，殷素素也以身殉夫，变成孤儿的张无忌更是身中玄冥神掌，危在旦夕。

班子成员突然少了一个，还是永久性离开，麻烦大了！

首先，从权力格局角度来分析，对于此前一直有意打造“权力和技术双轨制”的张三丰而言，张翠山之死是一个极其沉重的打击，这意味着“技术接班人”暂时失去了合适人选，进而意味着双轨制的破灭。

双轨制是张三丰任期内的一个重大决策和政治路线，从社会意义上来说，张三丰期待技术接班人张翠山可以将武学发扬光大，并将之用于救国救民，以求武当派的影响力得到无限外延。而从内部政治格局来说，双轨制可以形成彼此的制约，宋远桥负责政务，营造武当的正义和权威形象，张翠山专注于技术发展，从而合力打造一个“德才兼备的武当派”，而且彼此的发展可以对对方形成制约，避免野心的过度膨胀。

可张翠山这一死，技术接班人在哪里？俞莲舟的天赋也不错，但劣势也很明显，一来年纪比张翠山大一截，二来张三丰偏爱的是张翠山的文武双全、触类旁通，相比之下，俞莲舟悟性稍弱。在这种情况下，张三丰也并未矮子里拔将军，勉强提拔一个技术接班人，宁愿留个空缺。此举其实也很正确，因为尽管后期俞莲舟武功已超出宋远桥，但并非宗师对一般高手的压倒性优势，如果将之贸然提升到技术接班人的位置，根本达不到制约效果，反而会激起权力接班人宋远桥的不满。

因此，张翠山死后，武当的权力格局和政治路线都出现了巨变。

在之后的两年多时间里，张三丰的主要精力都用在了为张无忌疗伤上，甚至将武当派赖以生存发展的不完整九阳神功传给了张无忌。但在赴少林求助而不得之后，张三丰将张无忌托付给常遇春，自己则回到武当山，以思念弟子、伤心欲绝为由闭关，退居幕后。宋远桥虽然还是“代理掌门”

的衔头，但其实已有掌门之实。

闭关后的张三丰，在八年多时间里研究出了太极拳和太极剑，这两大绝学属于武当派的自主知识产权，是技术创新上的里程碑事件。

问题是，张三丰虽然年纪大，但精力充沛，就算铁了心要钻研技术，大可以像以前那样自己呆在幕后掌控决策，由宋远桥处理琐碎事务，不需要完全交权。“因张翠山之死而伤心过度”这个理由其实并不充分——如果真的伤心过度，怎么还有余力研究技术呢？为什么偏偏要舍弃权力而转向技术，这里面有文章。

咱们先来说说外因，张三丰带着张无忌前往少林求助，结果吃了闭门羹，这事对老爷子影响很大，没有自主知识产权（就算勉强可以说有，但人家少林不承认），就免不了在关键时刻受制于人。这次受挫坚定了张三丰走技术创新路线的决心，在他看来，武当派要和少林分庭抗礼，就必须在技术上有可以对抗少林七十二绝技且知识产权完全属于自己的东西。由于张翠山已死，内定的技术接班人没了，作为武当派造诣最深的一人，老爷子必须自己勇挑重担。

还有内因，张翠山死后，武当派内部必然出现失衡，原先内定的权力接班人宋远桥不可避免会逐步呈现一家独大的态势，原本打算走双轨制的张三丰自然不希望看到这一点。于是，他并没有急于给宋远桥“名分”，依然只是主持全面工作的身份，给予俞莲舟等其他几侠足够充裕的表现机会，这也导致了武当几侠日后的明显分化，比如张松溪成为宋远桥的坚定依附者，而俞莲舟则隐隐然成了“准张翠山”的角色。

这种内部竞争态势，在未激化也未转为恶性的情况下，其实也是张三丰乐于看到的，这在一定程度上扭转了内部的权力失衡，牵制住了宋远桥的势力，也为他潜心钻研技术提供了空间。

咱中国人忙活半辈子往往是为了子女，在外面辛苦打拼甚至刀头舔血，都是为了给孩子的将来铺一条康庄大道，多留点家当和资源，巴不得小家伙长大了能少走弯路。可在这个努力的过程中，很多人都上了岔道，甚至铤而走险。宋远桥的错，就在于他对儿子宋青书的“有意栽培”。

宋青书去偷窥女生寝室，尽管本人地位关键、事件性质也较恶劣，但还真算不上“门户有变”的大事，更没到需要被清理的地步。换言之，鉴于太子党宋青书平时的飞扬跋扈，好不容易被逮着个错误，大家立刻有仇报仇，有怨报怨，上纲上线，坚决不放过。

“顾全大局”其实是我相当反感的四个字。其实咱出来工作本来就该顾全大局，全面思考问题，但在阴暗政治形态下，这四个字往往被异化，藏着尔虞我诈、虚伪不堪，更可悲的是，这四个字还是如假包换的保命工具、进步阶梯，懂得这四个字，不但可以在政治斗争中无虞，还可以打开自己的提升空间。

既得利益者更应该夹着尾巴做人

张翠山死后，宋远桥无疑是最直接的受益者，潜在的竞争对手没了，太上皇张三丰也闭关研究技术去了，自己成了实质性的第二代领导人（但按书中表述，此时的宋远桥还不是正式掌门，仍是代理掌门事务，或可称为执行掌门，他真正就任掌门的时间，书中没有明确表述，但可推断是在张无忌营救六大派之后）。

在这种情况下，宋远桥该怎么办？其实这种情况在现实中比比皆是，领导让你挑重担，甚至让你主持全面工作，大家都觉得你就要成为一把手了，你该摆出怎样的姿态？是高调接受大家庆祝，迫不及待地大刀阔斧干工作，还是应该低调处理，不见正式任命就不以领导自居？

正确的选择显然是后者，几千年的故事告诉了我们，在官场上混，低调永远是没错的，越是有能力，就越得低调，不然，大家的眼神和口水就能杀死你。

宋远桥这样的道德谦冲之士，在这方面自然做得不错。他本身性格里就有低调的一面，而且担任二把手多年，管理武当内部具体事务的时间也很长，这些都是很好的铺垫，有助于他心态上的良性积累。在封建官场上，循序渐进其实很有必要，从副到正，承担责任由小到大，在渐进过程中学习，可以少走弯路，如果直接从普通员工跳到一把手，缺乏管理经验是一方面，更重要的是心态容易失衡，有人若是成长环境小家子气，底蕴不够，自身格局小，很容易会立马得意忘形，张嘴就打官腔，一派小人得志状，而缺少管理经验等弱点也会被无限放大。

但“权力腐蚀人”这句话确实是真理，能在权力面前淡泊如常的人极少，现代政治崇尚制度约束，也恰恰是因为人本性里的贪欲，而在武侠小说这样的“成人童话”中，真正能无视权力的淡泊之士，要不就是怎么打也不死、去哪里都有人爱的主角，要不就是张三丰这样的一代宗师，大多数人还是不能免俗。

宋远桥也一样，虽然自己不以代理掌门的名头压人，各种事务都处理得井井有条，但他还是被权力冲昏了头脑，犯了大忌，出了大错，甚至直接导致了自己的下台！

这个错误说起来也颇为无奈，咱中国人忙活半辈子往往是为了子女，在外面辛苦打拼甚至刀头舔血，都是为了给孩子的将来铺一条康庄大道，多留点家当和资源，巴不得小家伙长大了能少走弯路。可在这个努力的过程中，很多人都上了岔道，甚至铤而走险。宋远桥的错，就在于他对儿子宋青书的“有意栽培”。

您对儿子抱有期望，这是应该的，可打算把武当派变成你宋家的家族产业，一代代传下去，那可就犯了大忌！

对于中年得子的宋远桥来说，宋青书无疑是他的骄傲。小宋是武当第三代弟子中的翘楚人物，一出场就遭遇武功超群的殷家三兄弟围攻，“显然已大落下风，但仍是镇静拒敌”，武功和心理素质都相当出色。小伙子还是帅哥，“眉目清秀，俊美之中带着三分轩昂气度，令人一见之下，自然心折”——既有内在又有外在，确实是个潜力股。

他的绰号是“玉面孟尝”，大家都说他“慷慨仗义，济人解困”，喜欢管江湖中的事情。这很容易让人联想起他的老爹宋远桥，早在张翠山从冰火岛回来时，殷梨亭就曾经提到，“这几年大哥越来越爱做滥好人，江湖上遇到甚么疑难大事，往往便来请大哥出面”。

当初宋远桥之所以频繁介入江湖事务，是希望通过寻求外界的认同去巩固内部基础，巩固“第二代领导人”的地位。多年后，他把儿子也培养成了一个小号的“江湖仲裁者”，整天去行侠仗义，调解纠纷，助人为乐，很显然是希望儿子走跟自己一样的路，通过外界的认同，去巩固“第三代弟子之首”和“准接班人”的地位。

在这种情况下，宋青书的形势貌似一片大好，自己工作表现不错，领导（还是自己老爸）不停在外面为自己吹风，外面很多“不明真相”的人都觉得他会是武当派第三代掌门人，比如峨嵋派的尼姑们，包括掌门灭绝师太和见多识广的静玄，都有这种错觉。

但到底是什么导致峨嵋众人产生这样的错觉？宋青书的个人表现并不足以让大家得出这样的结论——宋远桥主持全面工作，并不代表他有绝对权力去选择接班人。首先，张三丰依然在世，尽管不理俗务，但仍掌握极大的话语权；其次，武当七侠年龄差距较大，即便宋远桥日后年迈，殷六和莫七也还是中生代，正值四五十岁的黄金时期，未必轮得到宋青书；何况，武功在七侠中排名第一的二侠俞莲舟和智略第一的四侠张松溪，都掌握一定话语权，而从宋青书的自身情况来说，虽然天赋不错，但要和上一辈的武当七侠相比，业务能力上的差距很明显。

这么一分析，情况就很可疑了，百岁老人张三丰还在世，宋远桥也才六十岁，来日方长，宋青书怎么就成了第三代掌门的大热门？

原来，一切只因他和殷梨亭在光明顶下的一段对话——殷梨亭说咱们走吧，宋青书说咱们别自己走了，就跟峨嵋派一起走吧，殷梨亭点头说好。

这段对话让局外人看出了点异样，灭绝师太和静玄等均想：“近年来张三丰真人早就不管俗务，实则宋远桥才是真正的武当掌门。看来第三代武当掌门将由这位宋少侠接任。殷梨亭虽是师叔，反倒听师侄的话。”

换言之，在外人眼里，宋青书在自己师叔边上就像个领导，结果让大家产生了错觉。

这可不是什么好事，你在领导边上，不但不请示不汇报，还装领导，这像什么话？书中提到，“她们（指峨嵋派中人）却不知殷梨亭性子随和，不大有自己的主张，别人说甚么，他总是不加反对”，但如果换成莫声谷呢？估计心里会暗骂一句“小样，你老子主持全面工作，你还喘上了？”

这样的宋青书确实不太明智。

天将降大祸于宋青书

宋青书武功不错、遇事镇静、长相帅气，还是武当宋大侠的儿子，武当头号太子党，不客气地说，这是“天将降大祸于是人也”啊，对，你没看错，是“大祸”——还没发现吗？凡是这样的集万千宠爱于一身的公子哥，最后都没有好下场。

为什么？一是金庸讨厌这样的帅哥；二来，成长环境太顺了，此前这二十多年，宋青书要人有人，要钱有钱，要名气，大把人帮你吆喝，唯一欠缺的恰恰就是锤炼。

当然，还有一点非常致命：他不是主角。在武侠小说里，不是主角就意味着要死很容易、变坏很轻易，想不栽跟头很难，想要个美女？没门！这不，宋青书同学全碰上了，四处栽跟头，轻轻松松走上邪路，还死得很惨，倒是找了个美女老婆周芷若，但对方只是借他掩饰，结果直到自己死了，老婆大人还是个处女。

宋远桥的苦心栽培成了一场空，宋青书走上了一条绝路。

他人生中的第一次丢脸是在六大派围攻光明顶时。当时，明教众人已失去抵抗力量，结果冒出一个张无忌，力挽狂澜，连续挫败几派高手，眼看大局已定，谁知他对老相识周芷若手下留情，结果却伤在了对方剑下。

此时，六大派中只剩下武当没有出场面对张无忌，按灭绝师太的说法，就是“六大派此行的成败，全仗武当派裁决”。这里的难题在于武当几侠是要除恶还是要面子。“众人均想，武当派自来极重侠义两字，要他们出手对付一个身负重伤的少年，未免于名声大有损害，只怕武当五侠谁都不愿。但武当派若不出手，难道六大派围攻光明顶这件轰传武林的大事，竟然闹一个空手而归？此后六大派在江湖上脸面何存？其中的抉择，可实在为难之极了。灭绝师太那几句话，意思说六大派今后是荣是辱，全凭武当派决定，且看武当派是否有人肯顾全大局，损及个人的名望。"

结果，武当的五位班子成员"面面相觑，谁都拿不定主意"，小字辈的宋青书却突然冒了出来，他说："爹，四位师叔，让孩儿去料理了他。"

这里只是个细节，却暴露了很多深层次的东西。

一是宋青书确实很聪明，"武当五侠明白他的意思，他是武当晚辈，由他出手，胜于累及武当五侠的英名"，作为小辈，他在关键时刻看到了问题所在，并站了出来。

二是他叫的是"爹，四位师叔"，而不是"掌门（或代掌门），四位师叔"，有人可能说了，这没啥问题吧，叫啥不一样？当然不一样，这不是在家里，而是在外面，当着其他五派高手的面，在这种情况下，宋青书作为武当出席本次活动的代表之一，应时刻想着自己是武当一分子，要遵守武当的规矩，在组织内，没有父子没有亲戚，只有严格的级别，咱在公开场合不能把家里那套随便带过来。

宋青书这一叫，倒不是丢人的问题，而是暴露了一个事实：在张翠山身死、张三丰隐退之后，武当有向宋远桥"家天下"转化的趋势，宋青书作为武当第三代弟子，在六大派围攻光明顶这样的重要公共场合，张嘴就叫爹，"先爹后掌门"，多少有点武当是自家店的意思。这注定会引起其他几侠的不满。

三是武当几侠对宋青书此举的反应。最具侠义精神的二侠俞莲舟和耿直的七侠莫声谷都认为对一个重伤少年出手"很不人道"，持反对态度。尤其是俞二侠，他的话"绵里藏针"："不成！我们许你出手，跟我们亲自出手并无分别"，点出了宋青书也代表武当，算是对他此前公开叫爹的回击，"我们许你出手"六个字则隐然有"武当不是你爹的，我们哥几个也能管你"

的意味。而莫七的说法则是“名声乃身外之物，只是如此对付一个重伤少年，良心难安”。在张翠山身死、宋远桥担任执行掌门后，坚决向领导靠拢的四侠张松溪则表示，“大局为重，我五兄弟的名声为轻”，他显然是站在宋远桥的立场上考虑问题，宋远桥作为武当执行掌门，一旦为了武当声名放弃摧毁明教，那得罪的就是其他五大派，武当以后在江湖上就不好混。果然，宋远桥的意见是“除恶务尽，乃我辈侠义道的大节。名声固然要紧，但现今两者不能得兼，当取大者。青书，小心在意”。

武当内部的分化由此已可窥一斑。而宋远桥准许宋青书出场，除了顾及武当的“外交关系”外，多少也有让儿子承担重任的意思。不过值得一提的是，这事儿其实并不讨好，还得蒙羞，可见宋远桥对儿子也非一味溺爱，知道儿子要想成器，本领强是一方面，脸皮也得厚。

可就是这桩事情，宋青书搞砸了。

如何对待弱者是一把衡量气度的尺子

出场挑战已受重伤的张无忌，是宋青书主动申请的重大政治任务，关系到六大派围攻光明顶的成败，关系到武当乃至六大派的声誉，关系到江湖黑白两极的天平。这对宋青书本人也是一个重大考验，玉面孟尝小帅哥宋少侠，堂堂武当太子党，跑去对付一个已无还手之力的重伤少年，这是绝对的牺牲小我成全大我啊，可见他老爹宋远桥有意培养这孩子的两种能力：一是把江湖当自己家的主人翁意识和责任感，二是一张厚脸皮，关键时刻甚至可以不要脸。

你没看错，凡事都有正反两方面，所谓组织责任感，有时候就是不要脸，当然，是自己的脸。

但在出场前，老宋和小宋千算万算，算到了会没面子，算到了会被人耻笑，但就是没算到这任务会搞砸。别说他们了，别人也不会想到这事情会砸，张无忌都伤成那样了，明教上下完全失去战斗力，上去就是捏软柿子，还有搞砸的道理？

结果，还真砸了。

按理说，宋青书开始的表现还不错，他先礼后兵，对张无忌说："曾小侠，你若非明教中人，尽可离去，自行下山养伤。六大派只诛魔教邪徒，与你无涉。"这是最好的选择，如果张无忌主动离去，就可以不战而屈人之兵，没落下"对付一个重伤少年"的骂名，还把问题给解决了。

可张无忌是谁？那可是主角啊！主角可没有干不成的事情，他要铁了心维护明教，那六大派注定讨不了好，只见他大义凛然，非得跟明教共存亡。旁边的小昭姑娘也不干了，挺身而出，摆出一副"要杀咱无忌哥哥就从我尸体上过”的架势，这时的宋青书很没风度，他“在小昭肩头一推，将她推开数步，说道：‘妖女邪男，有甚么好东西了！快站起来，接招罢！’”

这是骨子里的傲慢，换成俞莲舟，就万万做不出来这事情。其实一个人的气度究竟如何，看他怎样对待弱者便可看得清楚，对着灭绝师太一脸谦恭，很多人都能做到，但对一个重伤对手和混迹明教的小姑娘保持谦恭，那必须是有大智慧大胸怀的人才能做到，宋青书终究是个小人物。

而且，在这个紧要关口，他还吃醋了！“他（宋青书）心中对眼前这少年竟蓄着极深的恨意，这倒不是因他说自己粗暴，却是因见周芷若瞧着这少年的眼光之中，一直含情脉脉，极是关怀，最后虽奉了师命而刺他一剑，但脸上神色凄苦，显见心中难受异常”，他心下明白，“自己倘若击死这个少年，周芷若必定深深怨怪，可是妒火中烧，实不肯放过这唯一制他死命的良机”。年轻人争风吃醋，本是平常事，但在这个关键时刻，肩负重任，小男生的心思实在应该放一边去。

至于结果，大家都知道了，失去平常心的宋青书不但没有完成组织交待的任务，还出了个大丑。他对着重伤的张无忌来了一招迅猛无比的“花开并蒂”，结果被张无忌用乾坤大挪移反施己身，“倘若他出招稍慢，那么点中了自己左肩缺盆穴后，此后两式便即无力使出，偏生他四式连环，迅捷无伦，左肩缺盆穴虽被点中，手臂尚未麻木，直到使全了花开并蒂的下半套之后，这才手足酸软，砰的一声，仰天摔倒，挣扎了几下，再也站不起来了”。换言之，就是如果他不因为争风吃醋而恼羞成怒，始终持之以礼、点到为止的话，就绝不会丢这个人，结果一较真，就自己点了自己的穴，还扇了自己两个耳光，“两边面颊高高肿起，每一边留下五个乌青的指印”，然后摔了个大跟头，这人真是丢大了。

对于年轻人来说，挫折本来是最好的成长良药，但对于气量不足的人来说，挫折也可能让他们走上一条邪路。知子莫若父，宋远桥“见他两边面颊高高肿起，每一边留下五个乌青的指印，知他受伤虽轻，但儿子心高气傲，今日当众受此大辱，直比杀了他还要难受”——本来就气量褊狭，再受这么一个大刺激，江湖著名太子党、前途无量的大好青年宋青书，就此走上了歪路。

带着私心的固执是可怕的

在张翠山死后，宋远桥开始掌握武当大权，儿子宋青书也迅速上位。要注意的是宋远桥的年龄，张翠山从冰火岛回归时，他已年过五旬，那么到六大派围攻光明顶时，他已是六十岁的老人。

这个年纪存在几个隐患，比如精力问题、比如几个少壮派师弟的威胁，还有一点很重要，那就是性格问题。

年纪大了就容易固执，现实中也存在这个问题。很多人抱怨领导咋那么固执呢，明知道不可行，明明已经脱离了时代，却还是一条路走到黑。其实出现这种情况，除了领导自身有话语权之外，随着年纪渐长的固执也是重要因素。不只领导年纪大了会这样，父母也多半如此，老人对权威的维护，往往伴随着固执。

那位说了，张三丰不是挺豁达的么？都百岁老人了，仍事事懂变通。但张三丰有参考价值吗？没有，他老人家不单只是一代宗师、一代寿星，还是一代完人。可咱们都知道，完人是不存在的，老张于《倚天屠龙记》，就非人而是神，并不具备参照系功能。

在光明顶上面对张无忌时，宋远桥就暴露了他的固执，尽管俞莲舟等人认为出手对付一个重伤少年有违江湖道义，但宋远桥坚持认为武当面子是小，剿灭魔教是江湖大节，不可因小失大，并准许儿子宋青书出场对付重伤的张无忌。

其实这个固执的选择也客观上说明了武当政治路线的改变——在张三丰时期，武当飞速发展，七侠侠名远播，但地位相对超然，而在宋远桥掌权期间，不仅他本人热衷插手江湖事务，武当的社会参与度也极高。这一方面与武当自身的壮大有关，另外也和宋远桥的自身选择有关。早在张翠山失踪的那些年，他就常充当江湖仲裁者，儿子宋青书小小年纪就闯出“玉面孟尝”的绰号，“孟尝”二字，也是指他在江湖上结缘甚广。在这种状况下，在宋远桥父子的心里，如果对自己的身份下定义，那恐怕“武当门下”只能排第二，“江湖大侠”才排第一，武当只是他们身上的一层皮或寄身之处，融入江湖获取名声更重要。

说回宋远桥的固执，他坚持要对付重伤的张无忌，并答应宋青书出阵，无疑是意图强化武当的社会参与度。但可惜宋青书出了个大丑，宋远桥立刻变了风向，说“想是魔教气数未尽，上天生下这个奇怪少年来。若再缠斗不休，名门正派和魔教又有甚么分别”，可问题是，之前让人去缠斗的，恰恰是他宋远桥——你是不是看到了现实中许多领导的影子？

这种固执如果只是人上了年纪的性格变化，问题倒也不大，但如果“配合”了私心，问题就大了。这就好比现实中的官员，年纪大了固执还只是耽误事，但要是掺杂了私心，想着给儿子留点家产或者谋个位置，那往往会出大问题。

后来张无忌在万安寺营救群雄，让群雄从塔上跳下，他运用乾坤大挪移神功解救。可大家一看，这塔高成这样，跳下去准保摔死，不肯相信张无忌。这时，作为与张无忌关系最密切的武当派，应及时给予他支持，武当在场的最高领导人宋远桥则应第一个站出来，但他并没有这样做，显然，他固执地不肯相信张无忌，结果站出来的是二侠俞莲舟。在俞莲舟脱险后，宋远桥更是私心毕现，他不顾张松溪和莫声谷二人尚未脱险，反倒叫儿子宋青书速速跳下，联想当年俞莲舟和张翠山海上重逢、一起回武当的经历（小张无忌被玄冥二老劫走，殷素素追赶，而张翠山却是先关心受伤的俞莲舟，然后才去帮妻子追赶），宋远桥此时的表现很难体现出武当七侠的“深情厚谊”。

再说说儿子的问题，宋远桥对自己的宝贝儿子宋青书很爱护，这是人之常情，但也是个麻烦事儿——俩直系亲属呆在一个单位，老子是一把手，儿子肯定成了既得利益者，平时师兄弟不敢得罪他，老人家传授武功时保不准也会开小灶，按理说，这得回避，但武当派自己没啥分支机构，也不能把小宋送去少林或者昆仑，只好维持现状。

如果宋远桥只是给儿子开开路，行点小方便，负面影响也还不大，尤其像武当这么规范的门派，搞点小动作不会影响大局，何况宋青书条件也不错，值得培养，私下开点小灶、刻意提拔一下，也属正常范围内的组织行为。

但是，如果宋青书堕落了呢？

本是缓兵之计，谁知万劫不复

一个刻意培养、提拔，甚至被外人看做是准接班人的人才，突然出现了严重的道德品质问题，那可是会毁了一盘棋的行为啊！

宋青书就是个例子，他偷窥峨嵋派女生寝室，被小师叔莫声谷发现，不但不承认错误，还把师叔给害了。按理说，偷窥这事情可大可小，要是跟莫声谷说几句好话，承认错误，大可以定性为行事不慎，没有掌握好串门的时间，还走错了路，算不上大事，但最后的演变却出人意料，莫声谷身死，宋青书就此成了武当逆徒，再也回不了头。

这里面涉及的内幕很多，比如武当的派系斗争，比如宋青书的处世之道，比如张无忌回归后对武当内部的影响，这些我们会留在下文分析。现在要说的是，宋远桥的态度是怎样的？

在宋远桥、俞莲舟、张松溪和殷梨亭四人寻找莫声谷的过程中，明显出现了两派意见，宋大和张四怀疑张无忌对师叔下了毒手，俞二和殷六则认为事实未明，不可妄下定论。

此时的张无忌风头正劲，他在光明顶上力拒群雄，随后成为明教教主，并让明教走上抗元正轨，而且在武当山上解救了被暗算的张三丰，成功营救六大派，在黑白两道上都闯出了大名头，十分争气。相比之下，宋远桥率领的围攻光明顶的大部队栽在了赵敏手上，出现了重大责任事故，儿子宋青书在六大派面前丢了脸，星光立时黯淡，要说他们对张无忌一点意见没有，那是不可能的——但凡既得利益者的利益受到影响，肯定要闹情绪。

固执碰上了情绪，宋远桥终于遭遇了人生中最大的失败。

在这场关于莫七安危的师兄弟辩论中，武当七侠第一次出现了“一切写在脸上”的分化，暗战变成明战。首先是张松溪挑起事端，说“咱们武当门下，难道还会出甚么败类不成？莫非无忌这孩子……”矛头直指张无忌，殷梨亭则立刻反击，表示“无忌这孩子决不会做甚么败坏门户之事，那是我信得过的”。

这是宋大俞二两派各自的“小弟”的交锋，随后大家便沉默，而打破沉默的却是一向冷静的宋远桥，他颤声道：“四弟，我心中一直藏着一个疑窦，不便出口，若是没讲出来，不免对不起咱们故世了的五弟。”这个细节很值得推敲，首先是说话对象只是“四弟”，也就是张松溪，撇开了俞莲舟和殷梨亭，而且直接把已故的五侠张翠山搬出来，直指张无忌。

要知道，作为此时在场的武当最高领导人，宋远桥的每一句话都很重要，领导可不能乱说话乱指控，可一向沉稳的他却在真相未明（尤其是莫声谷到底出了什么事还未知）的情况下，竟然直接怀疑张无忌，而且言辞间对二侠俞莲舟这一派也充满漠视（以武当七侠原先的表面融洽关系，这种漠视已经可以与敌意划等号了）。

张无忌无疑只是个引子，从根本上来说，这是武当内部的权力斗争，是有意将武当变为宋家江山的宋远桥一派和坚决捍卫武当原有体制的俞莲舟一派的斗争。宋远桥要为自己的儿子宋青书铺路搭桥，就必须压制风头越来越盛的张无忌；而俞莲舟要捍卫武当原有体制，就必须压制宋青书，张无忌无疑是一个制衡的最好武器。

这场斗争并没有持续多久，便分出了胜负，宋远桥输了，而且输得很惨。宋青书和陈友谅在雪地中争辩，被洞中的武当四侠抓了个现行，听得一清二楚。

此时的宋远桥面临着人生中最大的一次危机，往张无忌头上栽赃未成，还给竞争对手们知道了自己的儿子才是祸害。

该怎么办？第一时间大义灭亲是最好的选择——宋青书犯下这等弥天

大错，政治生命注定完结，小命也肯定保不住。既然这孩子是死定了，宋远桥就不如来个大义灭亲，以此保住自己的政治生命。这里必须要说的是，所谓大义灭亲，其实往往会演变为互相举报，展露人类道德中最阴暗的一面，历史上的黑暗时期，往往打着大义的幌子鼓励人们互相举报，以至人性泯灭。但从政治学角度来说，大义灭亲是很常见的一种自保手段，此时的宋青书，唯一的政治价值就是成为保车的那个卒子，让老爹宋远桥所受的影响尽量降低。

但一直对宋青书极为溺爱的宋远桥，在此时延续了以往的错误，而同属其派系的四侠张松溪，一招缓兵之计看似聪明，实际也把宋家父子推向万劫不复。

宋远桥政治生命的完结

在得知宋青书劣迹后，宋远桥怒不可遏，宣称要清理门户。如果真的这样做了，那么宋远桥本人的政治生命尚不至于完结，可张松溪却劝道:“大哥，青书做出这等大逆不道的事来，武当门中人人容他不得。但清理门户事小，兴复江山事大，咱们可不能因小失大。”

这个因小失大是啥意思呢？张松溪的说法是“听那陈友谅之言，丐帮还想假手青书，谋害我等恩师，挟制武林诸大门派，图谋江山。恩师的安危是本门第一大事，天下武林和苍生的祸福，更是第一等的大事。青书这孩儿多行不义，迟早必遭报应。咱们还是商量大事要紧”。

这个理由看起来还真充分，张三丰不知道宋青书叛出门户，要是被暗算了，那可就是大事了，作为武林泰山北斗，张三丰老爷子出事，也是武林的浩劫苍生的不幸。所以，张松溪认为：“须得连日连夜赶回武当……咱们眼前第一要务是维护恩师金躯。”

这选择看起来很正确，但问题是以张三丰的武功，宋青书等人要对付他，只有暗算一途，只要派个人回武当通知一声，老爷子有了提防，就不会出娄子。而且，跑回去护卫张三丰只是治标不治本的选择，只要击杀宋青书，自然就切断了祸根，即便想放长线钓大鱼，看看陈友谅想搞啥阴谋，那么跟踪宋青书，伺机而动也是最好选择。武当四侠完全可以兵分两路，一方面派人回去武当报讯，另一方面追踪宋青书。张松溪作为武当智囊，非让大家立刻赶回武当，表面上看是为了恩师安危着想，实际上却是暂时放过了宋青书。咱们都知道，但凡大案要案，暂不查办往往是最有效的平息方法，等风头火势一过，事情就有了所谓的余地，张松溪显然是在打这个主意。

宋远桥呢？他来了个顺坡下驴！听张松溪一忽悠，他立刻觉得言之有理，还剑入鞘，说道："我方寸已乱，便听四弟说罢。"这个看起来不错的选择，彻底断送了他的政治生命！

宋远桥的顺坡下驴其实很容易理解，毕竟宋青书犯下这种不仅仅断送政治生命、甚至罪不容诛的大错，对自己是极大打击。回武当山坐镇，有利于近距离接触内部人员，稳定局面和人心。从历史上看，一个官员听到风声后，往往会第一时间回单位稳住形势，人要是不在单位，出了事就很难挽回局面。但他忽视了一点：宋青书犯下的不是一般的事，不是你回武当山往办公室一坐就能解决的，拖字诀毫无意义。宋青书叛出师门，杀害师叔，已无从遮掩，顶多是暂时封锁消息，这是一起重大责任事故，作为掌门需要承担责任，而且犯事的还是自己的儿子，更是难办，唯一办法就是第一时间大义灭亲，然后回武当山引咎辞职，说不定张三丰还会从轻处理，让他留职察看。

宋远桥的选择，虽然临时保住了自己的掌门之位，但在关键问题并未解决的情况下，他无法挽回局面，只是苟延残喘，这个选择无疑是错误的，也使他后来的所有努力都无济于事。

比如后来张无忌和周芷若大婚，宋远桥奉师命前来道贺，人员安排就非常讲究，他把非自己派系的俞莲舟和殷梨亭带上，显然是惧怕他们留守大本营，说对自己不利的话，做对自己不利的事，而让铁杆小弟张松溪留守，也有稳定大局的意思。到了再后来的屠狮大会，宋远桥更是选择自己留守，出来参与其事的则是俞莲舟和殷梨亭。

但这些努力只能暂时拖延，却不能挽回局面。宋青书在屠狮大会上助纣为虐，结果被俞莲舟打成重伤，抬回武当山。此时的宋远桥已无法扭转局势，请看他的表现——

他"听说儿子在外，铁青着脸，手执长剑，抢将出来……喝道：'忤逆不孝的畜生在哪里？’瞥眼见宋青书躺在软床之中，头上绑满了白布，连眼睛也遮没了，长剑挺出，剑尖指向他身上，但手一软，竟是刺不下去……回过剑来，疾往自己小腹上刺去”。

此时的宋青书，虽然还未死，但仅剩一口气，武当派也不会允许这逆徒活下去，宋远桥现场的表现不可能挽救宋青书的性命，而自杀行为则有苦肉计之嫌。

他已错过了挽回局势、博取“留职察看”处理的机会，他没有第一时间追捕宋青书，对这起重大责任事故进行拖延，必然要被问责，结果，张三丰出手，击杀重伤的宋青书，然后表示：“此事你（指宋远桥）确有罪愆，本派掌门弟子之位，今日起由莲舟接任。你专心精研太极拳法，掌门的俗务，不必再管了。”

至此，宋远桥被罢免，彻底丧失了在武当派内的话事权。而张三丰让他“精研太极拳法”，表面上看是给他一个技术职务，但武学本非其最大长处。张无忌已精通太极拳，而浸淫武学的俞莲舟作为接任掌门，也肯定会钻研此道，且资质高于宋远桥，因此，宋远桥在技术领域也完全没有话事空间，他的政治生命就此完结。

整体支持，但不整体投诚

有一种升职叫做水到渠成，哪怕你没有野心，根本不打算上位，但大任也会落在你肩上。比如才高却低调的俞二侠俞莲舟。

在张翠山死后，俞莲舟显得更加低调，很少有独当一面的经历，更多是跟随大部队行动。直到后来宋青书出了问题，他才有独当一面的机会，比如带着殷梨亭参加屠狮大会。

这既与俞莲舟的性格有关，也和武当内部的形势改变有关。

先说说武当内部的形势。当初，张翠山作为张三丰钦点的技术接班人，隐隐然有与宋远桥分庭抗礼之势，但却在回归武当山不久后身亡，以致张三丰退居二线，宋远桥包揽大权。这时，与张翠山极为亲近的俞莲舟，其政治选择就很关键了。

这种情况在现实中其实屡见不鲜，比如一个单位的一把手要退了，两个副职存在竞争关系，都想上位，关系不融洽，你作为中层干部、骨干人员，原本就和其中一方关系很不错，但不幸的是，你亲近的那方在斗争中失败了，被调离本单位，另一方成功上位。这时，你该怎么办？

我给出的选择是：为了单位，顾全大局；为了自己，也顾全大局。

“顾全大局”其实是我相当反感的四个字。其实咱出来工作本来就该顾全大局，全面思考问题，但在阴暗政治形态下，这四个字往往被异化，藏着尔虞我诈、虚伪不堪，更可悲的是，这四个字还是如假包换的保命工具、进步阶梯。懂得这四个字，不但可以在政治斗争中无虞，还可以打开自己的提升空间。举个“纯洁”的例子，你和某同事关系不睦，但为了大局，求同存异，忍气吞声，甘受对方的气，甚至被人打了左脸还把右脸伸过去，挨完打还笑着说痛快，最后把工作圆满完成，虽然一时心里憋屈，但领导肯定会觉得你能顾全大局，印象分大增。再说个不纯洁的例子，你的领导在工作中出现了决策错误，拉着你说："小子，那个谁谁公开反对我，说我决策错误，但咱单位不能乱，你得顾全大局，站在我这边，一切求稳定"，然后你乖乖站在领导这边，单位最终风平浪静，但谁来为错误买单？这种异化的顾全大局，在中国官场生态中极为常见。

说回俞莲舟，这可是武当七侠中唯一当得上"侠之大者"四字评价的一位，才高、低调、谦逊、没有野心、处处容人。这样的人当然不会在单位里搞小动作。张翠山死后，武当大权落在宋远桥手里，俞莲舟采取的就是顾全大局，静观其变。

此时的俞莲舟其实势力很大，他是二把手，业务能力（武功）在班子成员中排第一，而且承接了张翠山的政治遗产——殷梨亭和莫声谷这两个"小弟"，实力足以让宋远桥忌惮，但俞莲舟并没有公开与之分庭抗礼，而是默认了宋远桥的接班。

俞莲舟的这种态度使得宋远桥松了一口气，武当在后张翠山时代保持了相对的稳定。但要留意的是，俞莲舟及其派系只是选择了"整体支持"，而非"整体投诚"，相对保持了对当权派的制衡作用，这一点在后面会重点分析。

这无疑是俞二侠的最好选择，既顾全大局，不使武当陷入乱局，又保持了原则性和自身的独立性。

但这种刻意维系的稳定，随着六大派被陷万安寺，起了微妙的变化。

首先是宋远桥在武当派内主导地位的改变。六大派远征光明顶，结果被张无忌出面搅黄了，率队出征的宋远桥肯定没面子。要知道，这次远征，武当派除退居二线的老领导张三丰和瘫痪的俞岱岩之外，可谓倾巢出动，却一无所获。更糟糕的是，在归途中，落单的殷梨亭受了重伤，宋远桥带领的大部队则被赵敏旗下高手暗算，被囚于万安寺。这可是重大责任事故，宋远桥是第一责任人。

与之相对的是张无忌的大出风头。首先是光明顶上的解围，力战六大派高手，让俞莲舟等人欣喜“五弟有后”；紧跟着是万安寺解救群雄，很大程度上化解了六大派与魔教的恩怨；再加上在武当山上搭救张三丰，学得太极拳和太极剑，简直是排忧解困专业户，集万千宠爱于一身。毫无疑问，他的出场比老爹张翠山更拉风，更具威胁。让宋远桥父子变得暗淡无光。

作为当年张翠山最坚定的伙伴，俞莲舟无疑是欣喜的。时刻以武当大局为重的他，其实很清楚宋远桥一家独大对武当的未来是不利的，起码一个开放性门派不能成为宋家自己的玩具，尽管武当的现有势力分布和人员结构使得宋青书的接班可能并不大（下文会详细分析），但宋家父子确有这种倾向。俞莲舟作为武当内部原先唯一能够对宋家父子构成威胁的人物，又毫无野心，加上以大局为重，所以他的态度是服从但不盲从，关键时刻予以制衡，避免彻底的一家独大无法收拾。

因此，张无忌的出现，恰恰是俞莲舟所期望的。张无忌带来的武当局势的微妙变化，也是俞莲舟乐意看到的。

水到渠成的俞莲舟

当年受伤濒死的小无忌，失踪多年后突然回归，还混出头了，俞莲舟绝对倍感欣慰。同时，以俞莲舟的目光如炬和把握大局的能力（俞莲舟绝对是武当七侠中最擅长制衡的人，在宋远桥大权独揽期间，能够服从却不盲从，既有自己的势力，又不影响大局，便是明证），他肯定清晰看到了武当即将出现分化，大家（尤其是殷梨亭和莫声谷这样的少壮派）不可能对宋家父子的大权独揽无动于衷，他们缺的只是一根导火线。而张无忌就是这根导火线。

张无忌回归后，影响极深远。比如赢得张三丰宠爱，得以学习太极拳和太极剑，成了实际上的技术接班人；又比如宋远桥等人身陷万安寺，遭遇巨大责任事故，宋氏势力和在野势力出现了此消彼长的态势，在野势力也开始“蠢蠢欲动”；比如莫声谷追踪太子党宋青书，就是一个具体表现。

在此期间，俞莲舟的态度也顺应时势，出现了一些变化。这位一心为了武当大局的俞二侠，依然是武当内部最重要的制衡点，他在关键时刻的表态，往往起到至关重要的作用。比如发现莫声谷尸体时，宋远桥和张松溪都将矛头对准张无忌，俞莲舟则表现出审慎态度；又比如宋青书叛变事发后，俞莲舟带队参加屠狮大会，成功清理门户，而且他的处理相当有艺术，打到宋青书双臂骨节寸断，彻底断其武功，然后打到头骨碎裂，就算还能保住小命，也是苟延残喘，估计每天得靠虫草参汤吊命，纯属废人。

这样处理为啥艺术呢？要知道，虽然宋青书犯下必死之罪，但此时宋远桥还是掌门，张三丰则在幕后掌舵，他们才是决策人，俞莲舟作为副职领导，如果直接处理了宋青书，属于越权，但宋远桥一直拖着此事，显然有包庇的意思，必须打破这局面，加上莫声谷惨死，此仇不可不报。于是，俞莲舟选择下此狠手，但又留宋青书一命，既满足了多数人“清理门户”的愿望，又没有越权——很多时候，我们在工作中也会遇到这种情况，有些事不做不行，不做就会导致团队利益受影响，就会让大家不高兴，但做了又越权，这时候就需要把握“度”了。

反观宋远桥，在宋青书叛变一事上就明显处理不当，不但不予以追捕，反而回到武当山拖时间，所谓的“伤心愁急，茶饭不思，身子几乎瘦了一半，却又瞒着师尊，不敢说起此事，恐贻师父之忧”，其实更多是对自己地位的担忧，但这种隐瞒不可能解决问题，终于导致了他的下台。

在俞莲舟将宋青书的垂死之躯送回武当山后，张三丰亲自出手，清理门户，然后罢黜宋远桥，选择的接班人就是俞莲舟。俞二侠的上位，可算是水到渠成。

谷虚子是俞岱岩的希望

俞岱岩绝对是武当第二代班子成员中混得最失败的一位，先是遭人暗算，导致瘫痪，后来又因为指出殷素素是害自己瘫痪的“间接责任人”，害得张翠山和殷素素夫妻自杀，张三丰悲痛欲绝、退居二线。

这事发生后，俞岱岩在武当内部的日子注定不好过。殷素素虽然负有间接责任，但凶手是谁暂时未知，她罪不至死，张翠山死得更是冤枉，虽然他们夫妻自杀消弭了武当的一场重大公关危机，但从感情上来说，张三丰接受不了，俞莲舟、殷梨亭和莫声谷等人也接受不了。尽管俞岱岩受了常人难以想象的苦，这事儿不能怪他，但大家对他多少还是会有点情绪，俞岱岩自己也会陷入沉重的自责中。

但日子难过，不等于完全没法混，尽管俞老三瘫痪在床，没法出去执行公务，扬名立万，可还是班子成员之一呀，他肯定有自己的分管范围。比如宋远桥率领武当精锐跑去光明顶，参与六大派剿灭魔教的大行动，张三丰老爷子又闭关不出，那俞岱岩作为唯一留守的班子成员，就应该临时主管全面工作。但他毕竟是个病人，全身瘫痪，坐在轮椅上，出个房门都不方便，指望他去办公室长期坐班，定时四处视察工作，那都不现实，于是，代言人谷虚子出现了。

话说少林叛徒空相上武当山求见张三丰，意图暗算，王府高手们隐于其后，意图将武当派一举消灭。当空相上山时，被守山的几个武当三四代弟子拦住，空相表示要求见张三丰，但恰逢老爷子闭关，武当弟子表示：“敝派事务，现由谷虚子师兄主持，小道即去通报，请他出来参见大师。”

这位谷虚子，就是三侠俞岱岩的门下。

空相作为少林“空”字辈人物，也算少林班子成员之一，对组织架构这一套肯定很清晰，他一听谷虚子的名字，随即问“谷虚道长是哪一位的弟子”，对方回答说“是俞三师叔门下”，空相随即表示“俞三侠手足有伤，心下却是明白，老僧这几句话跟俞三侠说了罢”，而对方也没有拒绝，而是直接点头，进去找俞岱岩。

这个细节说明，谷虚子是俞岱岩的代言人，他本人在第三代弟子中地位也相对较高，而此时武当派主持全面工作的领导是俞岱岩，只是由于身体问题，不能事必躬亲，因此由谷虚子进行协助。

熟悉《神雕侠侣》的人可能会记得一个细节：杨过上终南山全真教学艺，全真教曾举行小较比武，全真七子门下弟子同场竞技，七子中的谭处端早在《射雕英雄传》中便惨死，但其门下弟子却得其余六子的传授，武技上并不输于其他同门。武当派的情况应该也是如此，俞岱岩虽然瘫痪，但也收了弟子，其余几侠顾念俞岱岩的身体，也会对其弟子有所关照。

这里必须说说武当七侠的收徒时间。在张三丰九十岁大寿时，武当七侠应该没有大规模收徒，因为当时殷梨亭和莫声谷都未满二十岁，张翠山也才二十出头，如果宋远桥等人收徒弟，弟子的年纪就会和这几位师叔差不多。有些人可能会说这也没啥，很多门派里都有年纪小辈分大的人，但具体到武当却有碍稳定，因为武当的第二代领导班子（也就是武当七侠）的年龄落差极大，宋远桥和莫声谷之间差了二十多岁，免不了内部的同代接班，需要过渡性质的掌门人，如果第三代弟子和过渡掌门人年纪拉不开距离，可能会出现内部矛盾。而到了张三丰百岁大寿时，武当七侠依旧忙于庆典的具体事务，金庸的原文是“当日下午，六个师兄弟分别督率火工道人、众道童在紫霄宫四处打扫布置”，说火工道人和道童，而非弟子，可见十年过去，武当几侠要不就是尚未大规模收徒，要不就是刚开始收徒（因此都是道童）。

按此推断，俞岱岩是在瘫痪后开始收徒的，当然，他无法亲自指导弟子修习武功，必然要由师兄弟代传。以武当几侠的兄弟情深，自然不会亏待俞岱岩的弟子，因此俞岱岩门下不会比其他师兄弟逊色。

武当参与六大派围攻光明顶之役，精锐尽出，但总得留下看家的。书中曾借殷梨亭之口提到，前往光明顶的武当弟子，包括武当五侠在内，共计三十二人，而赵敏上山后，部下恶语挑衅武当派，也曾说过“山上百余弟子”，已说明了出征和留守的人员比例。虽然在张三丰遭遇暗算后，俞岱岩曾心想“山上除了师父和自己之外，其余三四代弟子的武功都不足道，出而御敌，只有徒然送死”，但这个“不足道”是针对江湖高手的级别而言，仅从第三代弟子自身来说，除却相对出色的宋青书之外，其他人应基本处于同一水平线，留守的不见得会比参与围攻光明顶的差多少，谷虚子起码是第三代弟子的平均水平。

换言之，谷虚子的业务能力（也就是武功）处于中游，而且武当的武功特点是先慢后快，打基础时间长，但成长性好，因此，哪怕谷虚子天赋平平，但要把武功练到二流，问题不大。另外，他能够临时主持武当派全面工作，虽然占了个便宜（他是留守领导俞岱岩的直系弟子，沟通起来比较方便），但也说明此人具有一定协调能力。

武当派在明朝创建后，逐步从江湖门派转向道教，武功退居第二位（这应该也和朱元璋的明教背景有关，他老人家以武犯禁，打下江山，当然要整肃江湖秩序），获取政治地位变成了首要发展目标，很需要八面玲珑、能和外界打交道的人来掌权，而且这人还得是个道士，才符合武当的道教形象，谷虚子的发展空间那是大大的有。

作为武当七侠中混得最失败的俞岱岩，他的希望在下一代。

张松溪的前后反差

武当七侠中，张松溪以机智著称。他最出色的表现，要算是在张翠山失踪的十年里施恩于三大镖局，为日后应对作出铺垫。他“为的是要消解龙门镖局全家被杀的大仇。他知虎踞镖局是江南众镖局之首，冀鲁一带众镖局的头脑是燕云镖局，西北各省则推晋阳镖局为尊。龙门镖局之事日后发作起来，这三家镖局定要出头，是以他先伏下了三桩恩惠”。

这个“事先埋下恩惠”，需要大量的时间、精力以及机缘。没精力明察暗访不行，你得整天跑腿，盯着三大镖头的行踪，连云鹤聚众密谋反元的大机密，都得知道个一清二楚，还得把官府方面的动向了解清楚，这才能诛杀叛徒，阻止机密泄漏。另外，还得有超群的武艺，才能摆平出现的问题，比如他为祁天彪解难，在不透露本门武功的情况下，空手接了吴一氓的八枚断魂蜈蚣镖，万一失之毫厘，可能就没了性命；不花大量时间不行，你得把工作和非工作时间都搭上去；没那个机缘也不行，这三大镖局的镖头要是过得好好的，就是不出一点事，那你也没办法施恩，只能抓瞎。

这件事情，张松溪坚持了十年，可见他的远见和恒心。

这样乍一看，张松溪很像一个人。谁啊？老二俞莲舟。可是，在对俞莲舟高度评价的同时，我却始终对张松溪缺乏好感。

为何？因为这个人太精明了。上天是公平的，给了你精明，也就会带给你“附加产品”，那就是小气。张松溪确实精明，但更多是一个军师的形象，他掌控全局的能力显然比不上气场更为强大的俞莲舟，也比不上宋远桥。对他的定位，应该是专职出主意和分析局势的副手，可以提供决策参考却不能独立决策。而且，也恰恰因为过于精明，张松溪是武当七侠中最为投机的一个，比如他对张翠山事件的热心，其实多少有投机成分，他看重的是张三丰对张翠山的宠爱，以及后者接班的潜力。之所以下这个判断，与他后来的表现有关。

啥表现？站错队了。

在官场上混，最怕的就是站错队，你工作表现再好，如果站错了队，那也是白搭。别说升官发财捞贿赂了，想混下去都难，一部中国官场史就是一部站队史，那些站错队的例子往往血淋淋。张松溪站错队的具体表现，就是抱了宋远桥父子的大腿，从武当派首席智囊变成了宋家首席智囊，身份大跌。

那位说了，第一，张松溪哪里抱人家大腿了，你从哪里看出来的？第二，你这是典型成王败寇的说法，宋远桥父子栽了跟头，你就说张四侠站错了队，可要是宋远桥父子得志了，张四侠不是就居功至伟了么？

我来回答一下。第一个问题，张松溪还真抱了宋大掌门的大腿，比如莫声谷身死，宋远桥怀疑是张无忌下手，张松溪在无凭据的情况下进行了“多番引导”，大有马上就给张无忌定罪之势，后来宋青书东窗事发，他又主张回武当山保护张三丰，任由宋青书逍遥法外，前文说过，这是在变相拖延时间，对张三丰进行隐瞒。由此可见，张四侠对以宋远桥为首的武当第二代核心领导层还真不是一般的忠诚。至于第二个问题，首先得说，宋远桥父子想不栽跟头，难度还真不小，他们明显低估了张三丰对武当的掌控，也低估了俞莲舟等人的制衡能力，把武当变成宋家帮有些不切实际；而且，即便宋家父子真有这能力，以张松溪的能力和地位，也没必要掺和。

他应该保持自己在张翠山生前的状态，那是他最好的状态，地位超然，无人可撼——在张翠山失踪的十年里，张松溪为他多方奔走，费尽心思，虽然他对张翠山的感情不像俞莲舟和殷梨亭等人那般热切，但心思不是白费的，足以令张翠山感激一世；同时，他也深得宋远桥信赖，因潜心料事的才能，成为武当七侠中的智囊人物。换言之，他是行政接班人和技术接班人都很看重的人物，班子里排名第四，且有军师身份，没了他整个组织还真玩不转。

这么干下去多好啊！怎么张翠山去世后，他就铁心跟着宋远桥，成了私人管家了？

说起来，张松溪确实精明过头，但大气不足。以他的智商，肯定明白自己年龄与俞莲舟相差不远，却比殷梨亭等人大了一截，这个年龄劣势使得他很难成为掌门，哪怕只是过渡性质的，他最好的状态就是左右逢源，做到不管谁得势，自己都能受器重。他当年处心积虑为张翠山铺路，实际上也是基于这个出发点。但张翠山死后，张松溪的心态却发生了变化。

如果让我对比俞莲舟和张松溪二人，我的看法是前者大智若愚，不拘小节，大处把握得极准，至于后者，小处极聪明，但大处不智。

张翠山死后，武当政治形势陡变，张三丰退居二线，宋远桥大权独揽，俞莲舟和张松溪都看到了这一情形。俞二侠的处理方式我们前面分析过，他是不添乱、不依附，既不破坏武当既有形势，又保持相对独立性，形成对利益集团（也就是宋家父子）的制衡，而张四侠的处理方式呢？他选择了依附。

以张松溪的能力，无论谁当权，他都是会被倚重的对象，因此他根本没必要刻意去依附谁。哪怕卓尔不群，只要对直属领导足够尊敬，不自立山头、不背后捣乱，起码的地位是可以保障的，当然，如果想更受器重，也可以请个客吃个饭过节送个脑白金啥的，拉拉关系套套近乎，但专门跑去抱大腿，确实自贬身价。

那层永远无法消弭的隔膜

我一直很奇怪，聪明如张松溪，为何会依附宋远桥，甚至在宋青书一事上暴露极其不智的一面。

思前想后，我只能说八个字：旁观者清，当局者迷。咱们都知道，这句老话是有道理的，大多数人遭遇事情时，往往都会出现被表象所迷惑的情况，只有极少数人例外，比如此时的俞莲舟，就保持着绝对清醒。这极少数人比大多数人多出来的素质，叫做大局观。

大局观是一个广义的名词，但在现实中往往被狭义化，比如领导说“孩子，你要有大局观”，这里的大局观往往是要求你站在一个层面上，协调各种关系，比如体谅兄弟部门的难处，顾及大多数人的感受，理解领导的难处等等，但这只是大局观的局部体现，或者说“初级阶段”而已。真正的大局观，是要把握大的政治趋势，以战略性的长远眼光去看待问题，不计较一时得失，预知未来。

大智若愚的俞莲舟就具备这种素质，所以他的每一次选择都高瞻远瞩，于公而言，能够成为稳定大局的中流砥柱，于个人而言，进步阶梯极为通畅，没遇到任何阻滞。而向以精明著称的张松溪，却不具有这样的战略眼光。

他只看到了宋远桥父子的当权，但却忽视了两个客观规律：一是任何一个组织，如果长期一家独大，无从约束，都免不了灭亡；二是万事万物，都逃不过“盛极而衰”四字。

武当派的发展当然也逃不过客观规律。如果宋家父子真的长期掌权，形成世袭，那就是武当的灭顶之灾，张三丰仍有余力，自然不会允许武当覆亡，所以必然会出手，俞莲舟也有足够实力阻止宋家父子世袭，何况还天降一个奇遇连连的大主角张无忌，他们都会改变这种局势。

依附目前的当权者，固然可一时无忧，但绝非最佳选择。

应该说，在张无忌出现并“走红”后，宋远桥父子压力陡增，张松溪也感同身受，所以在莫声谷身死后，他立刻将矛头引向张无忌，哪怕宋青书东窗事发，他也动用拖字诀应付。前面分析过，这种舍本逐末的蠢办法，根本不像是张松溪会想出来的，拖虽可逃避一时，却是最坏的办法，结果宋远桥付出了代价，终被革职，张松溪的出谋划策简直如无间道。

可以预见的是，俞莲舟登上掌门之位后，张松溪的智囊地位不会改变，但他与当权的俞莲舟之间，会有一层隔膜。这层隔膜，本不该有，但出现了，就永远存在。

殷梨亭的隐秘接班优势

六侠殷梨亭，武功由宋远桥和俞莲舟代传，只算张三丰的名义弟子，性格柔弱、优柔寡断，看起来着实没有多少竞争力。

但没多少竞争力，绝不等于全无竞争力。武当七侠虽然成名有先有后，出头机会有多有少，但各自都有点拿得出手的东西。而且接班这事，除了自身优势外，机缘也很重要，比如宋远桥日后受儿子宋青书的弑叔叛逃事件牵连，被迫退位思过，大馅饼给了本来无意掌门位置的二侠俞莲舟，这就是机缘。

殷六侠同样有自己的核心竞争力，而且有三点之多：一、年龄，二、“武功被代传”的身份，三、政治婚姻。

咱们先来说说年龄，殷梨亭出场时十八岁，比张翠山略小，比宋远桥小二十多岁（宋大当时四十出头），而在宋青书出场时，他年届四十，也比宋青书大上二十岁出头。换言之，他的年龄恰恰介乎于武当派第二代代表人物宋远桥和第三代代表人物宋青书之间。

在一个系统中，选择接班人时要考虑的因素很多，比如能力、魄力、协调能力和工作履历等，年龄也是重要因素。如果你能力很强，但七老八十，那肯定得让位给年轻人，因为维持系统稳定的一个重要前提就是一把手不要频繁更迭，以避免频繁动荡；如果你年纪太小，也很有可能让位给中生代，一来组织要对有资历的老同志有个交待，二来反正你年纪小，来日方长，权当挫折教育和延长培养期呗。

这么一来，宋远桥老了，宋青书还正值青春期，介乎他们之间的殷梨亭在年龄上便有着相对优势，属于资历较老，应被照顾的中生代。

从身份上来说，殷梨亭也有着“独特性”，他名义上是张三丰的弟子，但武功全部由宋远桥和俞莲舟代传，是名义上的武当第二代、实际上的武当“准二代”，介乎于宋大到张五的武当第二代和以宋青书为代表的武当第三代之间，这是一个独立的“政治夹层”。也就是说，他和七侠莫声谷的“出身”存在先天性缺陷，地位比几位师兄要低，但有缺陷的同时，他们也享受着第二代班子成员的政治待遇，在第三代面前保持着较高的话语权和身份。这就相当于你们单位的领导班子现在没有空缺，有两个少壮派暂时做不了副局长，但挂着享受待遇的助理调研员头衔，他们的地位当然比不上副局长，可享受着同样待遇，比下面的科长也高着半级。这种少壮派的助理调研员和老同志改任非领导职务的性质完全不一样，相当于古代的候补官员，一有空缺便可补上。而殷梨亭就是这么个既可混资历、又有提拔希望的身份。

此外，殷梨亭还有一个法宝，那就是他的政治婚姻，未婚妻纪晓芙是灭绝师太当时最宠爱的弟子，在“前张翠山时代”（也就是张翠山死之前），天赋更高、长相更美的周芷若还没拜入峨嵋门下，而纪晓芙与明教杨逍的私情也未暴露，以她的天赋、背景（金鞭纪家的闺女）和灭绝对她的宠爱，成为下代掌门的可能性极高，这对殷梨亭来说无疑是一大优势（在书中，峨嵋历史上有掌门不得嫁人的内部政策，而灭绝师太让自己最宠爱的准接班人纪晓芙与武当殷六侠联姻，显然有改革倾向，个中内情颇为复杂，这个问题我会在后面的“峨嵋篇”中详细分析）。

有人可能会说了，夫妻不会都这么强势吧？老婆是峨嵋掌门，殷六的势头就应该压一压才对，比如担任非领导职务啥的，否则不好控制。但夫妻回避只出现在同一个系统内，武当和峨嵋是两个不同系统，彼此也无隶属关系，夫妻同任掌门的可能性是存在的。而且，以武当和峨嵋的战略合作关系，当年张三丰与郭襄之间的渊源，夫妻俩在床头沟通合作、衔接、共同做大的双赢蓝图，可行性也很高。

换言之，如果抛开纯属“技术继承人”的张翠山，殷梨亭反倒是候选接班人之一，他的接班应属于过渡性质，可以在宋大老去，第三代弟子未有足够能力接班的情况下，做一个守成之主。

而且，殷六虽然优柔寡断，缺少魄力，但性格随和，这种人在系统内部也很讨人喜欢。若是立傀儡，或者推一个过渡人选，殷梨亭的这个性格反倒是最大优势。

无为却有位的殷梨亭

张翠山死后，殷梨亭的自身情况也出现了变化，他的未婚妻纪晓芙爱上了杨逍，被灭绝师太打死，这桩政治婚姻流产了。武当内部的形势也变了，宋远桥大权独揽，宋青书随之崛起。而这时的殷梨亭，也人届中年。

很多人会说，纪晓芙一死，武当和峨嵋的联姻泡了汤，殷梨亭就少了一大优势，官场上都说人走茶凉，权力没了，关系没了，人情不免就淡了，婚约没了，跟峨嵋的联系也就生疏了。但老天向来公平，殷梨亭失去了政治婚姻，得到的却是同情分——六大派围攻光明顶时，峨嵋派在路上遇到殷梨亭，“众女弟子大都和纪晓芙交好，心想若非魔教奸人作恶，这位武当六侠本该是本派的女婿”，留殷梨亭吃饭时，“峨嵋众女侠纷纷取出干粮，有的更堆沙为灶，搭起铁锅煮面。她们自己饮食甚是简朴，但款待殷梨亭却是十分殷勤，自然是为了纪晓芙之故”。可见，尽管这婚没结成，但殷梨亭在峨嵋众人的心里，其实与“峨嵋女婿”无异。

当然，这种同情分并不能帮助殷梨亭在武当内部斗争中获得什么利益。如果他与纪晓芙的婚姻不泡汤，纪晓芙也没有失身于杨逍，那么她作为灭绝最欣赏的弟子，肯定会成为峨嵋接班人的最有力竞争者。有人会说了，如果纪晓芙结婚了，就没法成为峨嵋派掌门了，因为灭绝师太曾在前往光明顶的路上说过：“本派自创派祖师郭祖师以来，掌门之位，惯例由女子担任，别说男儿无份，便是出了阁的妇人，也不能身任掌门。”但她接着又说：“但本派今日面临存亡绝续的大关头，岂可墨守成规？这一役之中，只要是谁立得大功，不论他是男子妇人，都可传我衣钵。”

实际上，尽管之前峨嵋并无此先例，但不代表“惯例”不能被打破，灭绝这番话就意味着她有意对峨嵋政治生态做出变革，由此可以推断，她当年的打算就是既传授衣钵给纪晓芙，又将之许配给武当六侠殷梨亭，同时解决接班人和政治同盟两大问题。而且峨嵋从郭襄开创起，也不过数十年，所谓的“惯例”其实并未根深蒂固，而周芷若后来担任掌门并嫁给宋青书，更是彻底改变了峨嵋的这个所谓惯例（关于峨嵋的制度沿革问题，会在后面的“峨嵋篇”中重点分析）。

如果殷梨亭有一位峨嵋掌门做自家夫人，那么在武当的地位会大大提高，但纪晓芙一死，尽管他在武当和峨嵋都捞了同情分，但却失去了臂助。

年轻时的殷梨亭，性格软弱，清静无为，没有争权夺利之心，而遭遇了纪晓芙之死后，更是沉郁，张无忌在阔别九年后与他重逢时，“只见他满脸风尘之色，两鬓微见斑白，想是纪晓芙之死于他心灵有极大打击”。张翠山死后，作为其忠实小弟，他自然而然地归入俞莲舟派系。俞莲舟本人低调内敛，无争权之心，只是出于公心，引一派制衡宋远桥为首的当权派，因此殷梨亭更是清静无为，混江湖的唯一动力就是把杨逍干掉。

生活上遭遇不幸，大仇未报，殷六侠就显得有点窝囊，在当权派眼里，这位六侠虽然战斗力出色，但性格软弱，除了出去打架外没啥大用。

所以，宋青书虽然是晚辈，但作为武当头号太子党，就对这位六师叔不太尊重，他遭遇天鹰教殷家三兄弟围攻，殷梨亭及时赶到为他解围，也没见他说句多谢。而当殷梨亭叫他走时，他说不如他们和峨嵋派同行，这个细节导致灭绝师太和静玄等人产生了宋青书会接任第三代掌门的错觉。

到了屠狮大会上，宋青书叛出武当，并公然挑战师叔，已然与杨不悔成亲的殷梨亭在此情况下，心中激动，竟当场放声大哭，使得在场群雄面面相觑，好不奇怪：“武当殷六侠多大的声名，竟会当众大哭？”

都说男人结婚之后会变成熟，遇事会变稳重，但殷梨亭显然是例外，他的性格弱点并没有因为结婚而改变，依旧软弱，依旧容易动感情，遇事还是容易手足无措。

但这并没有妨碍殷六侠的运气。光明顶一役后，他在落单时遭遇伏击，手足俱断，一度瘫痪，却得张无忌相救，还得到了长相酷似纪晓芙、且青春少艾的杨不悔以身相许。在宋青书叛离后，宋远桥被革去掌门之位，张松溪政治前途暗淡，俞岱岩尽管不再瘫痪、恢复行走能力，但武功全失，俞莲舟和殷梨亭的地位明显上升，比如屠狮大会等重大外交事件，武当派出访团的正副领队都是这对搭档。在俞莲舟继任掌门后，殷梨亭作为忠实小弟，必然一举成为武当七侠仅存五人中的第二号实权人物。

这一方面有时势和运气的因素，另一方面也和殷梨亭的性格有关，殷六侠虽然性格软弱，但与人为善，性子随和，做个副手十分合适——领导选副手，就喜欢那种没啥野心、群众基础好、肯干活而且有执行力的，殷六侠心理素质差，可能会导致执行力稍差，但业务能力很强，整体上来说还是个不错的副手。

常常过火的莫声谷

七侠莫声谷，在武当派班子中排名最后一位，年纪也最小，刚出场才十五六岁。

书中提到，莫声谷比较早熟，个性独立，不像殷梨亭那样总对五哥张翠山那般依恋，相比之下，反而是殷梨亭显得稚嫩些，还提到莫声谷的业务方向是“内外兼修”，可见硬实力也不错。

但实际上，个性独立并不等于成熟，也恰恰因为不成熟，莫声谷在武当内部也很难有独当一面的机会，反而常常充当炮灰角色。在官场斗争中，团队里应该拥有一个有一定能力、而且敢说狠话、敢吵架的角色。因为所谓斗争，就是明争与暗斗一样不少，有时候得摆一副笑脸，或息事宁人，或笑里藏刀，但有些时候就得撂一句狠话，敲两下桌子，这要根据客观形势来选择行为方式。但要注意的是，有些狠话不能让一把手来说，要赖也不能让一把手来耍，咱们得有人专门做这个事情，有时候，甚至得找个人去出丑，以达到某种目的，那咱们也得有个能出丑的人。比如全真教的王志坦就是这样的角色，而莫声谷，同样是这么一个“打手”。

比如宋远桥和莫声谷二人一起接待上门找茬的三大镖头，宋远桥自始至终彬彬有礼，莫声谷却担当了吵架的角色。张翠山刚刚走到屏风后，就听莫声谷大声说道：“我大师哥说一是一，说二是二，凭着宋远桥三字，难道三位还信不过么？”

这话的意思就是，咱武当很牛，咱武当的宋大也很牛，这名片拿出来，就是优质信用卡。但这话要是由宋远桥自己说出来，那就太丢份了——大侠总不能这么夸自己吧，哪怕是在说大实话，这话得让别人来说。而且，这话对三大镖头来说，多少有点怒气，显然也和宋远桥的身份不符——作为武当的第一发言人，场面上的客气还是起码需要的。这时就需要莫声谷冲锋陷阵了，以他的身份，说这个话很合适，一来毕竟是武当七侠的一员，名气大威望高，话说出来有分量，二来，他只是武当七侠的老幺，说几句重话也不能代表武当立场，无伤大雅。

莫声谷就像“清道夫”，专干脏活累活和不讨好的活，在武当七侠中也不可或缺，不过他暴躁的性格，也给自己扣了分。

比如三大镖头为都大锦出头，上武当找茬，祁天彪说了一句“武当七侠名头响亮，武林中谁不尊仰？莫七侠不用自己吹嘘，我们早已久闻大名，如雷贯耳”，语气嘲讽，莫声谷一听就脸色大变。相比在场的宋远桥，相比此前面对西华子的讥讽却不动声色的俞莲舟，莫声谷的涵养功夫显然逊色得多。之后双方越吵越僵，莫声谷居然说 ：“三位不分青红皂白，定要诬赖我五哥害了龙门镖局满门。好！这一切便全算是莫某干的。三位要替龙门镖局报仇，尽管往莫某身上招呼。我五哥不在此间，莫声谷便是张翠山，张翠山便是莫声谷。老实跟你说，莫某的武功智谋，远远不及我五哥，你们找上了我，算你们运气不坏。”

从这段话可以看出来，莫声谷和张翠山的关系极好，侧面上也说明了内部派系的存在，但另一方面，这段话相当过火，特别是那句“你们找上了我，算你们运气不坏”，有点街头混混的语气，而像“这一切便全算是莫某干的”这类赌气的话，在大侠嘴里说出来实在有点突兀。

即便他性格中最可爱的直爽一面，从官场和职场角度来说也是个弱点。比如张松溪说到云鹤暗中联络豪杰反元，莫声谷立刻说道“瞧不出他竟具这等胸襟，实是可敬可佩。四哥，你且莫说下去，等我归来再说”，然后便跑出门去，只为了去和下山的云鹤赔礼道歉，佩服他是个铁铮铮的好男儿。这自然是直爽可爱，而且武当七侠毕竟亲如兄弟，不像官场和职场那样讲究规矩，决不在意你开会开一半就跑掉，但这样的性格，终究显得定力不够，轻率好动，显然不是好领导坯子。

书中借俞莲舟之口提到，莫声谷“近年来专练外门武功，他日内外兼修、刚柔合一，那是非他莫属”，“专练外门武功”，那是莫声谷的暴躁性格决定的，而“内外兼修，刚柔合一”，多少只是俞莲舟的美好憧憬，虽然武当内功讲究细密绵长，年纪越大越炉火纯青，但以莫声谷的性格，内功修为注定比不上六位师兄。

而书中也提到，武当内功除了很讲究修习时日，也决定了武功的整体进境，比如张翠山曾经分析，当年谢逊四处行凶时，宋远桥武功并不及他，但在内功方面修炼个十几二十年，就不会逊色于他，可见内功是重要根基，莫声谷在这一领域缺少天赋，业务能力上就无法有突出表现。

莫声谷为何不放过宋青书

莫声谷虽然位列武当班子成员，但很难独当一面，在武当权力体系中不具备什么话语权。可恰恰是他，改变了武当的政治走势。

前面提过，张翠山死后，其铁杆小弟殷梨亭和莫声谷改跟了二侠俞莲舟，形成新派系，对掌权的宋派予以制衡。太子党宋青书对殷梨亭毫不尊重，对莫声谷这个小师叔当然也不会例外。可要注意的是，书中曾提到武当门规森严，十分讲究辈分，所以宋远桥作为大师兄，威权极大，可见宋青书的行为在武当的固有体系内已极其过分——这一点很关键，如果你在一个很宽松的工作环境里，从不给领导倒茶，对方可能也没所谓，还是乐滋滋自己拿着茶杯去接水，但要是在一个讲究资历、关系的单位里，开个会没给领导添杯茶，领导都会觉得你这孩子不长眼神没前途。宋青书在一个很讲究辈分的环境里摆太子党架子，虽然大家碍于其老子的身份不能说啥，但心里肯定不痛快。而且莫声谷脾气暴躁，完全不同于殷梨亭的随和，让他像殷梨亭那样无所谓，还真办不到。

这个矛盾成了武当内部巨变的导火索。宋青书偷窥峨嵋众女弟子的卧室，被莫声谷撞见，双方发生争执，小宋逃、莫七追，最后大打出手，宋青书得陈友谅相助，杀死了莫声谷，从武当头号太子党一下子变成了罪无可恕的叛徒，也导致了宋远桥势力的崩盘。

值得注意的是，宋青书去偷窥峨嵋女生寝室，是个多大的罪？咱们都说武当是名门正派，偷窥女人寝室，确实无耻，但书中并未提到峨嵋派中人发现宋青书，换言之是犯罪未遂，而且宋青书迷恋的是周芷若，不排除他去找周芷若，想来个月下诉衷肠。年轻人爱上别人了，暗地里约出来表白，即使违礼，也不至于罪不容诛。

可莫声谷对这事是怎么定性的？他留给宋远桥等人的字条是“门户有变，亟须清理”，所谓门户有变，是指可能会破坏武当内部稳定的大事，要符合这个定性，犯事的人地位要关键，事件性质也得恶劣。比如说高层叛变肯定是大事，但高层去洗桑拿时嫖妓，就属于该处分该下台该依法追究但罪不至死的范畴；又比如说，如果清风和明月这样的小道童下毒把武当派上下全部放倒了，性质就极其恶劣，但如果只是耐不住寂寞，跟山下姑娘私奔了，尽管也是逃跑，但他们本身就是小角色，同时只是去追求幸福新生活，也算不上门户有变的大事。从这两点上来说，宋青书去偷窥女生寝室，尽管本人地位关键、事件性质也较恶劣，但还真算不上“门户有变”，更没到需要被清理的地步。

换言之，鉴于太子党宋青书平时的飞扬跋扈，好不容易被逮着个错误，大家立刻有仇报仇，有怨报怨，上纲上线，坚决不放过。

还有一个细节值得注意，在宋青书和陈友谅的争吵中，宋青书提到“那一晚我给莫七叔追上了，敌他不过，我败坏武当派门风，死在他的手下，也就一了百了”，可见当时莫声谷有将之杀死的打算，这也客观说明了武当内部的斗争态势。要知道，莫声谷虽然是武当班子成员，但没有生杀予夺的大权，即使宋青书犯错并负隅顽抗，他所应该采取的处理方式也应该是将之生擒，然后带回武当，由班子集体处理。但莫声谷却打算就地正法，不给宋青书申诉机会，这里虽然有他生性鲁莽的因素，但也可见其恨意之深以及派系斗争之激烈。

当然，在这一事件中，莫声谷也暴露了自身弱点。比如他留一张语焉不详的字条给宋远桥等人，然后先行追赶宋青书，其实并无必要，一来这个事情没有大到要立刻通缉追捕的程度，完全可以大家坐下来商量好，再行出动。即使真要马上追赶，他也完全可以把事件详细经过写清楚。咱都知道，说话不清不楚是最吓人的，比如“警察带我去协助调查，问我有没有见过那个嫌疑人在现场出现”和“警察把我带走了”，绝对是两回事。莫声谷这张字条，不但没把事情说清楚，还搞得几位师兄云里雾里，担心万分。

另外，他执意要将宋青书就地正法，显然也不是好办法。在政治斗争中，这种打击方式虽然可以迅速削弱对方实力，但无法动摇对方根基，也容易激化矛盾。若他真的击杀了宋青书，一来宋派会让他交出宋青书偷窥的证据，二来宋远桥肯定不会引咎辞职，毕竟儿子一条命都赔上了，还嫌不够吗？如果他选择生擒或者好言相劝，把宋青书带回武当交由班子集体处理，反而会让宋远桥也下不来台，就算不引咎辞职，也免不了连带处分，加上这个政治污点的存在，宋派肯定会遭遇重大打击。

显然，莫七没有这样的“政治觉悟”，他的身死，虽说是偶然，但却是迟早的事。

大家习惯了参加胜利的大会，突然听到有人发飙，立马个个虎躯一震，定睛看去，居然是“香积厨中灶下烧火的一个火工头陀”。这地位多低啊，打杂的勤务人员，而且还带发修行，这是传说中的临时工吧？

心胸开阔的掌门天鸣、少壮派无色，恐怕都会想到这样的问题：博大精深的少林武学何以衰落如斯？咱们这代人算不算少林的罪人？如果没有这变态的寺规，张君宝会不会成为少林的希望？反省，必须反省！少林必须要经历思想解放。

是个领导都需要政绩，接手一个烂摊子固然让人头痛，但也容易出成绩，接手一个大好局面，哪怕有一丝退步，也会被无限放大。咱们小学时考试，从 30 分进步到 60 分，总比 95 分进步到 100 分难，便是这道理。

许多人在工作中都抱怨单位不公，自己资历老能力不差却上不了位，可却忽视了自己内心的贪欲——如果你对工作的处理、对人际关系的维系都充满功利性，那你确实不配拥有成功。

那些年读过的手抄本

在《射雕英雄传》和《神雕侠侣》时代，少林是个隐形门派，几乎从未出现于江湖。《倚天屠龙记》一开始，郭襄到了少林寺，曾心想“少林寺向为天下武学之源，但华山两次论剑，怎地五绝之中并无少林寺高僧？难道寺中和尚自忖没有把握，生怕堕了威名，索性便不去与会？又难道众僧侣修为精湛，名心尽去，武功虽高，却不去和旁人争强赌胜？”

金庸很快就给出了答案。原来，少林经历了一次内乱，并导致分裂。

昆仑三圣何足道跑上少林寺，天鸣禅师等人皆自叹不如，为少林挣回面子的居然是未学过武功的弟子觉远和少年张君宝。大家一看，这可是好事啊，也是武侠小说里常用的桥段嘛：小同学真人不露相（最好还父母双亡、孤苦伶仃、备受歧视），暗地里苦练武功，在门派危难存亡之际，噌一声跳出来，不计前嫌，力挽狂澜，旁边还有个美貌小妹妹，睁着水汪汪的大眼睛看得如痴如醉，然后倾心爱上……书中也提到了，尽管现场没有美貌小妹妹，只有姐姐级的郭襄，但“达摩堂和罗汉堂众弟子均想，万料不到今日本寺遭逢危难，竟是由这个小厮出头赶走强敌，老方丈定有大大的赏赐，而授他内功拳法的师父，也自必盛蒙荣宠”。

可倒霉的张君宝面对的是心禅堂老和尚的满脸怨毒。老和尚不是埋怨张君宝抢了他们的风头，而是想起了前尘旧事。

觉远在藏经阁里读过不少书，看着老和尚如此怨毒，突然也想起了那些年自己读过的手抄本，还有里面记载的门户大事——

话说七十多年前，那时候天鸣禅师还是个小和尚，少林的一把手是他的师祖苦乘禅师。这年中秋，大家没吃月饼没玩灯笼，而是进行了一年一度的达摩堂大校，考量弟子们的武功。弟子们忙活着爬旗杆呀、胸口碎大石呀，最后由达摩堂首座苦智禅师进行总结点评。说着说着，突然一个带发头陀站了出来，说“你苦智狗屁不通，竟然也能做少林寺的副职领导，太可耻啦”。大家习惯了参加胜利的大会，突然听到有人发飙，立马个个虎躯一震，定睛看去，居然是“香积厨中灶下烧火的一个火工头陀”。这地位多低啊，打杂的勤务人员，而且还带发修行，这是传说中的临时工吧？一边是达摩堂首座，单位副职领导、班子成员，一边是临时工，傻瓜也知道怎么站队啊，于是大家纷纷及时表态，斥责火工头陀。谁知临时工依然不知好歹，说师父都狗屁不通，你们这群弟子更加不通，然后就开始动手，结果连败九人，而且绝不遵守点到为止的内部原则，出手狠辣，输了的不是断手就是断腿。

这下苦智可傻眼了，就问他武功跟谁学的，火工头陀说“无人传过我武功，是我自己学的”。“原来这头陀在灶下烧火。监管香积厨的僧人性子极是暴躁，动不动提拳便打，他身有武功，出手自重。那火工头陀三年间给打得接连吐血三次，积怨之下，暗中便去偷学武功。少林寺弟子人人会武，要偷学拳招，机会良多。他既苦心孤诣，又有过人之智，二十余年间竟练成了极上乘的武功……这火工头陀生性阴鸷，直到自忖武功已胜过合寺僧众，这才在中秋大校之日出来显露身手。数十年来的郁积，使他恨上了全寺的僧侣，一出手竟然毫不容情。”

原来是受压迫的临时工起来反抗了，于是，分管领导苦智禅师亲自出马，打算摆平这一内部问题。苦智同志的策略是在业务上压倒对方，但同时手下留情，给足面子，以求消除隔阂，谁知道火工头陀会错了意，把苦智的停手罢斗当成了要取他小命，于是趁势而入，打死了苦智。后来，他还潜回寺中，把监管香积厨和平素与他有隙的五名僧人全部干掉。

一个临时工的冤屈，酿成了一场政治大事件，班子成员、副职领导苦智同志就这样离开了我们。而且，事情并未到此结束，火工头陀逃跑了，少林高手怎么也找不到他，“寺中高辈僧侣更为此事大起争执，互责互咎”。我说你这部门没带好队伍，你说他那部门没有及时把握员工情绪，政治思想工作不到位，他说我这部门危机处理能力不佳，没能及时解决问题，同一蓝天下是吵得一团糟的你我他……结果，更大的问题出现了——少林寺领导班子成员、罗汉堂首座苦慧禅师一怒而远走西域，开创了西域少林一派。“经此一役，少林寺的武学竟尔中衰数十年。”

七十多年前，是什么时候？按《射雕英雄传》和《神雕侠侣》的情节推断，那时五绝要不就没出生，要不就还是个孩子，而到他们华山论剑时，少林仍在衰落期当中。

这次分裂事件的发生也导致少林寺定下寺规，“凡是不得师授而自行偷学武功，发现后重则处死，轻则挑断全身筋脉，使之成为废人”。也正因此，心禅堂的老和尚要“修理”张君宝。

这个寺规，就是少林一派的魔咒，数十年来只触发过这么一次，却影响了少林此后数十年的走势。

一个临时工引发的制度僵化

达摩堂首座苦智去世、罗汉堂首座苦慧远走西域，这都是对少林实力的重大打击。

可一个单位本来就免不了人才流动，有人退休有人跳槽有人挤破头想进来，这都是正常的。苦智去世了，大家很悲痛，但苦字辈高僧不止他一个；苦慧自立门户了，想必走的时候也带上了不少弟子，这确实挺可怕，但也不至于伤筋动骨。真正把自己整成一副衰样的，是少林自己的制度。

好的制度不是万能的，但坏的制度一定是万恶的，很不幸，因为一个临时工引发的危机，少林寺走上了矫枉过正的道路，选择了一个极坏的制度，这条制度便是“凡是不得师授而自行偷学武功，发现后重则处死，轻则挑断全身筋脉，使之成为废人”。

咱们先得看看这个制度是怎么出台的：它发生在火工头陀事件之后，是针对这一事件所进行的内部政策调整。换言之，这个制度的背后是少林内部对这一事件的定性。

咋定性的呢？以后你们不准偷学武功了！偷学武功是万恶之源！你看这个火工头陀，偷学了武功，搞出这样的事情！

看明白没？少林的定性是：苦智之死，苦慧远走，内部分裂，罪魁祸首就是火工头陀。

这个结论本身也不能说错，火工头陀确实阴鸷可怕，因私怨而重伤甚至杀害同门更是极坏的行为，但少林该不该把自己的责任推得一干二净？少林内部在善后的过程中有没有问题？

要知道，火工头陀之所以偷学武功，是因为监管香积厨的僧人性子暴躁，动不动就打人，火工头陀三年间被打得吐血三次，积怨之下才去偷学，这说明少林的内部管理存在问题。一个中层干部竟如此不讲道理、动辄打人，迫害下属，却几年之内仍未被调整出中层岗位，起码分管领导就难辞其咎。

同时，这事儿也说明少林的内部选材机制有问题。火工头陀在偷学武功的情况下，竟然能击败达摩堂九大弟子，和达摩堂首座苦智缠斗，可见资质不错，起码超过了达摩堂的不少专业习武弟子，可这样的好苗子只能去厨房烧火，领导们都去干吗了？

而且，书中提到“寺中高辈僧侣更为此事大起争执，互责互咎”，更暴露了少林的内部管理问题，出了事就互相推诿，你埋怨我我埋怨你，就没一个人肯站出来主动揽责，消除内部纷争，这样的组织形态是极其可怕的，都说少林和尚是有德高僧，但从这件事的处理上来看，这群人的档次真高不到哪里去。

当然，要说少林完全没在这事里吸取教训，完全没在内部进行整风，倒也未必，因为在一百六十年后，空闻掌权的少林寺召开屠狮大会，张无忌混入香积厨打杂，负责人就很和善，不但认为不该断了山下农民的生计，对张无忌也很客气。但这些小改善，可补不上禁止偷学武功这一制度所造成的大窟窿。本来选材机制就有问题，把好苗子弄去烧火做饭，现在连自学成才的路子都彻底断了，你还给不给中下级弟子活路了？

这制度会导致什么后果？师父占据主导地位，他想教谁就教谁。如果他眼光不行，好苗子就会被耽误；如果他爱听奉承话，弟子们就得想办法拍马屁以求他垂青；如果他爱吃零食，弟子们每次下山都得去超市买点捎回来；如果他脾气臭，传功夫时没耐心，动不动就扇徒弟俩耳光，徒弟也不敢反抗，生怕失去练功资格，只能笑嘻嘻扮两面派……

那位说了，这么推断也太夸张了，而且预设了“少林高僧能力和品德有缺陷”这一前提。很抱歉，当初，这群“少林高僧”在火工头陀事件上“互责互咎”，已经证明他们见识有限、私心甚重，他们确实是一群有缺陷的人。

这么一来，后果忒严重了，你少林还想要德才兼备的人才？太难了，整个培养机制变成了一个逼迫弟子投机的过程，不把师父伺候好，就别想混出头。

内部机制僵化导致的政治路线问题

蝴蝶效应真有趣，一个火工头陀的青春期逆反心理，本是偶然事件，谁知却掀起了轩然大波。先是导致了少林的分裂，分裂后，又以错误的制度来进行弥补，结果导致内部机制出现僵化，这一僵化不要紧，还出现了更大的问题——政治路线问题。

话说郭襄造访少林，和尚们不给女人进寺，还用上了下命令的口吻，郭襄那可是“小东邪”，不吃这套，便冷笑道：“少林寺的大和尚官派十足，官腔打得倒好听。请问各位大和尚做的是大宋皇帝的官儿呢，还是做蒙古皇帝的官？”

好尴尬呀好尴尬，少林寺是啥级别的单位？方丈是厅级还是副部级？门口这几位算不算股长副股长？最大的问题在于，“这时淮水以北，大宋国土均已沦陷，少林寺所在之地自也早该归蒙古管，只是蒙古大军连年进攻襄阳不克，忙于调兵遣将，也无余力来理会丛林寺观的事，因此少林寺一如其旧，与前并无不同。”

那位说了，这是少林的幸运啊，沦陷区里的一片净土。没错，是净土，但你不觉得碍眼吗？少林兼佛学与武学，以普度众生为己任，平时与世无争，但逢国难当头时，往往入世救人，可现在倒好了，“与前并无不同”！

要知道，与此同时，江湖第一大帮丐帮的精锐，都在襄阳城跟着郭靖夫妇抗敌，而在王重阳时代成功崛起的全真教也做着同样的事。要说实力，人才凋零的丐帮和一代不如一代的全真教不见得强于少林，但他们都积极投身救国，在沦陷区里悠哉悠哉的少林实在太丢人了。

还有一个参照物是历史上的少林，书中提到，郭襄在少林寺前“瞥眼只见一块大碑上刻着唐太宗赐少林寺寺僧的御札，嘉许少林寺僧立功平乱。碑文中说唐太宗为秦王时，带兵讨伐王世充，少林寺和尚投军立功，最著者共一十三人。其中只昙宗一僧受封为大将军，其余十二僧不愿为官，唐太宗各赐紫罗袈裟一袭”。

这是当年少林的第一桶金，李世民的御札放在这个显眼位置，恰恰说明了少林此前的意识形态思路——积极入世、积极参政，以求得到执政者的信任，并借助这种信任推销自家的东西。说白了就是，当官的帮你吆喝两声，肯定比你挨家挨户敲门推销有效。但十三少林僧去帮秦王讨伐王世充，这是什么性质？如果是帮助正统政权平叛，那少林的行为就是维护社会稳定；如果是参与两个平行政权的战争，那就是站队。当时天下大乱，李渊政权和王世充政权可谓是平行而立，尽管后世史书把秦王李世民带兵出征视为平乱，但那只是胜利者的说法罢了。

这也说明，当年少林的入世与参政其实是有选择性的：乱世才冒头，选择他们所看好的一方，积累政治资源，太平时期不出头。

这样做的原因很简单：乱世出头，帮助一方，尽管存在投资失败的风险，但一来打着拯救黎民百姓的大义旗号，意识形态无风险；二来若是赌赢了，那就是曾经共患难，获胜者必然心存感激，获取利益也会更大。可太平世道跑出来帮官府做事，那就免不了背上鹰爪孙的名号，与世无争的思想理论基础就此被摧毁，即使能在既得利益者那里分一杯羹，也与付出的代价不符，如果卷入政治斗争，那就更是得不偿失，武侠小说里因为卷入政治斗争而被灭掉的门派还少吗？

可如今的少林呢？他们对时局无动于衷，在沦陷区与外敌和平共处。可以说，经历了火工头陀事件的少林，不仅仅在武学上衰微，没有参加华山论剑，在政治上的风头也全面不敌全真教。全真教既得到了南宋朝廷的信任，也因为丘处机曾经远走大漠，与成吉思汗亲切握手，一度得到蒙古政权的认可，可谓通吃。但全真教并没有因此而摇摆，反倒不失民族大义，坚决帮助郭靖镇守襄阳，抵御外侵。要说历史责任感，全真教实在比少林强得太多。

但凡事有利有弊，少林在外敌入侵时的龟缩，却也成了它在《倚天屠龙记》时代重新成为武林第一大门派的基础。正因为没有参加战争，少林的实力得以保全，并借着其他门派损失惨重的契机，走上复兴道路。而在元朝建立后，少林也得到尊崇，重新赢得政治地位。

尽管，这条复兴之路走得不是那么有尊严。

少林的思想解放无可阻挡

《倚天屠龙记》时代，武林有六大门派，少林武当为翘楚，峨嵋昆仑次之，华山崆峒再次之。其中华山崆峒的来历没有明确指出，但武当、峨嵋和昆仑三大门派的创立，都与当年少林寺的一场聚会有关。

号称昆仑三圣的何足道在少林寺大显身手，后来回昆仑创建了昆仑派。而少年张君宝因为犯了“不得师授而自行偷学武功”的寺规，所以尽管帮少林挣足了面子，却不但得不到奖赏，还险些赔上未来人生。好在觉远带着他和郭襄逃走，并在圆寂前背出“九阳真经”，少年张君宝学以致用，创建武当。至于郭襄，在少林走了一趟，也有幸听去了一部分“九阳真经”，借此创建峨嵋。

如果说何足道的开宗立派无可避免，那么武当和峨嵋的创立无疑是少林自己惹的祸。如果没有变态的寺规，少年张君宝就可以成为少林一派的复兴希望，而他的成功之路也会鼓励更多弟子积极研究武学，涌现更多擅长举一反三、触类旁通的优秀弟子，促进少林武功的融会贯通、推陈出新，而少女郭襄也不会学到一部分“九阳真经”，得到创建峨嵋的筹码。

一个错误的寺规，不但让自己衰落数十年，还制造了两个劲敌，尤其是武当，短短数十年间，已堪与少林比肩。

当然，少林自己也有收获，无色听去了一部分“九阳真经”，并将之用于少林武功。不过从《倚天屠龙记》中少林派的武功状况来看，少林的武学复兴更多还是对原有武学体系的继承和发扬，比如空性的龙爪手等。

还是那七十二门绝技，还是一群和尚，怎么就悄然复兴了呢？据我猜测，少林必然经历了一个痛定思痛的过程。

事实上，在火工头陀事件发生七十多年后，“不得师授而自行偷学武功”这条极其错误的寺规不但显示了极大危害性（武学衰落数十年），同时也已逐渐出现松动迹象。当张君宝跟何足道交手后，少林寺僧人大多认为张君宝将得到极大奖赏，几乎没人去想这个少年的武功从何而来，只有经历过当年火工头陀事件的心禅寺老僧对此纠结——七十年前，他还年轻，亲眼见证苦智之死，数十年来念念不忘，心中怨毒极盛。而在寺中已数十年的老员工觉远，也是通过在藏经阁读书才知道这一寺规。由此可见，寺规即使仍是一块铁板，也已锈迹斑斑。

还有一点值得一提。火工头陀事件发生时，少林由苦字辈当家，方丈是苦乘，达摩堂首座是苦智，罗汉堂首座是苦慧；七十多年后，少林方丈为天字辈的天鸣，达摩堂和罗汉堂则分别由小一辈的少壮派无色和无相二人担任首座。

大凡一个稳定的单位，人员晋升都有一定规律，资历、年纪等都需要“搭配”。提拔新人当然很有必要，但如果出现一套领导班子的三分之二席位属于少壮派的情况，那基本可以断定是“被动提拔”，证明单位有历史问题，在人才培养问题上存在一个极其糟糕的历史阶段。联想日后空闻掌权时代，除了“见闻智性”四大神僧外，还有多位空字辈高僧，可见天字辈人才已经极度凋零，没有合适人选能够担任达摩堂和罗汉堂的首座，以至于领导班子提前更新换代，早早提拔两位新人上位。

在这种状况下，少林已到了必须求变的边缘，不改革就没有出路，所以只要出现一个合适的契机，变革就无法阻挡。

另外，少壮派占据较大比重的领导班子，执政思路上往往也会较为开放和进取，虽然无相积极下令擒拿刚刚为少林立下大功的张君宝，面目颇为古板可憎，气度有限，但无色倒的确是个人物。他曾混迹江湖，豪放豁达，能与杨过相交，可见不拘小节，有意放走觉远和张君宝，也证明他内心反感错误的寺规，更偏向于“以人为本”。

经历张君宝事件后，少林内部必然会开班子会议，探讨得失。这无疑会是一场关键会议，且极有可能以集体反省结束。

摆在少林领导班子面前的会议材料如下：一、少林武学极为衰落，人才青黄不接；二、外敌逐步强大，一个昆仑三圣何足道，年纪轻轻，名不见经传，就让少林的顶尖高手相形见绌，这样的外部威胁以后将越来越多；三、少林武学其实精深博大，还有极大的挖潜空间，一个没练过武功的老僧觉远，靠自身修习就学会了惊世骇俗的内功，一个少年张君宝，就可以单挑何足道，这么一映衬，目前的衰落就显得极为难堪；四、张君宝还是个孩子，并无劣迹，本来也没有报复少林的理由，现在因为违犯寺规而逃走了，以后会不会回来报复少林呢？好怕怕哦……

面对这样的会议材料，心禅寺老僧固然还会嘴硬，认为自己干得对，但心胸开阔的掌门天鸣（他面对何足道时，虽自承武功不及，但言行表现可圈可点，极具高僧气度）、少壮派无色，恐怕都会想到这样的问题：博大精深的少林武学何以衰落如斯？咱们这代人算不算少林的罪人？如果没有这变态的寺规，张君宝会不会成为少林的希望？

反省，必须反省！少林必须要经历思想解放。

可以确定的是，如果没有反省及此后的变革，就不会有几十年后的四空（空见、空闻、空智和空性）时代。

空见是内定接班人

在火工头陀事件发生一百多年后，少林终于复兴，进入“四空”时代，“见闻智性”四大神僧享誉江湖。这当然有外部环境的因素，此前各大门派积极投身救国，前仆后继，却挽救不了南宋灭亡的命运，而在沦陷区与元政府和平共处的少林却保存了实力。至于内因，当然少不了少林派的苦练内功，以及前文提到的思想解放。

如果用官方媒体的口吻来做报道，我们可以说“在这个复兴过程中，少林派涌现出了大批优秀人才，练成金刚不坏体的空见无疑是其中的佼佼者”，但下一句并非“少林寺也在空见的带领下稳步前进，攀越高峰”。因为，空见早早离开了人世。

一个拥有金刚不坏之体的高手，怎么突然就离开人世了呢？有同学举手说：谢逊干的呗。嗯，但这事情是如何发生的呢？背后又有些什么呢？咱们必须好好分析。

从业务角度来说，空见堪称奇才，他练成了金刚不坏神功，谢逊在他面前简直不堪一击，而他的师弟空智只与范遥相若；从资历来说，他身死时已是白须白眉的老僧，年龄上应该比空闻、空智等人大上一截，在空字辈中是绝对的老资格；从性格上来说，他低调内敛，明明武功高绝，可在江湖上，“武功上的名气不及他师弟空智、空性”。这几方面一综合，就可看出，空见绝对是极佳的领导胚子。

后来的屠狮大会期间，少林的元老人物三渡出山，这三位老和尚也说了，“空见师侄德高艺深，我三人最为眷爱”，可见这位老兄已经获得元老的支持。如无意外，他必是少林掌门的人选。

既然是接班人大热门，那就应该爱惜羽毛，好好在办公室里指挥工作、积累经验，空见倒好，整天奔波在风大雨大的江湖第一线，这是为了什么？

为了普度众生？没那么简单。空见这人，也远非想象中那么慈悲为怀、大公无私。

对于一个门派而言，如果想营造内部团结一致的氛围，避免窝里斗，最好的办法其实不是组织大家喊口号，而是制造一个外敌，让大家把心思都用在这个敌人身上，哪怕只是一个假想敌，封建历代王朝无不如此，甚至以此作为愚民政策。本来，最好的敌人应该是元朝，但咱们都知道，少林没有公开反元，唯一的“前科”就是多年前无色禅师参与杨过组织的奇袭，还没暴露身份。既然不跟官府对着干，他们就另找了一个敌人——明教。三渡作为少林上一代高僧，就曾经大战明教教主阳顶天，结果渡厄瞎了一只眼，就此结下深仇大恨。

三渡吃了大亏，便把人生希望都寄托在了空见身上，空见也的确争气，练成了金刚不坏之体，但一个好汉三个帮，三渡要把空见捧为掌门，要让他来承担荡平明教的重任，就得培育其势力，所以，成昆这样的成名高手要带艺投师，三渡就把这位高手转给了空见，让他做了空见的弟子而非师弟，也就是圆字辈的圆真。

成昆名气极大，武功极高，与其他三大神僧相若，他成为空见的弟子，无疑使得空见一系实力陡增。

空见，第一伪君子

与成昆这样的野心家搭档，可不是什么一劳永逸的好事，成昆曾奸污徒弟谢逊的妻子，并杀其满门，坏事做绝，天理不容。起初空见并不知情，但随着谢逊以成昆之名疯狂杀人作案时，这事儿就瞒不住了，没办法，圆真向空见老实交代。

按理说，这事儿要问责的话，空见半点责任没有。他现在虽然是圆真的直属领导，但坏事是圆真出家前干的。但作为现任领导，既然此事已经造成恶劣影响，那就得及时处理。

空见这位得道高僧此后的举动很有意思。自家徒弟做出这种人神共愤的事情，导致谢逊到处杀人嫁祸，江湖大乱，他一没惩处圆真，二没公开真相，三没马上制止谢逊，而是选择暗地跟踪谢逊。

这是得道高僧还是岳不群？我宁愿相信后者多些。

那位说了，这是打算感化谢逊啊！别扯淡了，谢逊遭的是灭门惨案，你空见一句“网开一面”就算完了？最能证明空见没有诚意的是，他自始至终以第三方身份与谢逊交流，摆出一副调解的架势。那位说了，这有啥问题？问题可大了！你跟邻居闹纠纷，派出所警察来调解，说你就别计较了，吃点亏算了，然后你答应了，过几天才发现，这派出所警察居然是邻居家亲戚，你不觉得自己上当受骗被人合伙耍了？

不暴露自己与成昆的师徒关系，冒充客观第三方，空见这就是在耍弄谢逊。

再看看空见与谢逊的对话，实在恶心至极，他先说“你师父没脸见你。再说，谢居士，不是老衲小觑你，你便是见到了他，也是枉然”，换句话说就是“你武功不如人家，就没资格报仇”，然后又说“尊师酒后乱性，实非本意，何况他已深自忏悔，还望谢居士念着昔日师徒之情，网开一面”，换句话说就是“酒后可以强奸女人，酒后可以杀人全家，只要事后忏悔”。

空见，是我眼中的金书第一伪君子，尤胜岳不群。

至于他和谢逊的赌约，更是毫无诚意。他说由谢逊打他十三拳，“倘若打伤了我，老衲便罢手不理此事，尊师自会出来见你。否则这场冤仇便此作罢如何”，且不说他有金刚不坏神功作为倚仗，关键是十三条人命的大事怎么如此儿戏？作为所谓的得道高僧，空见自始至终走的却是“谁拳头硬谁说话”的江湖路子。

说到底，空见还是在偏袒成昆。

为啥偏袒一个十恶不赦的暴徒呢？因为这个暴徒业务能力强呗，在江湖上路子又多，能帮得大忙。

那位说了，空见也算不错了，虽然偏袒成昆，但没有真正难为谢逊，要不然，以他的实力，完全可以秒杀谢逊啊！您放心，借他一百个胆子，他也不敢。

谢逊犯下不少血案，留下的名字都是成昆，要想让谢逊收手不干甚至吐露真相，还不暴露成昆的恶行，空见还真得费尽思量，决不能把谢逊惹毛了，怀柔是最好的办法，但又不能任由谢逊胡闹，尤其是他想暗算武当七侠的宋远桥，这事可决不能干，小宋同志背后是大名鼎鼎的武林泰斗张三丰，那可招惹不起，把事情闹大了，又一不小心掩盖不住，就成了两个门派之间的大事。

按理说，有金刚不坏神功护体的空见，被谢逊打个十几拳根本不算大问题，可谢逊也聪明，他见无法击垮空见，就假意寻死，引空见来救。空见能不救吗？这不是慈悲为怀的问题，而是谢逊一旦死了，之前他杀人嫁祸的事就死无对证，成昆估计就保不住，于是他立马上前施救，结果来不及运用神功，被谢逊一拳打在致命处。

大野心家最倒霉的事，就是在关键时刻遇上落井下石的另一个野心家，空见指望着成昆出现，可成昆却始终不露面——空见死了，对他而言百利而无一害，一来暴露了确实有人在背后嫁祸，并杀空见神僧灭口，二来也让他去了一个争权的大障碍。

那位说了，怎么是去了一个大障碍呢？空见若是接班，肯定会重用成昆，以他的资历、武功，肯定是圆字辈的顶尖人物、下一届接班人的候选，可空见一死，空闻接班，成昆地位就变了呀！其实不然。一来，空见能力太强，武功修为太高，虽然年纪明显比空闻空智等人大一些，但高僧普遍长寿，估计耗到成昆老掉牙了，他老人家还活得好好的，即使放权归隐做长老，也是一个掣肘，而且在空闻手上夺权，肯定比在空见手上夺容易得多。二来，空见一死，谢逊就跟少林有了不共戴天之仇，成昆便和少林的众多元老彻底蹲在了一个战壕里，而且谁能拿下谢逊，就等于谁取得了最大政绩，等于成昆给自己建立了一个政绩目标。

所以，成昆才懒得出来呢！倒霉的是空见，伪君子野心家，错信另一个野心家，一朝把命丧。

中庸的空闻导致内部僵化

在古代中国，大多数领导都是中庸的，要懂协调，要一碗水端平，能力倒是其次。这种中国式官场生态，确实可以在一定程度上维持人际关系和势力均衡，但也容易导致僵化、抹杀个性。尤其是在错误的制度下，这种官场生态更容易暴露其弱点。

但反过来说，咱也不能因为这种官场生态容易导致僵化，就认为协调能力没用——除了少数可宅在家里的创意工作外，只要涉及团队，就需要协调能力。

少林历任掌门基本都是中庸的典型，白胡子白眉毛，不发火不随便说话，空闻亦不例外。本来“见闻智性”四大神僧中，空见是接班人最大热门，但他死于谢逊之手，掌门之位便传到了空闻手上。

从当时形势来说，空闻无疑是最佳人选。空性醉心武功，不通人情世故，空智虽然学了十一门少林绝技，跟历史上个人学习十二门绝艺的巅峰纪录十分接近，且以“智”著称，但个人形象不太好（“一脸的苦相，嘴角下垂”，以致颇精于风鉴相人之学的宋远桥认为“常人生了空智大师这副容貌，若非短命，便是早遭横祸”），而且心胸狭窄，不太好相处，所以这二位都不是合适人选。反观空闻，内力修为极深，本来就在四大神僧中排名第二，仅次于空见，资历也具备，加上书中曾指空见“武功上的名气不及他师弟空智、空性”，压根不提空闻，可见空闻也极为低调，一般而言，低调又有实力的人，往往随和，也更易让人信服。

但正像开头所说，中庸的领导往往容易导致内部僵化，空闻也不免如此。

空闻接手的少林可算是一百五十年来最好的少林，正经历着伟大复兴，从当年火工头陀事件导致的内部大分裂中艰难爬起，虽然练成金刚不坏神功的空见意外去世，但空字辈还有一大批高手。联想数十年前天鸣禅师当家时同辈乏人，被迫提拔少壮派无色、无相担纲左右手的窘迫局面，如今的小日子实在是太滋润了，何况还有三渡这样的高手护法，张三丰携张无忌上少林求“九阳真经”时，还提到空闻出来迎接时身边有多位老僧，资格比空闻更老，无疑也是护法级人物，可见少林整体实力之强。

基础这么好，空闻是不是很高兴？那是当然，但他也会有幸福的烦恼——基础这么好，那还有哪些地方需要改进呢？什么？啥都不用改进？那我要哭了，我的政绩从何而来？

领导都需要政绩，接手一个烂摊子固然让人头痛，但也容易出成绩，接手一个大好局面，哪怕有一丝退步，也会被无限放大。咱们小学时考试，从 30 分进步到 60 分，总比 95 分进步到 100 分难，便是这道理。

作为一把手，空闻也需要政绩，对外要巩固第一门派的地位，净化武林（比如消灭明教），往大里说还有颠覆蒙古人政权（估计他没这胆子），对内则需要将少林武学发扬光大。

少林拥有众多一流高手，其他任何门派在它面前都显得人单势孤，但有一座大山是他们无法绕过的，那就是张三丰。武当的底蕴确实当然比不上少林，可张三丰的泰山北斗地位却是任何人都无法否认的。如果空闻任期内能培养出一个超过张三丰的高手，那无疑是最大的政绩。

培养一个张三丰，那真是太难了，需要找一个好苗子，还需要师父教授得当，还需要因缘际会，还需要神功秘笈……这几乎是一个不可能完成的任务。

“几乎不可能完成”，那意味着可能性还是存在的，至少空闻曾经有这样一个机会，不过他错过了。这个机会是张三丰带来的，少年张无忌受了玄冥神掌，体内寒毒难解，张三丰的九阳神功又所学不全，无奈之下，只能放下身段，带着张无忌前往少林求助，希望交流九阳神功，一方面救张无忌，另一方面也可共同参悟，来一场武林大融合。

空闻的说法是："我少林派七十二项绝技，千百年来从无一名僧俗弟子能练到十二项以上。张真人所学自是冠绝古今，可是敝派只觉上代列位祖师传下来的武功太多，便是只学十分之一，也已极难。张真人再以一门神功和本派交换，虽然盛情可感，然于本派而言，却为多余。"换句话说，就是"我钱太多了，多到这辈子也用不完，所以这笔生意咱们也别做了"，这得有多短视啊！既然他们都认为张三丰的武功源出少林，那么怎可如此轻视九阳神功？七十二门绝技确实不少，但却没制造出张三丰这样的人物啊！

他接着还说，"武当派武功，源出少林，今日若是双方交换武学，日后江湖上不明真相之人，便会说武当派固然祖述少林，但少林派却也从张真人手上得到了好处。小僧忝为少林掌门，这般的流言却是担代不起。"这句倒是说到了重点——迅速崛起的武当，已经使得少林感受到了巨大威胁，加上张三丰所谓的"少林弃徒"身份，后来张翠山等事件的风风雨雨，少林肯定憋了一肚子气，要不是碍于名门正派身份，恐怕早已彻底翻脸，加上这些大门派往往都死要面子活受罪，怎可能抛弃门户之见？空闻的气度终是有限。而且，因为这门户之见，他对张无忌的性命安危也无动于衷，任张三丰百般哀求，"还望体念佛祖救世救人之心"，仍是不予理睬，可见良知也是大大有限。

张三丰的评价就很到位——他"心下暗暗叹息，想道：'你身为武林第一大门派的掌门，号称四大神僧之一，却如此宥于门户之见，胸襟未免太狭。'"

作茧自缚的空闻

目光短视、心胸狭窄者，往往贪图小利，最终作茧自缚，空闻也不例外。屠狮大会时，张无忌曾在窗外偷听空闻与空智、圆真（即成昆）议事，这个小会议的内容很重要，关乎到屠狮大会的进程和少林的政治走向，所以可视为最高层决策会议，由参加人员来看，此时的少林格局极为微妙，权力核心已发生变化。

在围攻光明顶之前，少林的领导班子构成是由空闻主持大局，空智和空性为辅，但空性一心习武，不问世事，所以未能担任任何重要职司，只是挂名而已，空智则是名符其实的二把手；而到了屠狮大会时，空性已死，递补进入权力核心的却并非其他空字辈高手，而是圆字辈的弟子圆真。

这事儿其实很有意思，野心家圆真一直在暗地里培育自身势力，意图控制少林，进而成为武林霸主，但在少林内部，他毕竟只是一名圆字辈弟子，入门也晚，空字辈人才济济，论资历根本轮不到他上位，可他却偏偏成功进入少林的权力核心，这是为何？

这一来是因为空见的政治遗产，他虽去世，但声望仍在，圆真作为其弟子，自然会被看高一线，何况这次屠狮大会主要是针对谢逊，圆真与他的关系可谓千丝万缕，是本次事件的主要经办人，担纲"屠狮大会筹委会主任"绝无问题，又有三渡撑腰，这些都是他立足少林权力核心的根本。最关键的是他成功利用了空智的心胸狭隘、睚眦必报，诱使他仇视明教，又利用他权力欲极重、想办大事搞政绩的心理，为其忙前跑后，赢取信任，被引为臂助，成功蹲在了一个战壕里（后文会专门分析空智）。

咱都知道，三角形是最稳固的政治形态，其中一种模式就是副手分为两派，一把手在中间搞平衡，既不让你们好到同穿一条裤子、联手对付领导，也不让你们闹翻，逼着你们一吵架就跑来喊冤，突出领导重要性。可空智和圆真的结盟，却是任何一个一把手都不愿意看到的——俩副手联手了，一把手地位就会大大下降。

这次屠狮大会最高层决策会议，就充分暴露出空闻已被架空的实质。

书中提到，“圆真力图挑动各派互斗，待得数败俱伤之后，少林派再出而收卞庄刺虎之利，压服各派，名正言顺的掌管屠龙刀，杀了谢逊祭奠空见”。这架势哪里是名门正派开会，简直就是武林宵小耍阴谋，尤其是“挑动各派互斗”，这可是人道主义原则问题，其血腥程度与少林一贯宗旨完全不符。

面对大是大非的原则问题，空闻的反应很有意思，他没有怒斥圆真，只是“力持郑重，既不愿多伤人命，得罪武林同道，又似乎对明教不敢轻侮”，不愿多伤人命是良心尚在，对明教不敢轻侮则是害怕。但作为堂堂掌门，在有人提出要篡改门派政治路线的情况下，居然不及时纠风，仍是一副商量姿态，实在显得窝囊。

此时的空智则支持圆真，说：“第一要紧之事，说来说去，还是如何迫使谢逊在端阳节前吐露屠龙刀所在，否则这次屠狮大会变得无声无息，反而折了本派的威望。”潜台词就是只要弄到屠龙刀，耍些龌龊手段也无妨。这种话出自所谓的高僧之口，实在让人难以想象，偏偏空闻的回应是：“师弟所言极是。咱们须得在会中扬刀立威，说道这武林至尊的屠龙宝刀已归本派掌管，那时本派号令天下，那就莫敢不从了。”

真相暴露了！原来，空闻希望的就是“号令天下，莫敢不从”，这个武林第一大派在武功上压不过武当，参与围攻光明顶却无功而返，还欠下明教的恩情，在反元大业上也毫无建树，竟然沦落到打屠龙刀的主意，要靠一把刀号令江湖，这和那些为了夺刀你杀我我杀你的下三滥门派有何区别？

要是没有未泯的良心，要是没有明教的强大和曾经施恩，空闻还会干出些什么事情?

渴望通过屠龙刀来号令江湖，无疑是利欲熏心，进而引狼入室，作茧自缚。此后，空闻被圆真势力劫持，险些葬送少林基业，实属必然。

空智，史上第一小心眼高僧

四大神僧中，最不讨人喜欢的恐怕就是空智，因为他心胸狭窄、睚眦必报。

其实，这四位老兄都不怎么样，让我总结的话，就是伪君子空见、庸人空闻、小心眼空智和浑人空性。

有趣的是，现实中大多数单位里若有这四位存在，大多数人最反感的都会是小心眼空智——原因很简单，大多数人无法分辨伪君子和真君子；而庸人虽然庸碌无为，但对大家没啥威胁，很多时候反倒会渔翁得利，成为提拔对象；至于浑人，大家都知道他浑，自然不会闲着没事去招惹，而且浑人有啥说啥，也好对付。最怕的就是小心眼，不知道自己哪句话说错了就把人得罪了，过了三年五载人家还记得，这种人怎么相处嘛！

跟空智打交道实在是太难了。他心胸狭窄，偏又自以为是，对自己名字里的“智”字极为自得，却极容易糊弄。这样的人其实是组织里的毒瘤，很容易被得罪，很容易忌恨人，也很容易被挑拨……

那位说了，空智名字里有个“智”字，也以智著称，咋就成了自以为是、容易糊弄呢？

真抱歉，这位高僧确实有心眼，但都是小心眼。他要是一思考，上帝立马发笑。

在整部《倚天屠龙记》里，他所谓的“智”，全是纠结于一些旁枝末节。比如在张三丰百岁寿宴上公然挑战张三丰，大家一听，个个精神大振，心想你空智真牛啊，主动叫阵，结果空智接着说“我师兄弟三人不自量力，要联手请张真人赐教。张真人高着我们两辈，倘若以一对一，那是对张真人太过不敬了”，原来是要三打一。

最让人犯恶心的其实是那句“张真人高着我们两辈”，后来张三丰带着张无忌上少林求“九阳真经”救命时，也是他空智对张三丰的师父觉远毫不恭敬，对张三丰也百般刁难，对张无忌的性命安危也无视，压根就不尊老爱幼。

在场众人都看得清楚明白，心想“你话倒说得好听，却原来是要以三敌一”，高僧不要脸，真是挡也挡不住。

俞莲舟针锋相对，提出武当六侠对少林十二僧（三空加上九名弟子），小心眼空智一听就不乐意了，因为自己那九名弟子水平不咋地，这就等于武当六侠对少林三空，你武当想以多打少啊？那可不行！

看到没？只准自己以多打少，人家想来个“变相以多打少”都不行！高僧的强盗逻辑，不服都不行！而且，按照实力推论，武当六侠对少林十二僧，其实也是平手之数，因为九名弟子都是圆字辈，武功并不弱，当年三个圆字辈弟子缠斗张翠山也纠缠良久，算下来武当派这个提议只是略占便宜，可空智就像市场买菜一般，总觉得自己少拿了两根葱是原则性问题，坚决不同意。后来武当又提出六战定胜负，空智还是嚷嚷“不妥不妥”，“但何以不妥，却又难以明言”，摆明是耍赖。

屠狮大会上，少林和明教吵架，空智拿旧账说事儿，表示当初明教把他们囚于万安寺，还在少林寺的十六尊罗汉像的背上刻上“先诛少林，再灭武当，惟我明教，武林称王”，侮辱他们少林。本来这事儿其实是赵敏带人干的，空智被成昆所骗，以为万安寺之事是明教与赵敏联手做戏，便将此事也推到明教身上。可老兄，拜托你没事找事的时候也考虑下逻辑，别太对不起你名字里的“智”字。杨逍当场就反驳了：“空智大师的话，可让我们不懂了。敝教张教主是武当弟子张五侠的公子，江湖上尽人皆知。我们就算再狂妄万倍，也决不敢辱及教主的先人。张教主自己，又怎会刻甚么‘再灭武当’的字样？方丈大师与空智大师乃有德高僧，岂能于其中这小小道理也不明白？在下相信决无其事。”

说话不经大脑的空智，立刻为之语塞，是啊，明教里哪位有胆子写“再灭武当”，你有德高僧连这都搞不明白？

如果仅是在这些旁枝末节上扯皮计较，那顶多说他不像高僧像斤斤计较的小贩，咱挖苦几句就算了，但他的自以为是，不但导致自己被成昆糊弄、挑拨，还险些给少林带来一场大祸。

利欲熏心的空智导致少林最大危机

空智此人，无智可言，却偏偏才疏志大，极有野心，又终被野心所误。

早年，空见被元老们一致看好，结果早逝，空闻则凭借其中庸姿态获得垂青，而空智在这次接班人之争中失败，资历不如空闻固然是一个原因，个人形象和气度也是重要因素。即使他的“智”名副其实，也更像师爷而非县官，更别说他压根对不起这个“智”字了。

在未获得接班人资格的情况下，空智专注于业务，苦练武功，练成了十一门少林绝技，距离历史最高纪录的十二门仅一步之遥，堪称少林史上的奇才之一。

业务上的突飞猛进，也使得空智开始有了更多的想法，即使无法从空闻手中夺得掌门之位，但大可以像当年全真教的丘处机那般，做本门中名气最大、势力最强的人，培养下代接班人。所以，空智闹得挺欢。

六大派围攻光明顶一役，少林由空智带队，其实就颇有玄机。此次六大派精锐尽出，而且多由掌门亲自带队，如峨嵋灭绝、昆仑何太冲、华山鲜于通，至于崆峒，书中没有明确指出掌门是谁，但我后文会分析，掌门就在出席的崆峒五老之中，少林和武当是仅有的例外。尽管这之中不排除少林和武当这两大门派自重身份，把一把手留在家里的因素，但毕竟武当的名义掌门张三丰年事已高，不问世事，由代理掌门事务多年的宋远桥带队理所当然。而且，除了掌门之外，各派其他高手也基本倾巢出动，少林雪藏掌门空闻，无疑显得有些托大。

这里面自然有玄机，空闻和空智二人在政治导向上应该不存在差异，都希望击垮明教，以获取最大政绩。但空智野心更大，要求更为迫切，他更希望成为此次项目的带头人物，以奠定不世之功，所以在出发前必然会力主自己带队，说些“请领导留守大本营坐镇指挥，我负责第一线工作”之类的话，而空闻的中庸性格则决定了他不可能在这个问题上太过坚持，为了不伤和气，他会选择留守，由空智带队。

但很遗憾的是，空智把事情办砸了，张无忌在紧急关头力挽狂澜，使得六大派无功而返。更糟糕的是，在返程中，六大派遭到赵敏人马的伏击，悉数被擒，少林损失尤其严重，第三把手空性阵亡。“更糟糕”之后还有“最糟糕”，因为空智等人被擒，加上有空相等内奸存在，少林的大本营都被人端了，空闻等人全都被抓去了万安寺。

这事儿当然不能全怪空智，赵敏的出现是个意外，空相等人潜伏的日子也很久了。但作为本次围攻光明顶的现场总指挥，少林出访团的带队者，他肯定还是要承担部分领导责任。

按理说，出了这事儿之后，空智应该低调点，但对于权力的渴望，使他满脑子想三想四，而明教在反元事业上的轰轰烈烈，少林的风头明显被压制，小心眼如空智，肯定会对此十分不满，于是，他策划了下一次大事件——屠狮大会。很可惜，这次又搞砸了，而且不但搞砸了，还出大事了。

屠狮大会的引子是谢逊，少林拿到了这张牌，就打出了为空见和众多武林人士报仇的旗号，虽然看似名正言顺，还充满了正义感，但实则以利为先，意在屠龙刀，以号令武林。可是螳螂捕蝉，却不知黄雀在后，自以为得志的空智，却被圆真算计了，屠狮大会险些成了圆真一党的谋逆大会，空闻被挟持，还险些丧生。但这事本可避免，只要空智不是那么利欲熏心，只要他不是那么容易被挑拨（圆真所谓的“明教与赵敏联手算计六大派”的谣言，实则漏洞极多，若真是有“智”之人，细想一下便会有许多疑点，自会慎重处理）……

每次在报纸上读到街头诈骗事件，慨叹骗子无良的同时，我也会慨叹被骗者的贪欲，其实若减低贪欲，很多骗案都可避免。可悲的是，许多人并不明白贪欲会影响分辨力。同样，许多人在工作中都抱怨单位不公，自己资历老能力不差却上不了位，可却忽视了自己内心的贪欲——如果你对工作的处理、对人际关系的维系都充满功利性，那你确实不配拥有成功。空智无疑是个例子。

空闻被圆真一党挟持后，空智投鼠忌器，勉强主持屠狮大会。要不是赵敏及时识穿阴谋，张无忌力挽狂澜，洪水旗和厚土旗及时施救，少林难逃被颠覆，少林寺难逃被烧毁，空闻难逃被烧焦……

经历此事后的空智，必然会遭受问责，他在少林的政治生命也会基本结束。

灭绝选择的方式是“封皮也不拆，便将信原封不动退回”，拆了信看了内容，有些事情就得讲面子，不拆，不但避免了麻烦，还给自己留了条后路——反正咱不知道啥内容，不知道要帮您的忙，不好意思啊！

灭绝广收同样出身武林世家的弟子，并重点栽培，显然也有借此扩大峨嵋派的影响，充实实力的意图。而且，为了让这些武林世家弟子既能在峨嵋获取权力，又不与家族断绝联系，灭绝萌生了更改旧制的想法。所以，才有重点培养对象纪晓芙与殷梨亭的联姻。

丁敏君的存在，以及她对接班人最热门人选一以贯之的反对，让灭绝师太立接班人的步伐减缓，大家依然存在着竞争，个个都想着好好表现，只要这个准接班人没完全确立，峨嵋就不会乱，均势就不会打破。

否定周芷若，而且理由是“本派之中尚有若干同门未服”，暴露了静玄的不智。尽管周芷若确实存在争议，而且作风问题让她方寸大乱，但毕竟是灭绝指定的接班人。静玄作为大师姐，前任掌门的助理，在关键时刻应该站出来拨乱反正，尤其是大敌当前，一派不可无掌门之际，更应该摒弃内部成见，坚决拥护周芷若。

连续三代一言堂

在《倚天屠龙记》中，掌门负责制的峨嵋派摊上了灭绝这样一个偏执型掌门人，成了一言堂。

很多门派都是掌门负责制，但并不一定是一言堂，比如武当派，张三丰是第一代领导人，没有师兄弟，自然是一言堂，但传到第二代宋远桥时，武当七侠中的其他几位就是可参政的班子成员。峨嵋呢？郭襄开宗立派时是一言堂，可传到第三代，灭绝师太身边居然没有同辈的班子成员，仍是一言堂，这就奇怪了。

难道峨嵋也是几代单传？非也非也，书中提到，灭绝有个师兄孤鸿子，丢了倚天剑，悔恨万分，凄清中死于归途，还有个师姐做了叛徒，被灭绝追杀，由此可见峨嵋并非单传。那么，峨嵋第三代是不是只有灭绝、孤鸿子和叛徒？

这是一个谜。理论上来说，郭襄既然开宗立派，不太可能只收一个弟子，第二代掌门风陵应该有师兄弟姐妹，即便她没有，也不太可能只收三个徒弟——武林第三大门派怎么可能就这么几号人？

在这种情况下，我大胆推测：峨嵋曾经历内乱，灭绝就是第三代最后的赢家。

当年郭靖黄蓉殉国，南宋灭亡，郭襄虽然个性散淡，但也不至于对时局完全无动于衷，应该曾为反元事业出力，第二代的风陵继承其衣钵，但传至第三代时，元朝统治渐趋稳定，峨嵋内部不免分化，出现叛徒就是例证。而且，叛徒的身份是灭绝的师姐，还肩负着寻找屠龙刀的重任，可见其在派中地位极高，应是第三代掌门的热门人选，以她的地位，叛变时不会是孤家寡人，可能有自己的人马，甚至包括第二代元老（风陵的师兄弟姐妹）。

这必将带来一场大火并，尽管叛徒被灭绝千里追杀，但峨嵋必然元气大伤，手刃头号叛徒的灭绝则成了最终获益者，成为第三代掌门。

这场内部斗争不仅仅清理了门户，对灭绝的影响也是巨大的。她经历了“血与火的洗礼”，在一片死尸中走上前台，于是她定下了峨嵋此后的内部政治基调——正邪不两立。

此后的峨嵋派，就在这种政治方略下前行。

灭绝为何不拆信

在很长一段时间里，峨嵋的天然盟友是武当。

所谓天然盟友，是指不需要刻意结盟就走到一起的盟友，这种非利益组合往往比刻意结盟更加稳固。武当与峨嵋的结盟，首先源于二者的渊源，张三丰和郭襄曾共患难，而且武功也同出一脉。另外，二者都是新门派，又都有挑战少林的野心，有着结盟需要。应该说，张三丰对武当与峨嵋的这层关系是十分看重的，所以一直叮嘱弟子们在江湖上遇到峨嵋派弟子，要处处谦让不可生事。

峨嵋这边态度也不错，比如张三丰百岁寿辰，峨嵋弟子就巧施针线送上礼物，而且在几大派追问谢逊下落、张翠山夫妇自刎一事上，峨嵋的立场也很暧昧，并不像其他门派那样咄咄逼人。

但让我们回到开头第一句，"在很长一段时间里"——对张三丰来说，也许是"如果给武当和峨嵋的结盟定个期限，我希望是一万年"，但对于灭绝师太来说，这个结盟绝对是有限期的。

为什么？因为利益。

按灭绝师太的说法，郭襄祖师开宗立派时的目标，一是反元，二是让峨嵋成为能够与少林比肩的门派（原著说"与少林武当比肩"，此处有误，因为郭襄四十岁创峨嵋，张三丰七十岁创武当，中间有时间差，武当应是后来居上）。到了风陵和灭绝时期，武当已经崛起，张三丰成为武林第一人，此时的峨嵋却遭遇内乱，等到灭绝执掌大权时，实力已经远远落后于武当，要达成组织目标，显然力所不及，尊重历史渊源、延续结盟便顺理成章。而这个结盟的具体体现，就是武当六侠殷梨亭与灭绝最宠爱的弟子纪晓芙之间的联姻，这是一场不折不扣的政治婚姻。

但这种结盟，随着武当的一场重大政治事件出现了明显的裂痕。张翠山拒不透露谢逊下落，夫妻双双自刎。此事过后，武当和少林的矛盾已经上了台面。为了张无忌的伤势，张三丰曾经数次致信，让殷梨亭这个“准峨嵋女婿”送去，结果灭绝连封皮也不拆，便将信原封不动退回。

这个不友好的举动，看似因为张翠山与魔教的“勾结”，使得以“诛灭魔教”为心愿的灭绝不满，进而迁怒于武当。但实际上可并非那么简单，这里面藏着灭绝的野心和小心思。

首先，这意味着峨嵋的审时度势，武当因为张翠山的缘故，与各大门派交恶，灭绝显然并不希望跟武当继续保持过于亲密的关系，使得自己也变得孤立。但毕竟是多年盟友，而且张翠山已死，并没有撕毁盟约的理由，加上武林格局向来都是风水轮流转，总得给自己留个后路。所以灭绝选择的方式是“封皮也不拆，便将信原封不动退回”，拆了信看了内容，有些事情就得讲面子，不拆，不但避免了麻烦，还给自己留了条后路——反正咱不知道啥内容，不知道要帮您的忙，不好意思啊！

其次，灭绝不高兴，借口是武当跟明教扯上关系了。但明教是干吗的？是反元的，而且是明着反，甚至是大规模造反！峨嵋的组织目标是啥？也是反元，不过没有明目张胆扯旗造反。大家都是反元的，就不能摒弃成见，来个统一战线？

答案显然是不行。抛开灭绝与谢逊、杨逍的私仇，这事本身也存在着利益冲突，灭绝显然有着巨大的野心。她不仅仅希望峨嵋能够与少林武当比肩，也希望峨嵋能成为反元力量的主导者，后一个目标使得峨嵋必须想办法取代明教，获得反元的真正话语权。也正因此，在之后的六大派围攻光明顶一役中，峨嵋派倾巢而出，大有不是我峨嵋死光光就是你魔教被铲灭的架势。

但此时的峨嵋整体实力仍然有限，前期仅有灭绝一个绝顶高手，静玄等则是二流高手，而且成长性欠缺。

开宗立派容易，找个山头就能收徒弟，但要想提高办学水准，每隔十年二十年就出个武林巨头，那还真需要厚积薄发。在这一点上，郭襄还真比不上张三丰。郭襄的优势是成长环境好，父母老师一大堆，每人教她几手，就有一堆花活；张三丰的优势则在于年少时就跟着觉远修习内功，打下了很好的基础，但没学过武功，也就是有底子没花样。

看到没？这就是另一个版本的剑宗和气宗之争啊！

郭襄得了二三成的“九阳真经”，然后花了二十二年时间融会贯通，四十岁开创峨嵋。张三丰自幼修习九阳，而且跟觉远一起生活那么多年，觉远去世前念叨“九阳真经”，起码在口音上他就听着不犯愁，加上曾经修习过，听起来事半功倍，估计起码能听五六成。此后，他又苦心修习，终于在七十岁那年有所大成，开创武当。

这么两相比较，开宗立派时，张三丰的成就肯定高于郭襄。比起厚积薄发的武当，峨嵋显然缺乏持久性，传到灭绝手上时，大则大矣，但遭遇了上升的瓶颈。

灭绝的管理水平真差

先天不足的峨嵋，摊上灭绝这样一个领导，可谓雪上加霜。

灭绝不是个好领导，这是公认的事实，但到底有多不好，还真值得研究。

坏领导有几种，一种是不作为的，一种是能力差的，还有一种是能力差还固执的。第一种其实破坏性最小，最后一种则破坏性最大，自己一脑子草还不准别人提意见，而且比谁都能折腾。如果现实中碰到这种领导，我的建议是您也别琢磨着提什么合理化建议了，不是谁都可以沟通的。

很不幸，灭绝恰恰是这最后一种。

首先，灭绝很固执，听不进别人意见。其次，灭绝很迂腐，不懂变通。第三，灭绝想事情很绝对化，非黑即白，一点也不全面客观。

还要再说下去吗？有点经验的人都能看出来，这三条是做领导的大忌，哪怕只有一条，都会影响整个组织的前行，何况三条全占！

而且灭绝极度没有原则，虽然她跟明教势不两立，矢志不改，貌似很有原则，但不择手段就是最大的无原则。她最宠爱的两个徒弟纪晓芙和周芷若，都曾被她逼着去色诱“大魔头”，搞刺杀那一套，名门正派中能想出这主意的只有灭绝。

纪晓芙不肯就范，灭绝一掌将之打死，到了周芷若，师徒俩都被抓了，自身难保，还功力全失，就没来这套，但周芷若也被逼着发了毒誓，灭绝才安心去死。这逼良为娼的架势，说峨嵋是邪教也有人信。

换言之，灭绝在峨嵋搞的是恐怖集权统治，为达目的不择手段，甚至不惜内部整人，杀掉弟子，跟人性化管理一点都不沾边。

而且，峨嵋的传统并非大弟子接班，而是由掌门指定，这就使得峨嵋内部的形态更加混乱。门下资格最老的弟子静玄和静虚参与了组织管理，但灭绝毫无让她们接班的意思，倒是年轻的小弟子纪晓芙和周芷若先后受到青睐。书中还提到，“灭绝师太不喜男徒，峨嵋门下男弟子不能获传上乘武功，地位也较女弟子为低。”这种赤裸裸的性别歧视，也必然使得峨嵋错过许多人才。

这样的峨嵋，怎一个乱字了得？

峨嵋政治路线三代而改

《倚天屠龙记》里有一个细节极堪玩味，那就是并非道士还娶了老婆生了孩子的宋远桥在主持武当全面工作时，总是身穿道服。我说过，这是因为张三丰本人是道士，虽然他没有要求弟子也做道士，但宋远桥以第二代掌门自居,穿道服可谓继承衣钵的“形象工程”,有利于树立权威和个人信心。

而峨嵋派呢？掌门灭绝是出家人，手下还有一大群尼姑，包括静玄静虚静照等，还有一群俗家弟子，包括纪晓芙丁敏君贝锦仪周芷若等。

但大家留意到了吗？静玄静虚她们是什么年纪，纪晓芙丁敏君她们又是什么年纪？

峨嵋派第一个出场的弟子是静虚，张翠山携妻子返回中原，途中遇到天鹰教和俞莲舟等人争执，静虚后来到场，书中形容她是“中年女尼”。在张三丰百岁寿宴上，静玄出场，当时她四十多岁，纪晓芙则是二十多岁，再之后出场的丁敏君年纪也差不多。

按此推断，灭绝的弟子当中，早期以出家弟子为主，后期则增加了许多俗家弟子。

那位说了，这也不代表什么啊，无非入门有先后，难道内里有乾坤？

表面上看确实没啥，但要是配合峨嵋的另一项政策来分析，里面门道就多了。啥政策呢？灭绝在围攻光明顶时说：“杨逍害死你们孤鸿子师伯，又害死纪晓芙，韦一笑害死静虚，峨嵋派和魔教此仇不共戴天。本派自创派祖师郭祖师以来，掌门之位，惯例由女子担任，别说男儿无份，便是出了阁的妇人，也不能身任掌门。但本派今日面临存亡绝续的大关头，岂可墨守成规？这一役之中，只要是谁立得大功，不论他是男子妇人，都可传我衣钵。”到了屠狮大会后，静慧也说：“本派男女弟子，若非出家修道，原本不禁娶嫁，只是自创派祖师郭祖师以来，凡是最高深的功夫，只传授守身如玉的处女。”

前文提过，当年纪晓芙还在世时，灭绝就有意让她继承衣钵，而纪晓芙早已与武当七侠中的殷梨亭联姻，即将身属“出了阁的妇人”，可见灭绝早已有意打破派中惯例，但后来纪晓芙身死，此事便不再提。到围攻光明顶时，成败将决定峨嵋的未来走向，灭绝又将此作为改革契机，也很是恰当。

但灭绝为什么打算在这方面进行改革呢？

首先，峨嵋创建虽仅有数十年，但传承已有三代，按常理来说，政策已存在滞后性。咱都知道，换一个领导就换一片天，新领导上台，肯定会或多或少做一些改变，而且，数十年时间，全世界都在变，峨嵋能固步自封吗？改革是客观需要。

其次，根据灭绝的这一改革意图，俗家弟子是最大受益者，起码她们获得了结婚和竞逐掌门的双层权利，不会因为“追求性福”就失去事业，而这种思路，背后是灭绝的小九九与峨嵋的客观形势需要。书中有这样一个细节，丁敏君要杀重伤无力的彭和尚，纪晓芙阻止，二人争吵间扯到了个人隐私，丁敏君说纪晓芙不肯与殷六侠完婚是心里有鬼，纪晓芙则道：“本门自小东邪郭祖师创派，历代同门就算不出家为尼，自守不嫁的女子也是极多。”这个细节可以看出峨嵋派尼姑多，单女也多。据我推测，这很可能和峨嵋的旧制有关，嫁了人可就没机会做掌门了。但这种旧制也使得峨嵋弟子普遍背景单薄，要是峨嵋弟子都有夫家，那实力自然不可同日而语。

不过要让本派弟子大规模嫁人，还是需要点时间的，老剩女那么多，年轻弟子也不少，总得一个个解决吧。要想迅速扩充实力，灭绝还得两条腿走路，这另一条腿，就是在弟子的出身上打主意。

当年张翠山从冰火岛回归中原，与俞莲舟回武当山时，曾遇峨嵋弟子伏击，对方的意图是获知谢逊下落。之所以要找金毛狮王，是因为他杀了河南开封金瓜锤方评，这位方老英雄就是灭绝的亲哥哥，换言之灭绝出身于武林世家，而她欣赏的纪晓芙呢？那是汉阳金鞭纪老英雄的掌上明珠，同样也出身武林世家。

大凡武林世家，把孩子送去名门正派历练是常见事，但普遍不会让其出家，为啥呢？让人家去历练，目的就是增强自身的实力，同时跟名门正派建立联系，但出家人不问红尘世事，立马就跟原家族断了根，那就失去了送出去的意义。

从峨嵋的立场来看，显然也不希望自己的弟子与原先的家族断了联系，这可是扩充实力、建立同盟的最好手段啊。灭绝自己选择了出家，但在我看来跟宋远桥身披道袍极为类似，都是形式主义，以确保掌权的合法性。从灭绝执意为兄长方评报仇一事来看，她还远远算不上跳出五行中的出家人，同时，她广收同样出身武林世家的弟子，并重点栽培，显然也有借此扩大峨嵋派的影响，充实实力的意图。而且，为了让这些武林世家弟子既能在峨嵋获取权力，又不与家族断绝联系，灭绝萌生了更改旧制的想法，所以，才有重点培养对象纪晓芙与殷梨亭的联姻。

灭绝的改革会成功吗？

俗家弟子的内讧成了好事

我一直认为，峨嵋的出家弟子和俗家弟子，多少有点类似当年丐帮的污衣派和净衣派，当然，相对和谐，争斗不明显。

峨嵋的出家弟子跟丐帮的污衣派一样，都有相对的纯粹性——前者没得嫁人生孩子，等于把生命都献给了峨嵋武学；后者则是纯粹的乞丐，身份上契合丐帮名头。

我在分析《射雕英雄传》时说过，净衣派的主要组成结构是仰慕丐帮的江湖成名人物，具有素质高、背景硬等特点，极大地增强了丐帮的整体实力，但他们均非乞丐出身，不少还是热衷酒色财气的有钱人，这就使得他们与污衣派的乞丐弟子们存在着天然鸿沟，矛盾在所难免，并进而成为丐帮历任帮主都头痛的大难题。而峨嵋的俗家弟子不少都出身于武林世家，同样有着起点高、背景硬的特点，灭绝把峨嵋急速扩张的希望寄托在了这些俗家弟子及其家族后盾的身上。

峨嵋的出家弟子中，如静玄等已经参与了派中事务的管理，有一定经验，显然会感受到灭绝执政思路的变化。俗家弟子的日益增多，其背景的复杂性，都显而易见，灭绝对纪晓芙十分宠爱，大家也都看在眼里，而在纪晓芙死后，周芷若这个虽然没有家族背景但也隶属俗家弟子之列的后来者，居然得传象征峨嵋最高技术职称的峨嵋九阳功，隐然也成为了衣钵传人的最有力竞争者。相比之下，静玄等出家弟子虽然资历老，阅历丰富，但并不受灭绝重视，灭绝甚至认为她们资质有限，不可能继承峨嵋衣钵。

但出家弟子和俗家弟子之间，并没有明显的矛盾和争斗，这又是为什么呢？

首先，出家弟子和俗家弟子并没有形成具组织性的派别。啥叫有组织性？丐帮的净衣和污衣就是已经形成了“派”，而且有带头人，丐帮四大长老分属两派，泾渭分明。而峨嵋的出家和俗家弟子，显然没有出现这种情况。

其次，俗家弟子不但松散、不成组织，甚至内部关系也不好。丁敏君这根搅屎棍逮谁咬谁，灭绝看好谁，她就想搞垮谁，有她在，“峨嵋俗家派”成立的可能性为零。而俗家弟子的一团散沙在客观上也影响了灭绝的意图——她想更改旧制，让出阁妇人也享有竞逐掌门的权利，但这群俗家弟子不管嫁了还是没嫁，自己先斗开了，无疑延缓了灭绝的改革进程。

当然，俗家弟子和出家弟子之间有点芥蒂，但矛盾没有激化，这是灭绝希望看到的，但这并非她自己的领导艺术发挥了作用，纯粹是丁敏君这种搅屎棍横空出世，却误打误撞，在一定程度上维系了峨嵋的均势。

另一方面，以静玄为首的出家弟子野心不大，并未成为组织内的不稳定因素，虽然在周芷若接任掌门后，她们多少有点情绪，但并未影响峨嵋大局。

在这种情况下，灭绝虽然没能一剿明教（自己反而被赵敏剿了），但在她有生之年，总算改革成功，周芷若作为俗家弟子，接任掌门并享有了结婚的权利。

纪晓芙与丁敏君

如果没有杨逍，纪晓芙会怎样?

这是个有趣的假设。纪晓芙根正苗红，出身武林世家，人长得漂亮，性格温婉，根骨也佳，是灭绝心目中的衣钵传人，而且和武当殷六侠有婚约。咱们说了，灭绝一门心思想改革峨嵋旧例，让出阁女子也能享有竞逐掌门的权利，很大程度上也是为心爱的纪晓芙开路。

那么，如果没有杨逍和纪晓芙的这段孽缘，纪晓芙能顺利成为接班人吗?

我的看法是：如果没有周芷若，我看行；如果有周芷若，我看悬!

首先，灭绝似乎有立幼的“癖好”。纪晓芙不但入门比静玄等人晚，即使在俗家弟子中，也晚于丁敏君。纵观封建历史，立幼不立长往往成为动乱根源，但在江湖门派中，由于组织松散和人员相对简单的缘故，这个问题并不算突出，甚至有些门派会采取一些非常方式解决长幼问题。比如《神雕侠侣》里的全真派，不以弟子的入门年限排行，而是动态竞争，最优秀的为大弟子，以下类推，这种灵活方式倒还真的远非有血亲关系的宫廷可比。

至于内因，纪晓芙沉静内敛，性格柔中带刚，这种性格其实很有领导风范。而且她还有人情味，比如张翠山夫妇自杀，她走到张无忌面前，“从头颈中除下一个黄金项圈，要套在无忌颈中”。相比之下，静玄就极其没有人情味，她见张无忌拒绝纪晓芙，便脸一沉，说“纪师妹，跟小孩儿多说甚么?咱们走罢”，压根没考虑这孩子父母刚刚死去。有人问了，做领导还需要人情味吗?那真是太需要了，甚至比能力更重要，没人情味，谁跟你混啊?她死后多年，峨嵋弟子仍然对殷梨亭照顾有加，可见其人缘极好。

而且，她还很有原则。丁敏君曾说过，“师父常赞你剑法狠辣，性格刚毅，最像师父。”其实纪晓芙固然性格刚毅，但绝对不像灭绝，灭绝没原则，为达目的不择手段，但纪晓芙不同，她对明教的彭和尚手下留情，坚持不肯刺杀爱人杨逍，哪怕为此断送性命。

领导该不该有原则？绝对应该！不管你是名门正派还是走在歪路上，要想做强做大，原则都很重要，没原则顶多是个街头混混。没原则的灭绝，打着正义旗号干恐怖主义的事情，注定峨嵋无法在她手上做强做大。

纪晓芙有原则，有所为有所不为，这是优点，由她掌控峨嵋，肯定比灭绝要好，突破固然不易，但守成没问题。

但相比周芷若，纪晓芙的弱点是心不够狠。这二位姑娘都是外柔内刚，但周芷若更甚，甚至能在邪路上一头走到黑。

咱们再说说丁敏君，这是一个十年如一日的捣乱者。

纪晓芙在生时，丁敏君就在捣乱，周芷若上位时，她还在捣乱。可这持续的捣乱，愣是没结果。争权夺利的多了，没能上位的失败者也多了去了，但像丁敏君这样，忙活了十几年，连个帮手甚至帮忙说话的都没有，那还真是罕见。您是来争掌门的还是打酱油的？此人资质也有限，入门多年但武功一般，成长性极低，出手必败，性格也褊狭小气，人缘极差。

但她的存在真的一无是处吗？

其实，峨嵋派不能没了她。为什么？制衡，又是这个词在作祟。

前面说过，灭绝的管理能力实在让人不敢恭维，固执迂腐，大搞一言堂。而在物色接班人这个关键问题上，更是显得不稳当，她想更改旧制，就必然或多或少地引起动荡，而且，她过于“爱憎分明”，对纪晓芙和周芷若的宠爱都过于明显。

按一般规律，这么搞是会乱的，但所幸的是，由于接班人之位一直空悬，静玄静虚等实权派暂时并没有表现出较为明显的抵触行动，而且，有丁敏君这么一掺和，虽然无碍大局，却起到了制衡的作用。她的存在，以及她对接班人最热门人选一以贯之的反对，让灭绝师太立接班人的步伐减缓，大家依然存在竞争，只要这个准接班人没完全确立，峨嵋就不会乱，均势就不会打破。

在组织里面弄个专门搅局的，是许多领导的惯用手段——当然，丁敏君只是个意外，灭绝可没这管理艺术。

在现实中，你常常可以发现，有些坚持“一个凡是”（凡是别人做的都是错的），但自己并无什么工作实绩的废物，大家都对其十分反感，领导却始终将之安排在重要位置上，为什么？因为领导需要有人提出否定的声音，不然，你们这些孩子不就沾沾自喜了？奖金不就一个比一个高了？最重要的是，你们这群孩子不就一条心了？集体罢工和集体要求加薪，甚至集体颠覆领导，咋办？

还有一种情况是领导会把某一个位置一直空悬，让大家都觉得有机会坐上去，争相表现，极似拿根香蕉引诱猴子。至于让属下分为两派，斗来斗去，领导坐在边上看着，哪边吃亏了就给哪边一个甜枣，让两边都少不了他，更是惯用手段。

静玄被灭绝带坏了

静玄，峨嵋第四代大弟子，也是第四代中武功数一数二的人物。当然，这个数一数二是暂时的，灭绝显然不看好她，认为她与静虚等人资质有限，练到一定程度就会遭遇瓶颈，顶多也就是二流水平。

不过，即使只是二流，静玄也隐然在崆峒五老之上，而且一直是“掌门助理”的身份，虽然峨嵋基本是灭绝的一言堂，静玄不像武当七侠那样有参政的权力，更没有明确的班子成员身份，但在峨嵋的地位可谓一人之下，众人之上，尽管大家都是没话语权只能乖乖干活的，但她也算是个工头了。

我们做个假设，如果抛开武功因素，仅从人品、威望和管理能力等方面来说，静玄有机会做掌门吗？

我的答案是：不能。

书中曾这样形容静玄的外貌，“已有四十来岁年纪（张三丰百岁寿辰时），身材高大，神态威猛，虽是女子，却比寻常男子还高半个头”，长得很粗线条。虽然说做掌门不是选美，但相由心生，静玄本人性格确实也有些粗线条。比如张翠山夫妇自尽，纪晓芙蹲下安慰张无忌，静玄则说“纪师妹，跟小孩儿多说甚么？咱们走罢”。前面说过，此举很没人情味，武当派的人看在眼里，肯定会反感。要知道，当时局势微妙，少林和武当几乎公开翻脸，其他门派也俨然以武当为敌，武当可谓草木皆兵。在这个时候，作为武当盟友的峨嵋，举止应该很慎重才对，既不能过于亲近，引起少林等门派的猜忌，也不能过于冷漠，显得势利，伤了武当的心。而且静玄只是一个助理式的人物，没有决策权，掌门灭绝不在现场，不知道最新发生的具体变故，所以外交政策下一步如何走还不明朗，更需要不偏不倚，找准平衡点，稳住局面，然后回峨嵋山禀告灭绝师太，看看下一步该如何走。显然，静玄的做法不太聪明。

她的莽撞，在围攻光明顶时也有体现——此时，她已经五十多岁，而且在江湖上很有名望，“隐然与昆仑、崆峒诸派掌门人分庭抗礼”。可肝火却还是旺盛，处事不见沉稳，不知道是不是更年期的缘故。

先说一个细节，峨嵋遭遇锐金旗，静玄对宋青书道：“宋少侠，说到布阵打仗，咱们谁也不及你，大伙儿都听你号令，但求杀敌，你不用客气。”看似谦让，但要注意的是她的上司、峨嵋一把手灭绝就在旁边，虽然灭绝之后说了不必讲究虚礼，但你在一把手表态之前，就把指挥权交给一个外人，显然不合规矩。

灭绝击杀锐金旗掌旗使，旗下教众誓要同死，张无忌出手阻拦峨嵋派杀人，静玄当场说：“邪魔歪道，人人得而诛之，有甚么残忍不残忍的？”张无忌道：“这些人个个轻生重义，慷慨求死，实是铁铮铮的英雄好汉，怎么说是邪魔外道？”静玄道：“他们魔教徒众难道还不是邪魔外道？那个青翼蝠王吸血杀人，害死我师妹师弟，乃是你亲眼目睹，这不是妖邪，甚么才是妖邪？”张无忌道：“那青翼蝠王只杀二人，你们所杀之人已多了十倍。他用牙齿杀人，尊师用倚天剑杀人，一般的杀，有何善恶之分？”

静玄当然没有张无忌这样的见识，而且她长期跟着灭绝这样的领导，暴戾之气难免，但你可以不理解，可以视野狭隘，可一言不合就打人，这算什么啊？

看看静玄的反应吧——她“大怒，喝道：‘好小子，你竟敢将我师父与妖邪相提并论？’呼的一掌，往他面门击去”，这行为像极了在论坛上一讨论就直接问候对方父母的愤青，而且，她打的还是一个被俘虏的小年轻。

结果，张无忌体内的九阳神功产生了抗力，静玄的腿被震断，飞出数丈之外，在大家面前丢了个丑。金庸还写道，“幸好静玄并没想伤他性命，这一腿只使了五成力，自己才没受厉害内伤”。我只想问一句，您好意思吗？您一个江湖高手，一句话觉得不中听就打一个孩子，而且还用五成力？您是没想把人打死，顶多打成瘫痪对吧？

然后，张无忌一脸歉然上去搀扶，静玄还大吼“滚开！滚开！”可谓斯文丢尽。联想当年张翠山夫妇自尽，她当着痛哭中的张无忌的面说“纪师妹，跟小孩儿多说甚么”，只能慨叹，有些丑恶嘴脸不会改变，有些事终有报应。

静玄不具备领导能力，这是显而易见的，加上武功潜力有限，没有任何接班可能。但更可悲的是，她还不会站队，最终，连自己的“掌门助理”身份都没保住。

下面，咱就说说静玄怎么不会站队了——灭绝自杀身亡，临终时指定周芷若为接班人，但随后，峨嵋爆发了对日后影响深远的“废园事件”，一切从这里开始。

不会站队的静玄

站队是政治角斗中的一个永恒话题。有人说凡是在政治斗争中倒下的人，都是站错队的人。也有人说，政治斗争没有真正的赢家，因为风水轮流转，你不可能每次都选择正确，至于死后名随身灭，更是常事。还有人说，最好的办法就是不站队，洁身自好，但自保又是门技术活。

总之一个字：难!

不过这事儿除了自身难度大之外，跟个人天赋也很有关系。一次站队就失败的人，智商和情商肯定好不到哪里去；连站几次都过关的人，肯定有自己的独到之处；至于那种能够洁身自好啥也不掺和，但又能历风雨而不倒的人，就更是大智慧。

静玄属于第一种。

灭绝死时，当着峨嵋众弟子的面表示周芷若是下任掌门，掌门指环也在周芷若的手上，这种权力继承虽然带有意外性（掌门意外死亡），但在法统上来说是正常的，没有任何争议：一来周围有第三者旁观，不存在暗箱操作；二来信物也有了。

可周芷若存在着先天不足：入门晚、年纪小、资历浅，人缘很不错，但并无威信。这就导致了内部的人心浮动，尤其是野心家丁敏君，立刻跳出来进行质疑。

不过丁敏君在这场决定了峨嵋未来走势的“废园事件”中，依然暴露了她头脑不清楚的弱点，她一上来就说“你是本门最年轻的弟子，论资望，说武功，哪一桩都轮不到你来做本派掌门”，这个说法单纯讲了年纪和武功，但完全忽视了峨嵋自身的法理、规矩——这可是上任掌门亲口委任、并交托信物的新掌门，光凭“年纪小武功低”这两条，根本无法动摇对方的合法性。

结果周芷若一句话就顶回去了：“丁师姊说的是，小妹是本门最年轻的弟子，不论资历、武功、才干、品德，哪一项都够不上做本派掌门。师父命小妹当此大任，小妹原曾一再苦苦推辞，但先师厉言重责，要小妹发下毒誓，不得有负师父的嘱咐。”看到没？“师父的嘱咐”，正统性无可动摇。

这个时候，静玄说话了：“师父英明，既命周师妹继任掌门，必有深意。咱们同受师父栽培的大恩，自当遵奉她老人家遗志，同心辅佐周师妹，以光本派武德。”有人可能会说，这个话没问题啊，有礼有节还冠冕堂皇，但事实上，还真有点问题，问题就在“必有深意”那四个字，潜台词是什么？就是周芷若确实年纪小武功差，但师父深谋远虑，肯定有她自己的想法，这话好听吗？还真不好听。

如果丁敏君足够聪明，就应该抓住这四个字，想办法引申到政治角度，去动摇周芷若接班的合法性，最起码也应该争取让周芷若延缓接班并分权。比如可以说“师父传位虽然没有异议，但周芷若师妹年纪尚小，师父的深意咱们暂时未知，但眼下内忧外患，要稳住局势，建议成立护法团协助周师妹处理门中事务，掌门之事回山再定”这样的话，静玄和她这类资历较老的弟子都有望进入护法团，暂时分享权力。

但智商和情商都很低下的丁敏君显然没这本事，作为搅屎棍一根，她只会胡搅蛮缠，结果把“必有深意”这四个字引申到作风问题上了。她说“咱们不是都曾亲耳听到苦头陀和鹤笔翁大声叫嚷么？周师妹的父母是谁，师父为何对她另眼相看，这还明白不过么？”

苦头陀的一句玩笑话，说灭绝是他老情人，周芷若是他们的私生女儿，“旁人听在耳里，虽然未必尽信，难免有几分疑心。这等男女之私，常人总是宁信其有，不信其无”，这个倒是至理。从古至今，任何一个系统，大家对绯闻都是“宁信其有，不信其无”。而且，周芷若作为小弟子，资历浅武功低，但一直得灭绝青睐，这次甚至传掌门之位，大家可不晓得你资质根骨有多好，想歪了很正常，于是“各人听了丁敏君这几句话，都默然不语”。

这个时候，最该站出来的人是谁？是静玄。

因为丁敏君的话，已经不是单纯的质疑现任掌门的合法性了，而是在质疑刚刚死去的恩师灭绝。试想，如果一代峨嵋掌门被传出不守清规，等于毕生清誉尽丧。这可不是灭绝的个人问题，而是关乎峨嵋脸面的原则性问题。静玄作为大弟子，此时必须出来制止丁敏君，可她竟然选择了默然不语。

每次看到这里，我都不由得慨叹，玩政治需要智慧，也需要魄力，更需要审时度势，静玄的智商和眼光，实在让人不敢恭维。

而更糟糕的，还在后面。

作风问题是个大问题

静玄的沉默不语，无疑助长了丁敏君的气焰，也使得她丧失了向周芷若靠近的最好机会。我相信静玄不是一个想添乱的人，也不会像丁敏君那样争权，但毫无疑问，灭绝让周芷若做掌门，她是有情绪的。而且，由于身在局中，眼光所限，静玄显然也对苦头陀的玩笑半信半疑。

相比之下，周芷若自然聪明得多，看她说的话："丁师姊，你若不服小妹接任掌门，尽可明白言讲。你胡言乱语，败坏师父毕生清誉，该当何罪？小妹先父姓周，乃是汉水中一个操舟的船夫，不会丝毫武功。先母薛氏，祖上却是世家，本是襄阳人氏，襄阳城破之后逃难南下，沦落无依，嫁了先父。小妹蒙武当派张真人之荐，引入峨嵋门下，在此以前，从未见过师父一面。你受师父大恩，今日先师撒手西归，便来说这等言语，这……"跟着就是一串串眼泪。

除了楚楚可怜这一先天优势外，周芷若的话逻辑极清晰，她把重点放在了灭绝的清誉上，姿态也摆得正确——你要是不服我，可以说，但不能破坏师父清誉。而且，她还用了"该当何罪"四个字，可谓软中带硬，换言之，是摆着低姿态行使了掌门权力。说完了重点，她才开始解释自己的身世。

丁敏君的反击其实很糟糕，"你想任本派掌门，尚未得同门公认，自己身分未明，便想作威作福，分派我的不是，甚么败坏师父清誉，甚么该当何罪。你想来治我的罪，是不是？"有人可能会说了，这类话很常见啊，在如今的官场、职场中，经常有人这么说。没错，这还真是个吵架惯用说法，意思无非一个，"你当官了，就来欺压我了"，但其实这话没有任何逻辑，只要抛开了道理，拿等级、职位来说事儿，就基本等于撒泼。丁敏君应该澄清自己没有毁坏灭绝的清誉，胡搅蛮缠只会起反效果。

但这场本来水准差距极大的争执，突然出现了逆转，因为丁敏君掌握了周芷若的死穴——要不怎么说领导的作风问题很重要呢？即使你经过了正规任命，要是作风出了问题，人家就有整你的机会。周芷若当夜回大都办事的同时，还去找张无忌，就被丁敏君发现了，明教与峨嵋有大仇，如果峨嵋掌门人和明教教主有私情，那可不得了。金庸在这里用了春秋笔法，“峨嵋派中大多数弟子本来都遵从师父遗命，奉周芷若为掌门人，但听丁敏君辞锋咄咄，说得入情入理，均想：‘师父和魔教结怨太深。周师妹和那魔教教主果是干系非同寻常，倘若她将本派卖给了魔教，那便如何是好？’”

事实上，丁敏君说得并不入情入理，只算是一面之词，峨嵋众弟子如此轻易动摇，只能说开始就没信服周芷若。在这种逐渐呈现一边倒的局面下，丁敏君乘胜追击，表示“师父虽有遗言命周师妹接任掌门，可是她老人家万万料想不到，她圆寂之后尸骨未寒，本派掌门人立即便去寻那魔教教主相叙私情。此事和本派存亡兴衰干系太大，先师若知今晚之事，她老人家必定另选掌门……请周师妹交出掌门铁指环，咱们另推一位德才兼备、资望武功足为同门表率的师姊，出任本派掌门”。

丁敏君在正经争论（如政治正统性等）中没啥水平，只知胡搅蛮缠，但歪门邪道倒是老本行。这段话颇具水准，抓住周芷若的作风问题大做文章，说灭绝也想不到周芷若竟沉迷私情，如果她知道，肯定会另选掌门。

作风问题害死人啊，在政治斗争中，如果你的正统性无可动摇，竞争对手往往会在经济或男女关系上打主意，千古以来尽皆如此，多少人倒在这所谓的作风问题上。

周芷若方寸大乱，说：“我受先师之命，接任本派掌门，这铁指环决不能交。我实在不想当这掌门，可是我曾对师父立下重誓，决不能……决不能有负她老人家的托付。”

金庸写到这里，评价是“这几句话说来半点力道也无，有些同门本来不作左右袒，听了也不禁暗暗摇头”。确实，周芷若此时的最好选择应该是立刻表态没有私情，去找张无忌只是为了师父交代的门中大事，那些是秘密，以掌门指环作证，并立刻杀鸡儆猴，怒斥丁敏君。如此一来，虽然依然不能打消大家的疑虑，但起码姿态是摆出来了。

但天都在帮周芷若，在这最关键的时刻，金花婆婆来了。

坏事变好事，危机变转机

当一个组织或个人碰上难以解决的危机时，咋办呢？

很多人可能想不到，来一场更大的危机或许是个办法。新危机往往能起到转移视线、甚至凝聚人心的作用，让人忘记旧危机。

周芷若面对丁敏君所质疑的作风问题，方寸大乱，原先稳固的接班正统性也因之动摇。但这时金花婆婆来了，她不知灭绝已死，表示找到了屠龙刀，要来跟灭绝再较量一场。周芷若的作风问题立刻从主要矛盾转化成了次要矛盾，此时的峨嵋必须矛头一致对外，解决外部矛盾。

峨嵋派第一个发言人是丁敏君，她说话太不客气，结果话没说完就挨打了，被金花婆婆左右开弓连抽四个耳光。金花婆婆还慨叹："灭绝师太，你一世英雄，可算得武林中出类拔萃的人物，一旦身故，弟子之中，竟无一个像样的人出来接掌门户吗？"这是外界对野心家丁敏君的否定，她的尖酸无理和低劣武功，都决定了她不配继任掌门。

既然丁敏君不行，那就得换个人处理外交事件了，于是，昔日掌门助理、峨嵋第四代弟子之首的静玄出来了。她的说法是："先师圆逝之时，遗命由周芷若周师妹接任掌门。只是本派之中尚有若干同门未服。先师既已圆寂，令婆婆难偿心愿……本派掌门未定，不能和婆婆定甚么约会。但峨嵋乃武林大派，决不能堕了先师的威名。婆婆有甚么吩咐，便请示下，日后本派掌门自当凭武林规矩和你作一了断。但若婆婆自恃前辈，逞强欺人，峨嵋派虽然今遭丧师大难，也唯有和你周旋到底。"

书中写道，"这一番话侃侃道来，不亢不卑，连张无忌和赵敏也是暗暗叫好。"但实际上，这话对外尚可，但对内问题很大，直接毁掉了静玄的政治前途。

先来看看对外方面，说你金花婆婆要是还想打，就挑个日子，咱峨嵋依照江湖规矩，肯定奉陪，如果你今天非得倚老卖老，我们打不过也跟你周旋到底。其实这话硬中带软，看似不客气，但潜台词其实是自认打不过，想暂时避避风头，所以以“掌门未定”为借口。

但这个借口虽然可以应付金花婆婆，却也表明了自己的立场——“掌门未定”，换言之，静玄不承认周芷若。

其实，要避风头，“掌门未定”并非唯一理由，静玄大可以说恩师刚刚圆寂，要将尸体运回峨嵋安葬，古代打仗还有停战丧葬的日子呢！

否定周芷若，而且理由是“本派之中尚有若干同门未服”，暴露了静玄的不智。尽管周芷若存在争议，但毕竟是灭绝指定的接班人。静玄作为大师姐，在关键时刻应该站出来拨乱反正，尤其是大敌当前，一派不可无掌门之际，更应摒弃成见，坚决拥护周芷若。

这时，金花婆婆打了静玄一记耳光。这记耳光并不像打丁敏君那样实实在在，但有时虚拟的耳光更可怕。

金花婆婆与灭绝虽为对手，但彼此尊重，所以听到灭绝的死讯，才会感叹斯人已逝，再无缘一战。有这层惺惺相惜，在金花看来，灭绝选中的接班人肯定不会差。所以，她听到静玄这番话后，第一反应是“眼中亮光一闪，说道：‘原来尊师圆寂之时，已然传下遗命，定下了继任的掌门人，那好极了。是哪一位？便请一见。’语气已比对丁敏君说话时客气得多了”，这话就是对静玄的一记耳光——她相信灭绝的眼光，至于静玄说的“同门不服”，所以“掌门未定”，她当没听见，潜台词就是“你们这些没水平的人，没资格对灭绝选中的人说三道四”。

显然，金花婆婆作为在明教政治斗争中锤炼过的武林名宿，政治眼光明显高于静玄。她对周芷若的认可，客观上也是给静玄提了醒：领导指定的接班人，不是你一句“同门不服”就可以推翻的。但此时静玄已没有办法弥补她的错误了，因为周芷若开始行使自己的掌门权力，上前施礼，对金花婆婆说“峨嵋派第四代掌门人周芷若，问婆婆安好”。

此时的丁敏君继续着她的无知，大声说“也不害臊，便自封为本派第四代掌门人了”，在组织遭遇外部危机时，居然还为了这些事情纠缠，充分证明了丁敏君是组织里的毒瘤，必须割掉。而周芷若却借着她做了件漂亮事儿——因为丁敏君对殷离出言不逊，再次被金花婆婆打了几个耳光，甚至用内力逼着她原地不动，让殷离再打几下，这可是极大的羞辱，周芷若却挺身而出相护，表示“本派门户之事，不与外人相干。小女子既受先师遗命，虽然本领低微，却也不容外人辱及本派门人”。

在关键时刻，放下个人成见，一致对外，甚至保护跟自己有矛盾的人，这才是领导的风范，也是赢得人心的最好方式。

她被金花婆婆制住后，虽然害怕，但仍强硬表示“先师虽然圆寂，峨嵋派并非就此毁了。我落在你的手中，你要杀便杀，若想胁迫我做甚不应为之事，那叫休想”。这个回应让金花婆婆颇为赞许，说“你这小掌门武功虽弱，性格儿倒强。嗯，不错，不错，武功差的可以练好，江山易改，本性难移”。这话其实很对，要做领导，敢于担当很重要，业务可以后天弥补。峨嵋同门“本来都瞧不起周芷若，但此刻见她不计私嫌，挺身而出回护丁敏君，而在强敌挟持之下丝毫不堕本派威名，心中均起了对她敬佩之意”。

此时，静玄出马了，她让峨嵋弟子围住金花婆婆，说了一句很重要的话：“婆婆劫持峨嵋掌门，意欲何为？”

她终于承认周芷若是掌门了，可是，一切已太迟。

此后，周芷若为了解救被点穴的同门，更是甘愿吃下毒药，让大家极为感激，有人还当场说：“多谢掌门人！”毫无疑问，虽然被金花婆婆挟持带走，但只要她能回来，掌门人地位已然确定。好玩的是，当周芷若要吃毒药时，静玄在情急之下叫出了“周师妹，不能吃”，看来还是叫惯了改不了口啊！

周芷若地位的确立，无疑使得关键时刻未曾帮她一把、反而表示“掌门未定”的静玄变得无比尴尬。在周芷若主政峨嵋期间，静玄完全消失，峨嵋参加屠狮大会的弟子有七八十人之多，却没有她的身影，可见有此前科，她在新掌门面前很难讨好。另外，考虑到她的资历威望，周芷若不可能放心让她留守大本营。因此可以断定，在周芷若回到峨嵋之后，静玄的政治生命已经完结，甚至有可能遭到软禁。

至于丁敏君，她与周芷若嫌隙极深，但恰恰因为这样，周芷若为了维护自身的宽容形象，不会明着打击她，但投置闲散也是必然。

绝不瞎掺和的贝锦仪

贝锦仪，峨嵋派中少见的八面玲珑人物。她与纪晓芙交好，也算是灭绝颇为宠爱的弟子，当年张三丰百岁诞辰，随静玄上山的峨嵋六女中，她应是除纪晓芙之外的另一个圆脸俗家弟子，后来灭绝和金花婆婆那场较量，她也是见证者。

我一直觉得，要是没有贝锦仪，那么峨嵋就太凄惨了——一个单位里连个正常人都没有，好不容易有个纪晓芙，还给领导一巴掌拍死了，搞得峨嵋貌似“怨妇加泼妇”群落，这像话吗？

但要注意的是，懂协调、识大体，这些虽然是极值得称道的素质，但在一个混乱的体系内，并不一定能保证吃得开。简单点说，如果你在一个土匪窝里，你识大体，但别人都不认这套，你就成了异类；你懂协调，但一群亡命徒从不听话，只信奉白刀子进红刀子出，那你再会做思想工作也不一定能成。要想混下去，还得有厚黑的一面，有一颗允许同流合污的心。凡是能够在一个崇尚歪门邪道的组织内混下去的人，注定要做一些同流合污的事。

贝锦仪的性格中除了那些可爱可敬的特质外，也有用于自保的厚黑一面——当然，仅仅是自保。她是个好人，虽然通过厚黑的一面进行妥协，但并未参与助纣为虐的事情，这也是她和其他人最大的区别。也正因此，在周芷若上位后，静玄和丁敏君都失踪了，可贝锦仪却一直留在峨嵋的新权力体系内，参与了屠狮大会等一系列新工作。

很显然，对于周芷若来说，没有任何贬斥贝锦仪的理由。在关乎峨嵋政治走向的“废园事件”中，静玄当断不断，该说话的时候没说话，不该说话的时候居然说了句“掌门未定”，不但没在周芷若落难时帮上一把，反而还踩了一脚，彻底断送了政治前程，至于丁敏君这种公开叫板的，在政治上更无翻身可能。贝锦仪作为峨嵋的重要弟子之一，她由始至终没有发表意见，可能她内心也曾看不起周芷若，但以她的精明，必然未曾流露。她很清楚自己的定位——静玄是前任掌门助理、大师姐，应该站出来说话，而像她这种普通弟子，虽有一定地位，但不该说话，也不该参与。

但周芷若掌权后，也并未对贝锦仪委以重任，这就会让很多人觉得奇怪了——贝锦仪精明干练，对内对外都很得体，简直就是天生的政工人才，新掌门上任，正需要这样的人呀，咋就不用了呢?

我的看法是，这跟峨嵋的新定位有关，也跟贝锦仪自己的性格和选择有关。

周芷若执掌峨嵋后，最重要的工作就是参加屠狮大会，在这场大会上，峨嵋的表现十分可怖，比如用霹雳雷火弹直接置人于死地，简直就是歪门邪道的做派。显然，如果没有黄衫女子力挽狂澜，周芷若执掌的峨嵋注定要走上一条霸权主义道路，这种定位下，贝锦仪的用武之地很小——她懂协调善交际，能处理对外事件，可现在的处理方式是直接扔俩霹雳雷火弹炸人，她识大体有分寸，但现在需要的是静迦这种不管对错不分好歹坚决执行领导错误命令的酷吏。

贝锦仪不参与这些歪门邪道的事儿，大抵有两方面原因，一是她有良心，不愿意参与，我相信这种可能。从书中对被贝锦仪的描述来看，她乖巧可亲，人品应该不差；同时，她还有出色的政治眼光，所以不愿参与。

在周芷若执政期间，贝锦仪显然可以看到峨嵋政治路线的巨大变化。针对这种变化，她进行了一定的妥协，并未和周芷若对着干，但以她的眼光，应该能看出按照这个路子走下去，峨嵋的前景并不乐观——峨嵋本来是名门正派，但周芷若上任后，一帮女人凶悍霸道无比，甚至直接置人于死地（还是江湖中的白道人物），而且用的是非常规武器霹雳雷火弹，这种做派虽然可一时震摄大家，但长此以往肯定不容于江湖，而且，周芷若虽然武功进展神速，但峨嵋的整体实力并没有提高，静虚已死，静玄和丁敏君消失，能拿得出手的二流高手都已不多，如果锋芒太露，而且走歪路子，根本不可能逃过武林正道的声讨（尽管暂时有屠狮大会作为一个共同目标，各大门派暂时不会翻脸，但此事一过，做事太过火的峨嵋很有可能成为众矢之的）。

也正因此，聪明的贝锦仪完全可以判断出峨嵋的未来走势——在其他名门正派的压力下，自身实力有缺陷的峨嵋不可能持续走这种霸权主义的路子，必然会调整思路，所以，眼下不参与，以后自然有自己的用武之地。

这群尼姑不顶用

静玄虽然消失了，静虚虽然被韦一笑吸血身亡了（金庸在静虚问题上摆了乌龙，写她被韦一笑吸血身亡后，又死而复生说了两句话，这里还是让她死了吧），但峨嵋还有一批静字辈的师太，比如静迦、静慧和静照……

这群中年尼姑的资历都不浅，周芷若执掌峨嵋后，她们都得到重用，可她们都干了些什么？

先来看看静照，在屠狮大会上，大彻大悟的谢逊最终得到了大家的谅解，与他有仇的人象征性地以吐痰等方式"报仇"。这时，周芷若坐不住了，因为谢逊知道她的丑事，必须灭口，于是她派出静照，让她趁吐痰的机会杀死谢逊。

静照出马了，她的理由是谢逊杀害了她出家前的丈夫，然后就想用枣核钉取谢逊性命。

周芷若这手绝对是狗急跳墙，尽管谢逊说谁要取他性命都行，但他已得到了大多数人的谅解，在这种情况下杀掉谢逊，尽管可以视为静照的个人行为，但峨嵋肯定脱不开干系，声誉必将一落千丈，但此时的周芷若生怕阴谋败露，已全然顾不上这些。

不过从技术角度来说，这事成功机会极大，因为谢逊不躲不闪，只要敢于不要脸，金毛狮王就难逃此劫。可周芷若忘记了《倚天屠龙记》中最神奇的人物黄衫女子，只见她"将枣核钉卷在袖中"，然后问"这位师太法名如何称呼"，静照的心理素质极其有限，"见突击不中，微现惊惶之色"。黄衫女子又问她"你出家之前的丈夫叫甚么名字？怎生为谢大侠所害"，静照立刻恼羞成怒，说"这跟你有甚么相干？要你多管甚么闲事"。这句话一说出来，明眼人都可以看出这是个浑水摸鱼的，可见静照不仅心理素质差，事先准备工作也没做好——心理素质差，我认为情有可原，毕竟处变不惊是少数人才具备的极高素质，但准备工作没做好绝对不可原谅。要知道，她执行的是掌门交代的大任务，而且跟谢逊有仇的人那么多，大家轮流上去，时间肯定不短，就算周芷若想点子花了些时间，但静照完全可以在排队过程中好好想想怎么圆谎，起码虚构一个名字和被杀时间地点。

黄衫女子的话一针见血："谢大侠忏悔前罪，若有人为报父兄师友大仇，纵然将他千刀万剐，谢大侠均所甘受，旁人原也不能干预。但若有人心怀叵测，意图混水摸鱼，杀人灭口，那可人人管得。"

此时的静照，仍是一点也沉不住气，脱口而出道："我和谢逊无怨无仇，何必要杀人灭……"然后"底下这'口'字尚未说出，斗然间知道说错了话，急忙停住，脸色惨白，不禁向周芷若望了一眼"——自己露馅了不说，把领导也给卖了。

愚蠢的静照，实在不适合担当如此重要的任务。

咱们再来看看静迦，在屠狮大会上，司徒千钟提议推举公证人，静迦登场，成了峨嵋发言人，只听她冷冷道："推举甚么公证人了？压根儿便用不着。二人相斗，活的是赢，死的便输。阎王爷是公证人。"

书中提到，"众人听了这几句冷森森的话，背上均感到一片凉意。"这种凉意除了因为话语本身的冷酷外，也有其他因素：这些话跟峨嵋名门正派的形象相差太远了！

司徒千钟的回应是："咱们以武会友，又无深仇大冤，何必动手便判生死？出家人慈悲为本，这位师太之言，也不怕佛祖嗔怪么？"

他为人虽然戏谑，但这几句话其实说得在理，可静迦却冷冷地说："你跟旁人说话胡言乱语，在峨嵋弟子跟前，可得给我规矩些。"这话本身就很不规矩，司徒千钟不免挖苦两句，谁知静迦立刻发出三枚霹雳雷火弹，把司徒千钟的胸口炸了个大洞。

如此残虐手段，实在已经和名门正派毫不沾边。更过分的是，夏胄为司徒千钟出头，说司徒虽然尖酸刻薄，但心地仁厚，从未做下任何伤天害理之事，并表示“峨嵋派号称是侠义道名门正派，岂知竟会使用这等歹毒暗器。武林中虽说力强者胜，却也走不过一个‘理’字去”，静迦的回应却是“这位袋中大侠在此指手划脚，意欲如何”，极尽挖苦之能事——事实上，司徒千钟之死已然引起大家的不满，此时的静迦理应客气一些，缓和局势。

夏胄看她如此霸道，问了一句“静迦师太，你如此狠毒，对得起贵派祖师郭襄郭女侠么？”值得留意的是，此时峨嵋弟子的反应是“听他提到创派祖师的名讳，一齐站起身来”。随便称呼对方门派祖师名讳当然是大忌，在公开场合更是不妥，但凡事必须讲道理，静迦的这种行为，于情于理都确实对不起郭襄，峨嵋门下弟子如此反应，很显然是置自身利益于江湖大义之上，是一种大大减分的行为，甚至可以说，此时的峨嵋已在向恐怖主义靠拢，静迦更是直接爆粗，喝道：“本派祖师的名讳，岂是你这混蛋随便叫的？”

夏胄也算豁出去了，说“你峨嵋弟子多行不义，玷辱祖师的名头。别说郭女侠，便是灭绝师太当年，纵然心狠手辣，剑底却也不诛无罪之人。似你这等滥杀无辜，你掌门人竟然纵容不管。嘿嘿，峨嵋派今后还想在江湖上立足么”，进而更是不顾静迦威胁，说“峨嵋掌门若不清理门户，峨嵋派自此将为天下英雄所不齿”。

其实这里面有一个细节可以留意，“灭绝师太当年，纵然心狠手辣，剑底却也不诛无罪之人”，可见灭绝的风评并不算佳，而此时的峨嵋更是比不上灭绝时期。另外，夏胄把包袱丢给了周芷若，说“似你这等滥杀无辜，你掌门人竟然纵容不管”，虽然是愤怒已极下的表态，但从现实角度来说，其实也是个很聪明的说法——一般而言，在公开场合，如果出现这种情况，话说出来了，对方领导一般都会顾及面子，批评手下几句，平息事态，可大家都没想到，周芷若不但没有责备静迦（更别说清理门户了），甚至还在“数千道目光，一齐望向周芷若”的情况下，“向静迦缓缓点了点头”。

结果，静迦立刻动手，用霹雳雷火弹夺了夏胄的性命。此举使得“群雄面面相觑，都是惊得呆了。过了片刻，数百人鼓噪起来，齐声责骂峨嵋派的不是”。

毫无疑问，此时的峨嵋，已犯众怒。周芷若的态度无疑令人不满，而静迦作为执行者，同样难逃其咎。作为完全不讲道理的打手，静迦无论人品还是人性，都大大欠缺。

相比想要杀人灭口却弄巧成拙的静照，在屠狮大会上用霹雳雷火弹滥杀无辜的静迦，静慧似乎没做太多的恶事和蠢事，但在她短短的出场时间里，却藏着最多的玄妙。

张无忌夜寻周芷若，并为宋青书疗伤时，静慧就是当晚值夜的领班，也算是峨嵋派内独当一面的人物。根据书中表述，所谓的“峨嵋十二静”，在年纪、资历上都比俗家弟子为长，恰恰也印证了前面提到的灭绝时期的执政思路：早期招出家弟子，中后期开始为了扩充实力，招募有一定家庭背景的俗家弟子，甚至开始与其他门派联姻。

但灭绝在政治路线上的改变，无疑使得出家弟子的势力被大大削弱。按照以往的惯例，掌门必须由未出阁的女子担当，可到了灭绝这儿，既想纪晓芙能继承衣钵，又给她许了一门政治婚姻，更改旧制之心昭然若揭。到周芷若接班后，更是直接要嫁给张无忌，彻底废除旧制。虽然婚礼被赵敏捣乱，最终没嫁成，但宋青书又冒了出来，她又摇身一变成了宋夫人（尽管后来静慧等人爆料那是假结婚，但外人不明真相，只会就此认为峨嵋更改了旧制）。

周芷若当初在“废园事件”中挺身而出、相救同门，威望自然不低，加上后期又武功大进，即使有人不服，也可以施展高压手段控制局势，废除旧制虽然会令人不满，但不会有太大阻碍。可随着内外局势的变化，情况变得微妙起来。

话说屠狮大会后，群雄在明教的带领下击退元军进攻，张无忌探视宋青书的伤势，静慧讥讽他，周颠自然不干，说宋青书欺师灭祖，要非咱们张教主宅心仁厚，才不搭理你呢。静慧也憋了一肚子火，虽然不敢发作，但也忍不住说："我峨嵋派掌门人世代相传，都是冰清玉洁的女子。周掌门若非守身如玉的黄花闺女，焉能做本派掌门？哼，宋青书这种奸人留在本派，可污了周掌门的名头。"

看到没？掌门必须是"守身如玉的黄花闺女"！那么，当初灭绝为什么要给最有希望接班的弟子纪晓芙许一门婚事？周芷若又为什么可以公开嫁给张无忌？你可别跟我说可以嫁人但不上床啊！

只有一个解释：在周芷若出现问题（当初盗取屠龙刀的丑行东窗事发）之后，她的地位开始动摇。从屠狮大会以来，峨嵋的形象一落千丈，滥杀无辜，沾了一手血债，且蛮不讲理，半点名门正派风范都无，灰溜溜要下山时，又差点被元军灭了。周芷若作为掌门人，肯定会成为被问责对象。

但静慧这话一说，立刻成了爆炸新闻：已婚女子还是处女？你爆领导的隐私，说话可得负责任呀！静慧还真负责任，她继续说"我掌门人怎能将这种人瞧在眼中？她气不过张无忌这小子变心逃婚，在天下英雄之前羞辱本派，才骗得这小子来冒充甚么丈夫"。

原来，宋青书只是个道具。

这时，殷梨亭看静慧说话不清不楚，就问能言善辩的贝锦仪。贝锦仪冰雪聪明，处事得体，她的反应是"沉吟半晌"，然后说"静慧师姊，殷六侠也不是外人，小妹跟他说了，好不好"，对内不越级，对外有分寸。静慧则反复强调"咱们周掌门清清白白，跟这姓宋的奸徒没半丝瓜葛。你们亲眼得见掌门人臂上的守宫砂。此事须得让普天下武林同道众所周知，免得坏了我峨嵋派百年来的规矩……”贝锦仪则详加说明，“本派男女弟子，若非出家修道，原本不禁娶嫁，只是自创派祖师郭祖师以来，凡是最高深的功夫，只传授守身如玉的处女。每个女弟子拜师之时，师父均在咱们臂上点下守宫砂。每年逢到郭祖师诞辰，先师均要检视。”

在这个当口反复重提百年旧制，太玄妙了。要留意的是，静慧尽管愤怒，但措辞是“我掌门人怎能将这种人瞧在眼中”、“咱们周掌门清清白白”，相比贝锦仪，静慧是一个没有分寸、藏不住话的人。但这种人的话因为没有客套或者避讳的成分，反倒更真实，这就说明，尽管峨嵋一团糟，大家都有问责掌门的意思，甚至重提旧制，但目的不是为了倒周芷若，而是希望纠正周芷若的错误。

说白了就是：不希望赶您下台，但您就别在感情上耽误时间了，要不是您跟张无忌纠缠不清，哪至于搞出这么多事情呀？您就消停一下，遵守峨嵋派百年规定，别再结婚了，坚决做个老处女。

由此可见，周芷若尽管犯下路线错误，但威望还是极高的。

周芷若的未来

周芷若犯下重大路线错误，但仍有威望，手下甚至急着帮她撇清非处女问题，领导能做到这份上，也还真不容易，换成其他人，很可能已经被直接轰下台了。

这里面有客观因素，以静慧为代表的一群人，希望恢复峨嵋旧制，挽回峨嵋声誉，所以忙不迭地为周芷若澄清。但前面也说了，都犯这么大错误了，与其为她擦屁股，不如轰下台，大家之所以为她开脱，主观因素也很重要。

当初的“废园事件”中，周芷若挺身而出，相救同门，奠定了她的掌门地位和威信，而她从孤岛回归后，虽然书中并无交代，但从静玄几乎消失、丁敏君完全消失的局势来看，峨嵋应该曾经发起过一场整风运动，加上周芷若得了九阴真经，武功大进（弥补了此前最薄弱的环节），恩威并施，就此牢牢掌控峨嵋。

可折腾了一番之后，周芷若该怎样呢？

按照张无忌的逻辑，因为殷离没死，谢逊也没事，等于周芷若没干坏事，但他这么想，不等于事实如此啊——杀人有罪，杀人未遂照样有罪，周芷若的这个污点是洗不掉的。虽然在书中，张无忌并未向其他人透露此事，谢逊也没有说，但那个玄之又玄的黄衫女子冒出来，明眼人肯定会知道周芷若心里有鬼。另一方面，虽然她在峨嵋派内威望颇高，但在整个屠狮大会上，峨嵋表现粗暴蛮横，与邪教无异，开罪了不少人，是大大的隐患。

从峨嵋自身情况来说，现有弟子天分都不高，而且灭绝当年的培养体系和管理体系都不科学，得真传者少，对看好的人十分宠幸（如周芷若），对愚钝弟子（哪怕资格极老）的错误不能容忍，甚至动辄斥骂（如静虚），留下了许多后患。尽管后来周芷若凭借自身人格魅力和武功改变了这一切，但代价就是静玄和丁敏君等原先实力派人物的隐退，整体实力大大降低。

另外，由于周芷若的霸权主义执政思路，重用的多是静迦这种霸道凶狠，良知和情商双双欠奉的不入流人物，贝锦仪这种精明干练的人物则采取“非暴力不合作”态度，大大降低了峨嵋的外交能力。

不过在屠狮大会上的受挫，尽管是对周芷若此前路线的一种否定，但也是内部改良的一个契机。值得一提的是，在这个微妙时刻，贝锦仪又一次发挥了作用。

在贝锦仪向张无忌和殷梨亭等人解释宋青书与周芷若的假结婚问题时，曾说过这么一段话：“殷六侠，我掌门人存心要气一气明教张教主，偏巧这位宋少侠又对我掌门人痴缠不休，以致中间生出许多事来。只盼宋少侠身子复原，殷六侠再向张真人和宋大侠美言几句，以免贵我两派之间生下嫌隙。”此时，谢逊事件已经平息，宋青书也形同废人，峨嵋的政治目的未能达成，还与天下群雄结怨，正值历史低谷，但内部对周芷若的问责仅仅局限于恢复旧制，这意味着周芷若可以留任，但必须改良。

聪明人贝锦仪显然看清了这一点，此前一直采取不合作、不同流合污态度的她，在这个时候选择开口，意味深长。她不仅仅说明了假结婚的原委，表明只是要气气张无忌，而且提出希望殷梨亭能跟张三丰美言几句，不要伤了武当和峨嵋的和气。这可以算是峨嵋路线改变的第一步。

那位说了，峨嵋的改良第一步由贝锦仪提出，是不是越权了？周芷若还没表态呢！

就事论事的话，还真不算越权——第一，贝锦仪在周芷若掌门地位无忧的情况下，已经洞悉“必须改良”的未来趋向。第二，她提出的只是“希望”，而且并非官方场合（如屠狮大会上），相当于正式外交前的铺垫（比如当年的中美乒乓球赛)。第三，她说话的对象是殷梨亭，虽然张三丰按辈分远高于峨嵋第三代的灭绝，但按照武当和峨嵋平辈论交的惯例，贝锦仪与殷梨亭可互称师兄妹，等于是平级间的互相交流——如果贝锦仪跑去和张三丰说这话，就显得峨嵋很不庄重了。

有了这番铺垫，对于周芷若来说，显然是大好事，加上她与张无忌已再无芥蒂，未来的峨嵋，只要掌门保持低调，底下不去外面搞搞震，对外就无忧。周芷若该做的，就是培养几个好苗子，等待接班。

问题多多的昆仑、华山与崆峒

看来在男女搭配的门派里，长得好真是天然优势啊，平时练功有女生递汗巾送水果，关键时刻还能帮忙打架，何太冲帅哥过着幸福的生活。

昆仑号称名门正派，却带着喂毒暗器满世界跑，还没解药，简直就是一个人腰缠炸药包口衔打火机满街乱窜，头上却贴个“我是好人，大家别怕”。

鲜于通作为掌门人，竟犯下谋害同门的大罪，而且嫁祸明教，不仅自己成了叛徒，也使得华山派此次参与围攻光明顶的合法性基本丧失，而且按之前他和张无忌交手时的情况，恩将仇报、始乱终弃的罪名也几可断定，华山派的脸面其实已然丢尽。如果能将这个罪名已然坐实的掌门人直接干掉，既可“及时杀跌止损”，也可以展现华山派的不护短、求大义。

身为掌门，有时必须自重身份，不能随便出头，你如果好勇斗狠，跟人家的普通弟子打架，赢了是胜之不武，输了那就是让本派彻底蒙羞，而且，掌门的成败，往往关乎门派的成败，因为掌门一时意气导致整个门派风流云散的例子，实在太多。所以，“不轻易出手”也是掌门的一大指标，在这个问题上，崆峒五老的老大老五合格，老二老三老四不合格。

隐患多多的昆仑

“昆仑三圣”何足道是金庸小说中一个难得的潇洒人物，琴剑棋三绝，可昆仑派传到铁琴先生何太冲这一代，就实在不怎么样。

与武当和峨嵋一样，昆仑的崛起也是利用了改朝换代的当口，而且由于地域偏远，昆仑派发展阻力不大，数十年间势力已遍布西域。

一个门派越发展壮大，选领导时就越麻烦，昆仑也出现了夺位战。书中提到，上一任掌门白鹿子“因和明教中一个高手争斗而死，不及留下遗言。众弟子争夺掌门之位，各不相下”。这其实是个意外，如果白鹿子老兄不是暴毙，那肯定有时间指定接班人，虽然弟子们免不了暗斗，但只要他压得住场面，大家就不至于明争。可他老人家这仓促一去，事情就麻烦了，大家得自由竞争了。这个时候，拳头就成了关键，谁势力大谁说了算。

光靠自己拳头硬还不行，拉帮结派也很重要，这时，帅哥开始占便宜了。这场夺位战具体情况是这样的：“班淑娴是昆仑派中的杰出人物，年纪比何太冲大了两岁，入门较他早，武功修为亦不在他手下。何太冲年轻时英俊潇洒，深得这位师姊欢心”，大家争夺掌门之位时，“班淑娴却极力扶助何太冲，两人合力，势力大增，别的师兄弟各怀私心，便无法与之相抗，结果由何太冲接任掌门”。

看来在男女搭配的门派里，长得好真是天然优势啊，平时练功有女生递汗巾送水果，关键时刻还能帮忙打架，何太冲帅哥过着幸福的生活。

但对于整个昆仑派来说，就显得不太幸福了，这桩事起码暴露了四个问题——

第一，昆仑弟子整体品质不高。权力考验人性，上任领导（还是授业恩师）不幸去世，尸骨未寒，大家就开始闹腾了，素质实在不咋地，按照选干部以德为先的标准，这群人没一个靠谱的。我曾分析，武当接班人的确立也经历暗战，但这些暗战均在可控范围内，大家表面上仍是亲密无间，而且一旦面对外敌，更是会立刻形成合力一致对外，这就是一个成熟的团队，相比之下，昆仑显然不成气候。

第二，昆仑派没有出类拔萃的弟子。何谓出类拔萃？自身业务能力强、威信高，振臂一呼，就算不是一呼百应，起码后面也有几个跟着的，能够形成一派。这样的人，昆仑还真没有。因为没有特别出类拔萃的人，所以大家都在各自为战，唯一结盟的是何太冲和班淑娴，还是因为小何长得帅。更可怕的是，这俩人结盟了之后，其他师兄弟居然仍是各怀私心，以致无法对抗，这既说明这群人十分短视，关键时刻也不会妥协应变，连临时结盟都办不到，也说明确实无人具备号召力。

第三，何太冲并非大弟子，班淑娴入门就比他早，也没有明显高人一筹的实力（需要由班淑娴襄助才能压制同门），加上白鹿子死后的乱局，证明了昆仑并没有严格的接班人制度（无论立长还是立贤），全靠上任掌门指定，这可谓制度隐患。

第四，何太冲上位后，因为感激班淑娴相助，便与这位师姐成婚。姐弟恋很美好，可昆仑派就此成了夫妻档。大家都知道，领导夫人参政是个麻烦事，容易导致权力过于集中，甚至变为家天下，如果领导夫人脾气不太好，那底下人工作就更难。好在班淑娴没有子嗣，不然还会存在未来接班人的选择问题。

另外，从书中诸多细节来看，何太冲的素质也很有限，比如他上武当为张三丰祝寿时，崆峒五老随后到来，这五位“论到辈分地位，不过和宋远桥平起平坐”，但张三丰甚是谦冲，还是亲自迎接，何太冲就不乐意了，心想“派个弟子出去迎接一下也就是了”。其实江湖中人都知道昆仑名头高于崆峒，昆仑掌门高于崆峒五老，张三丰去不去迎接，都不会改变这个事实。若是在昆仑，让何太冲去迎接崆峒五老，他拉不下这个面子也就罢了，可现在是在人家武当的地头上，不过是张三丰客气一下，他也心中暗自较劲，只能说此人气度格局都有限得很。

苏习之偶然看到何太冲练剑，便遭何太冲派六名弟子千里追杀，最后詹春跟苏习之都中了昆仑派的喂毒丧门钉，险些同归于尽，幸得张无忌相救，这事儿也实在是小题大做。而且何太冲让弟子带着喂毒丧门钉追杀人，却不给解药，苏习之说这做法不合江湖规矩，其实何止不合规矩，简直就是缺德。万一伤及无辜呢？万一自家弟子给刮伤了手脚呢？昆仑号称名门正派，却带着喂毒暗器满世界跑，还没解药，简直就是一个人腰缠炸药包口衔打火机满街乱窜，头上却贴个“我是好人，大家别怕”。

为啥不给解药呢？这事儿实在难以捉摸，难道是怕门下弟子得了秘方泄露机密，抑或是表决心，非得把这偷看他练剑的小子干掉？但不管出于什么目的，名门正派的掌门干这事儿，实在是不靠谱。

这样的昆仑，注定问题多多。

家庭危机导致门派危机

詹春和苏习之带着张无忌来到昆仑派，碰巧遇上何太冲最宠爱的第五小妾得了怪病，眼看不治。张无忌再施援手，成功查出病源是金银血蛇，并施救成功。

不过事情没这么简单，这金银血蛇只咬毒物，换言之，这小妾早已中了毒，才会被蛇咬，那下毒的又是谁呢？张无忌不知道，也没有贸然道明。可随后的答谢酒筵上又出事了，丫鬟给每人斟上一杯琥珀蜜梨酒，张无忌刚想喝，怀中竹筒内的金银双蛇就开始叫唤了，这证明附近有毒物，张无忌立马让大家别喝，放金银双蛇出来验证，果然酒中有毒。

大家现场查问拿酒来的丫鬟，丫鬟说从厨房到厅中，路上见到了杏芳。“何太冲、五姑、詹春三人对望了一眼，都是脸有惧色。原来那杏芳是何太冲原配夫人的贴身使婢”，换言之，这事儿跟班淑娴有关。张无忌趁机指出更大的谜团：“何先生，此事我一直踌躇不说，却在暗中察看。你想，这对金银血蛇当初何以要去咬夫人的足趾，以致于蛇毒传入她的体内？显然易见，是夫人先已中了慢性毒药，血中有毒，才引到金银血蛇。从前向夫人下毒的，只怕便是今日在酒中下毒之人。”

下毒这人是谁？班淑娴。此刻，何太冲面临着家庭危机，昆仑派面临着门派危机。

夫妻档门派就是有这样的问题：两公婆关系好的时候，很容易形成一言堂，变成家天下；关系要是不好，也绝非床头打架床尾和这么简单，而是会直接影响到门派的未来。

甚至可以说，这是昆仑开宗立派以来面对的一个巨大危机。此后露面的班淑娴已经明确表示："这里的人全不是好东西，一古脑儿整死了，也好耳目清凉。"

假如张无忌没发现酒中有毒，会出现什么后果？大家都被毒死，跟上任领导一样，这任领导也遭横死，没来得及留下遗言。那咋办呢？领导夫人还健在，但昆仑派没有亲属接班的惯例，大家又得为了掌门之位明争暗斗，而且一旦斗争开始，大家都会不择手段，即使下毒的不是班淑娴，也会有人往她身上栽赃，何况她恰恰就是凶手？大家都死了，就剩她一个，还有相关证人，要斗倒她，让她失去接班竞争力，实在是太容易了。前文已经提过，昆仑派并没有特别出类拔萃的人物。屠狮大会时，何太冲和班淑娴曾半夜带着两名昆仑高手偷偷上山谋算谢逊，结果全军覆没，悉数死在三僧手下，能参加这个特殊任务，另两名高手的武功肯定是昆仑派中翘楚，但还不及何太冲和班淑娴。至于下一代弟子，更无出色人物，最早露面的高则成和蒋涛，眼高于顶，争风吃醋倒是把好手，气度上与小里小气的何太冲神似，都不成气候，后来露面的西华子更是草包，可这样的昆仑弟子已可独立在江湖上行走，可见人才之凋零。

在这种情况下，一旦何太冲身死，班淑娴又因谋害掌门成了叛徒，剩下这群人连个压得住场的都没有，还一个比一个不老实，野心大能力差，昆仑少不了一番折腾，没落在所难免。幸运的是，张无忌及时发现酒中有毒，误打误撞地挽救了昆仑。不过即使如此，昆仑上空的警报仍未解除。班淑娴为人阴沉固执，又正值更年期，想让她老人家认错，难度可大了，何太冲倒是对她敬畏，但当初纳妾一个接一个，如今最宠爱的小妾差点被害死，好不容易救回来了，又来两杯毒酒，差点让他和小妾一起做亡命鸳鸯，让他原谅班淑娴，难度也很大。

俩人要是不达成失忆谅解备忘录，就很容易让昆仑闹分裂。后来张无忌自己解开穴道，喂五夫人吃了一粒丸药，骗何太冲是"鸠砒丸"，何太冲自然不肯让小妾丢命，就主动送张无忌和杨不悔逃走，半路上班淑娴便已追来，可见二人之间形势依然紧张。之后何太冲发现自己受骗，恼羞成怒痛打张无忌和杨不悔，班淑娴还站在一边挖苦"人家小小孩童，尚有情义，哪似你这等无情无义的薄幸之徒"，可以预料，等何太冲干掉这俩小孩，就是他与班淑娴干架之时。

但这个时候，救星来了，昆仑之危彻底解决。救星是谁？杨逍。

杨逍的出场十分拉风，以一敌二，居然断了昆仑两大高手的手中剑。这么看来，何太冲和班淑娴还真有点丢人，可丢人归丢人，杨逍的出现让他们携手御敌，内部矛盾立时转化为次要矛盾。别看杨逍的出现只是个意外，实际上，古往今来，主动制造的"杨逍"比比皆是，许多人玩政治都喜欢这一手，眼看着内部矛盾盖不住了，就制造一个外敌，号召大家一致对外，有时，这个外敌甚至纯粹出于假想，只供延缓矛盾之用。

您还别说，这一招百试百灵。

华山派成长期的烦恼

华山派在金庸书中出现频率颇高，在《笑傲江湖》和《碧血剑》中均曾亮相，在《倚天屠龙记》中也是六大派之一，但灰头土脸颇为窝囊。按照书中交代的历史背景，《倚天屠龙记》是元末，《笑傲江湖》经考证是明代，《碧血剑》则是明末。换言之，鲜于通早于岳不群，岳不群又早于穆人清。

这么一看就会发现，华山派可是蒸蒸日上啊。鲜于通时代勉强位列六大派，掌门人还爆出大丑闻；到了岳不群时代，表面看来地位似乎低了，只能位列五岳剑派，但五岳剑派地位高于青城等派，仅次于少林和武当，而且之前毕竟曾爆发剑宗和气宗之争，元气大伤之下仍能有此地位，亦算难得；再到《碧血剑》时期，穆人清已是武林中的泰山北斗，华山派三个字说出去是金字招牌。

每个成功的门派都少不了走弯路，华山派的成长同样如此，《倚天屠龙记》中鲜于通的丑闻，就是华山派面对的一个大危机。

鲜于通本人还没出场，就已经在别人口中被提起，成了一个传说。可惜人家胡青牛不是夸他，而是咬牙切齿，说："有一个少年，在贵州苗疆中了金蚕蛊毒……我三日三晚不睡，耗尽心血救治了他，和他义结金兰，情同手足，又把我的亲妹子许配给他为妻。哪知后来他却害死了我的亲妹子。你道此人是谁？他今日正是名门正派中鼎鼎大名的首脑人物啊！"

这个恩将仇报的龌龊货色，就是华山掌门鲜于通。摊上这样的掌门，实乃华山派成长的烦恼。结果，在六大派围攻光明顶时，华山派的丑闻爆发了。

当时，张无忌横空出世，连败高手，令六大派代表团团长空智十分尴尬，有困难找军师啊，于是他打眼色请鲜于通出马。

鲜于通一上来先讲一堆客气话，想套张无忌的底，却不知道自己的老底，人家已经门清儿。张无忌也不客气，直接说："我又没在苗疆中过非死不可的剧毒，又没害死过我金兰之交的妹子，哪有甚么难言之隐？"

鲜于通是走女婿路线上位的，他搞大了胡青羊的肚子之后，"贪图华山派掌门之位，弃了胡青羊不理，和当时华山派掌门的独生爱女成亲。胡青羊羞愤自尽，造成一尸两命"。这种事情他当然不肯暴露，想杀张无忌灭口，却遭对方反击，用内力逼住他无法说话，将他昔日恶行一一道出。本来张无忌意在排解六大派和明教的矛盾，无意结仇，打算痛骂鲜于通一番，给胡青牛兄妹出一口气就罢休。谁知鲜于通居然用折扇中的金蚕蛊毒偷袭，好在张无忌早有防备，不但没受害，还"一口气向鲜于通鼻间吹了过去，鲜于通陡然闻到一股甜香，头脑立时昏晕"，害人不成反害己。

堂堂华山掌门就这样倒在了自己的毒手下，还"杀猪般的惨叫"，"本来以他这等武学高强之士，便真有利刃加身，也能强忍痛楚，决不致当众如此大失身分的呼痛。他每呼一声，便是削了华山派众人的一层面皮"。

大家都纳闷了，这华山掌门怎么抗击打能力这么差呢，结果他自己吐露真相:他中的是金蚕蛊毒。这四个字一出，华山派的脸立马丢得稀里哗啦。这毒物不但下毒极容易，防不胜防，而且会让中毒者"求生不能，求死不得，偏偏又神智清楚，身上每一处的痛楚加倍清楚的感到，比之中者立毙的毒药，其可畏可怖，不可同日而语"。

张无忌尽管心生恻隐，但还是打算让鲜于通亲口吐露当年恶行，便说："这金蚕蛊毒救治之法，我倒也懂得，只是我问你甚么，你须老实回答，若有半句虚言，我便撒手不理。"

结果鲜于通仍是推托，不愿说出亏心事。这时，高矮二老出来了。他们的目的很明确，"我华山派可杀不可辱，你如此对付我们鲜于掌门，非英雄好汉所为。”此时的鲜于通，已经因为金蚕蛊毒惹来非议，但他毕竟是华山掌门，再孬也是自家的娃，高矮二老作为本门名宿，在危机面前自然应该挺身而出，维护门派尊严。可鲜于通不争气啊，这个当口神智错乱，吐出另一桩真相：“白垣白师哥，是我用这金蚕蛊毒害死的。”原来，当年白垣发现了鲜于通逼死胡青羊的事情，要告诉师父，被鲜于通杀了灭口，还嫁祸于明教。

糟糕了，本来是一致对外的，现在转成内部矛盾了，谋害同门，这可是罪大恶极啊!

这时，高矮二老的反应很有趣。先是高老者举刀要砍鲜于通，被张无忌阻拦。高老者说我要杀了叛徒清理门户，你干吗插手；张无忌说答应了要为鲜于通驱毒，不能说了不算，你们要解决门户中事，应该回华山关上门自己慢慢办。矮老者说张无忌这话有道理，随即点了鲜于通穴道，然后与高老者一起答谢张无忌，感谢他帮忙弄明白了门户中的大事，随后又说“可是我华山派的名声，却也给你这小子当众毁得不成模样，我师兄弟跟你拼了这两条老命”！

这俩老头的行为，看起来疯疯癫癫，实则练达，即使是表面上唯矮老者马首是瞻的高老者，骨子里也是个明白人。他们的这套处理应是华山派此时最好的危机公关方式。下面，咱们就来细细分析。

高矮二老共治时代

高老者欲当场清理门户，看起来十分莽撞，实则当机立断。鲜于通作为掌门人，竟犯下谋害同门的大罪，而且嫁祸明教，不仅自己成了叛徒，也使得华山派此次参与围攻光明顶的合法性基本丧失，而且按之前他和张无忌交手时的情况，恩将仇报、始乱终弃的罪名也几可断定，华山派的脸面已然丢尽。如果能将这个罪名已然坐实的掌门人直接干掉，既可"及时杀跌止损"，也可以展现华山派的不护短、求大义。而且，高老者平时就是莽撞形象，由他出手干这事，即使其他同门有意见，也大可以用"一时冲动"来推搪。

再想深一层，这"突然举刀，疾往鲜于通头上劈落"，恐怕也和华山派的内部形势有点关系。鲜于通是上任掌门的女婿，高矮二老是他的师叔，鲜于掌门在江湖上鼎鼎大名，可这两位师叔却极少在江湖上行走，在场的六大派中人居然都不认识他俩。那位要说了，高手名宿自重身份，不怎么露面很正常啊，但他们不是一生下来就是高手名宿吧？他们也年轻过吧？如果他们年轻时曾在江湖飘，携手闯名头，那么大家怎么会对这俩人没印象呢？

按我分析，高矮二老很有可能是上任掌门的小师弟，上上任掌门的关门弟子，他们的地位很可能类似武当七侠中的六侠殷梨亭和七侠莫声谷。名为上上任掌门的弟子，实际武功由上任掌门代传。他们虽是老者，但可能也就是六十岁出头，刚刚步入老年期，比现任掌门鲜于通大十五岁左右，跟殷梨亭、莫声谷二人与宋青书的年龄差距差不多。

前面分析武当派时，我曾说正因为殷梨亭和莫声谷的"准三代"身份，使得他们先天缺乏竞逐掌门的力量。高矮老者同样如此，他们更可能以上任掌门师弟的身份成为未来的护法人选。而且，他们很可能没有殷六侠和莫七侠的运气，艺满之后缺了江湖历练的机会，因此江湖中少有人识。

为啥失去了江湖历练的机会？我反复推敲，只能得出一个解释：年轻的他们参加了内部权力斗争，结果失势。

当年选新掌门时，鲜于通有勇有谋有形象，又是上任掌门的女婿，显然是最有希望的接班人选，而高矮二老作为师叔，又正值壮年，自然也参与了竞逐。至于死去的白垣，既然是鲜于通的师兄，资历必然不浅，而且从他发现鲜于通的生活作风问题后就坚持要举报的行为来看，二人关系并不铁，很可能是竞争对手。最后白垣被灭口，鲜于通不但嫁祸于明教，而且当中必然表现得大义凛然，“把坏事变好事”，好好表现一番，并在与二位师叔的竞争中获得胜利，成功就任掌门。

在他就任掌门后，作为失败者的高矮二老则处于半软禁状态——他们地位高、辈分老，鲜于通不能把他们直接干掉，以免背上不义的骂名，而且这两位武功高明，也是华山派必须借重的护法型人物，留下来有大用，但鲜于通也不会让他们下山闯名头，以免他们广交朋友、发展势力，最终纵虎为患。结果，就养在山上挂着闲职。

那位说了，既然鲜于通不希望高矮二老在江湖上露脸，那咋围攻光明顶又带上他们了呢？原因很简单，这次任务艰巨，各派精锐尽出，带上高矮二老防身还是不错的，而且一把手离开了单位，哪能把心腹大患留家里啊，还是带上为妙。

高矮二老憋了这么多年，要说心里对鲜于通服气，那绝对是扯淡。鲜于通当众丢丑，又犯下谋害同门的大罪，以清理门户的名义将之除掉，是个好办法。但张无忌及时制止，表示会帮鲜于通解毒，要清理门户请回华山处理。突然袭击未能得手，张无忌又不好对付，话也说得颇有道理，高矮二老只能实施第二步方案：矮老者同意张无忌意见，并向他致谢，但随后又表示华山派的脸面被他毁得不成模样，所以咱得打一架。

这是为啥呢？鲜于通的政治生命肯定已经完结了，被判死刑也是时间问题，高矮二老是目前华山派中资格最老的人，就算不能担任下任掌门，也起码是临时主管全面工作的人选。对内，他们要对鲜于通公事公办，但对外，他们要维护华山派的名声，在大家面前树立敢担当的形象。

后来，高矮二老激得昆仑何太冲班淑娴夫妇下场，四人合斗张无忌，仍然输掉。何太冲夫妇竟然背后偷袭张无忌，结果收招不及，反将鲜于通钉死在地，高老者大叫“昆仑派的泼妇，你杀了本派掌门，华山派可跟你不能算完”。

高老者傻吗？这可是一点也不傻。从他的言谈来看，鲜于通死了，他一点也不难过，更没觉丢人——之前鲜于通已经把华山派的面子丢尽了，这一死反倒是种解脱，杜绝了现场继续丢人的可能性，还免去了日后回华山清理门户、安抚鲜于通心腹门人的麻烦，而且把包袱都扔给了“凶手”。

此后，华山派再无新掌门出现。如规模大、层次高的屠狮大会，各派多由一把手带队，可华山派的代表依然是高矮二老。虽然书中并未点明高矮二老是否就任掌门，但可以确定的是，华山派进入了高矮二老的共治时代（当然，以矮老者为核心），即使有新掌门的存在，也只是个傀儡。

崆峒掌门之谜

堂堂崆峒派，保密工作超一流，整部《倚天屠龙记》下来，人家愣是没暴露自己的掌门人。出场人物寥寥几个，除了大名鼎鼎的崆峒五老外，再就是简捷这样的普通弟子。掌门呢？这是一个谜。

首先，咱得确定崆峒派有没有掌门。根据书中线索，一直都有。

以前当然有掌门，崆峒五老之一的宗维侠在围攻光明顶时说："当年我掌门师祖木灵子以七伤拳威震天下，名扬四海，寿至九十一岁。"现在也有掌门，俞莲舟护送张翠山夫妇回武当时，书中曾提到，"近年来俞莲舟威名大震，便是昆仑、崆峒这些名门大派的掌门人，名声也尚不及他响亮。"

下一个问题：掌门是谁？

虽然没明说，但蛛丝马迹不少，可以确定的是掌门在崆峒五老之内。六大派围攻光明顶时，张无忌看峨嵋派中人行事，想起"当年静玄带同纪晓芙等人上武当山向太师父祝寿，隐然与昆仑、崆峒诸派掌门人分庭抗礼……"

这就说明，给张三丰祝寿时，崆峒掌门在场，而他们上山时，武当小道士通报的是崆峒五老驾到，可见掌门人就在五老之中。虽然在场的何太冲心想"崆峒五老这等人物，派个弟子出去迎接一下也就是了"，但并不能成为崆峒掌门没来的理由。因为在六大派中，少林武当声名最盛，峨嵋昆仑次之，华山和崆峒是第三档。何太冲认为崆峒掌门地位比自己低，实属正常。

另外，因为空见大师死于七伤拳，少林空智曾率弟子调查，探知"空见大师在洛阳圆寂之日，崆峒五老均在西南一带。既然非五老所为，那么崆峒派中更无其他好手能对空见有丝毫损伤，因此便将对崆峒派起的疑心搁下了”，换言之，崆峒五老就是派中最顶尖的高手。虽说一派掌门不一定是派内第一高手，但不会和强者差距太大，这也算是掌门在五老之列的证据之一。还有一处证据：后来，张无忌要和周芷若办婚礼，江湖中人纷纷道贺，“一来大都万安寺中张无忌出手相救，已于各派有恩，二来周芷若是峨嵋掌门，是以各派掌门也都遣人送礼到贺。崆峒五老的贺礼尤重”。

五老都有谁呢？关能、宗维侠、唐文亮、常敬之，还有一位自始至终没露面。

那么，谁是掌门呢？

排除大法定掌门

既然金庸没有明确指定崆峒掌门，那只能咱们自己用排除大法来分析了，把不可能的一一挑出。

崆峒五老第一个出场的是唐文亮，五老中排名第三，号称唐三爷。不过谁当掌门这事儿，跟戏份无关，跟出场先后更没关系，顶多在演员表上靠前点而已，这位唐三爷第一个被排除。

他在张翠山夫妇携张无忌回归中土时露面，当时天鹰教与俞莲舟、西华子等人争执，张翠山夫妇恰好出现，唐文亮和静虚师太等人随后赶到。昆仑派的大草包西华子一见唐文亮和静虚的面，就高呼“唐三爷，静虚师太，武当派跟天鹰教联了手啦，这一回咱们可得吃大亏”，静虚“为人精细，素知西华子的毛包脾气，还不怎样”，而唐文亮却立马“双眼一翻”，瞪着俞莲舟说：“此话当真？”

不但莽撞，他还粗鲁，一听到谢逊的名字，就冲着张翠山大叫“谢逊这恶贼在哪里？他杀死我的亲侄儿，姓唐的不能跟他并立于天地之间，他在哪里？你到底说是不说”，“最后这几句话声色俱厉，竟是没半分礼貌”。

莽撞加粗鲁都是官场大忌，绝对是不具备领导素质的体现。不过不具备领导素质，并不能成为不是领导的依据——崆峒派本来就没什么明白人，大家水平相去不远，谁也别笑话谁。找个莫名其妙的人做领导，这种事在现实中咱们也见得多了。真正将唐文亮排除在掌门人选之外的是他在光明顶的表现。

当时，殷天正连战强敌，已是强弩之末，武当派见此情景，就不愿趁人之危，可“旁人却未必都有君子之风，只见崆峒派中一个矮小老者纵身而出，正是适才高叫焚烧明教历代主牌之人，轻飘飘的落在殷天正面前”，此人正是唐文亮，上来就说“我姓唐的跟你殷老儿玩玩”，而且“说话的语气极是轻薄”。

此时的殷天正，内力已耗去了十之八九，可一看上来的是唐文亮，立刻气不打一处来，心想：“殷某一世英名，若是断送在武当七侠手底，那也罢了，可万万不能让你唐文亮竖子成名！”

结果，殷天正重伤之下，仍施展鹰爪擒拿手，将唐文亮双臂双腿折断，摔在地上。“旁观众人见殷天正于重伤之余仍具如此神威，无不骇然。崆峒五老中的第三老唐文亮如此惨败，崆峒派人人脸上无光。”

堂堂武林名宿，六大派当中的风头人物，当众出场捡便宜，还反被折断四肢打趴下，这也太丢人了。更关键的是：你见过掌门第一个出场捡便宜吗？打头阵的掌门不多，但也绝非没有，有些人好勇斗狠，有些人知道下属实力不济，有些人需要立威，都可能会抢先出场，但这几种情况的共同点是：掌门出场是为了啃硬骨头。堂堂掌门要是出场捡便宜，别说外人看了觉得寒酸，自己人都面上无光，还断绝了自己人的立功升迁道路，所以，跑出来捡便宜的唐文亮肯定不会是崆峒掌门。

同样，下一个跑出来捡便宜，还遭俞莲舟鄙视的宗维侠也不可能是掌门。

唐文亮被打趴下后，崆峒派中人连敢扶他回来的人都没有，实在丢人。过了半晌，老二宗维侠出来了，他飞脚踢石，本无威胁，可殷天正已是半昏半醒，结果额角被打伤。此时的殷天正已完全失去战斗力。在这种高手云集的场合，名门正派的高手怎能去杀一个无还手之力的人？可宗维侠偏偏就打算这么干。

这位宗老二还比不上唐老三——张无忌暗中输送内力给殷天正，老鹰王顿觉精神抖擞，立马站起身要会会宗维侠。其实按照金庸小说的武功结构，输送内力虽然可以让一个人恢复精神，但并无法持久，张无忌就知道，“外公虽比先前好了些,却万万不能运劲使力”。宗维侠要是有胆子上,肯定会赢,可他一看殷天正神完气足地站起来,便立马心虚,小心肝一通乱颤,估计还悔之不迭,叹息大好便宜没得占了,仿似菜市场买菜少拿了两根葱。

这档次可真是太低了,这样的人能做掌门吗?

再下一个出场的是老四常敬之,这位也不怎么样,张无忌跟宗维侠说着话,常敬之竟然背后偷袭,一拳打向他后背的灵台穴。堂堂崆峒五老之一,武林名宿,竟然偷袭一个少年,这也太丢人了。更丢人的是,他见到张无忌挨了一拳还安然无恙,就问他:“你已练成‘金刚不坏体’神功,那么是少林派的了?”张无忌回答说不是,结果“常敬之知道凡是护身神功,全仗一股真气凝聚,一开口说话,真气即散,不等他住口,又出拳打去,砰的一声,这一次是打在胸口”。

换言之,这是第二次偷袭。你老人家还要脸不要脸了?

不但不要脸,常敬之的业务能力也不怎么样,宗维侠随后挑战张无忌时,心里便想“自己七伤拳的功力比常敬之深得多,老四不成,自己未必便损不了对方”。七伤拳是崆峒绝学,宗维侠在这套拳法上比常敬之造诣深,整体实力自然也高得多。从这一点上来说,常敬之就不可能是掌门——前面说了,掌门不一定是派内第一高手,但与最强者绝不会差距太大。

此后,宗维侠连打张无忌三拳,毫无效果,旁边的常敬之见势不妙,对着张无忌后背也来一拳,而且是明知这是下流卑鄙的行径,却只求将张无忌打死。但凡掌门,绝不可能龌龊到这般程度(除非像鲜于通那样被人揭了老底)。

老二老三老四都不是掌门,就剩下老大关能和未曾露面的老五了。

崆峒领导没表态

从气度和格局来说，崆峒五老的老大关能和从未露面的老五，显然要比老二宗维侠、老三唐文亮和老四常敬之强一些。后三位都在大场合出头，要不就是想捡便宜，挑战已然强弩之末的殷天正，要不就是偷袭、夹攻少年张无忌，十分丢人。不出手的关能和老五就没丢这个人。

咱都知道，身为掌门，有时必须自重身份，不能随便出头。你如果好勇斗狠，跟人家的普通弟子打架，赢了是胜之不武，输了那就是让本派彻底蒙羞，而且，掌门的成败往往关乎门派的成败，因为掌门一时意气导致整个门派风流云散的例子，实在太多。所以，“不轻易出手”也是掌门的一大指标，在这个问题上，老大老五合格，老二老三老四不合格。

还有一个指标也值得一提，那就是“公开发言”。领导说话机会都多，关键时刻得站出来公开表态。不过崆峒挺特别，疑似掌门的老大关能和未露面的老五并没有做领导讲话，老二老三这俩活宝反倒有表现。

比如屠狮大会上，周颠指出这是要群雄自相残杀的阴谋，宗维侠就第一个站起来说：“这位周先生言之有理……我想大伙儿得想个计较，以武会友，点到为止，虽分胜败，却不伤和气。各位以为如何？”

这是在天下群雄面前提建议，也是崆峒派的一种表态。书中提到，“光明顶一役，张无忌以德报怨，替他治好了因练七伤拳而蓄积的内伤，后来又蒙他救出万安寺，崆峒派这次上少林寺来，原有相助明教之意”，宗维侠前面那番话其实就是表态，告诉明教中人，咱这次以大局为重，绝不做自相残杀的事儿，其他门派听不听我们建议，咱不知道，但崆峒肯定不会为了一把屠龙刀伤了和气。

而在司空千钟搅局下，宗维侠仍不理睬，继续道："依在下之见，每一门派，每一帮会教门，各推两位高手出来，分别较量武艺。最后那一派武功最高，谢大侠与屠龙刀便都凭他处置。"这个建议使得群雄纷纷同意。

唐文亮还做了补充发言，表示"不论何人连胜两阵之后，便须下场休息，以便恢复内力元气。否则车轮战的干将起来，任你通天本事，也不能一口气从头胜到尾。再者，各门各派各帮各会之中，如已有二人败阵，不得再派人上场"。大家都觉有理，而明教群豪"均知唐文亮感激张无忌当年在光明顶上接骨，万安寺中救命的恩德，有心盼他得胜，独冠群雄，是以提出这两条规矩，都是意在帮他节省力气"。

宗维侠和唐文亮先后代表崆峒派表态，多少让人会产生他们是掌门的错觉，不过咱们已经知道了，这两位肯定不是掌门。那么，为什么是这俩活宝亮相表态呢？

原因很简单：第一，崆峒掌门很深沉，不管是关能还是没露面的老五，在整部《倚天屠龙记》中都从不出手，除了当年跟谢逊的旧事外，未尝一败，同时也不怎么说话，咱都知道，少说少错，多说多错，不说肯定没错，在公开场合能说得天花乱坠固然是好，但不说话也是保险之策。第二，屠狮大会形势复杂，各派都有自己的小心思，崆峒虽然内部已经明确了要帮助明教，但作为六大派之一，必须考虑全局形势，话不能说太满也不能说太明白，这种话由副职领导来说，比让一把手来说更恰当，毕竟可进可退。

关能的腰眼问题

在事关气度、格局的出场问题上，老大关能和未露面的老五都很慎重，从不会贸然出击丢人现眼，而在表态问题上，二人同样慎重。目前局势，二位还难分高下。

咋办？只能让这二位进行下一项较量了。

咱们来说说二人的基本条件：关能是崆峒五老的老大，年纪最长，资历占优。

至于业务能力，也就是武功。书中没有明确界定，但指出了老二宗维侠在七伤拳上的功力远高于老四常敬之，书中还提到，“拳谱中谆谆告诫，若非内功练到气走诸穴、收发自如的境界，万万不可练此拳术。但这门拳术是崆峒派镇山绝技，宗维侠一到内功有成，便即试练，一练之下，立觉拳中威力无穷，既经陷溺，便难以自休，早把拳谱总纲中的话抛诸脑后。何况崆峒五老人人皆练，自己身居五老之次，焉可后人。”可见崆峒五老的武功高低主要取决于七伤拳的修为，而且五人都是内功一旦有成便开始练，内功这玩意儿，固然有速成的可能，比如主角就总有奇遇，但崆峒五老可没有主角的待遇，少林查探空见之死时，就明确认为崆峒五老没有绝顶高手，与谢逊的实战考验也说明了这一点。对于没有奇遇的一般人来说，大家天分都差不多，练功时间的长短就变得很重要，年纪长、修为时间长的关能，其功力就应该超出未露面的老五。

下面，咱们来分析一下最后一个因素——崆峒派是一个常规门派，还是一个不走寻常路的门派？

如果是常规门派的话，选择接班人也会走常规路线，立长，或者立贤，以免内部产生较大争议。如果不走寻常路，就会搞点花样，比如领导选择一个最喜欢的做接班人，或者内部产生大的动荡，在斗争后涌现出一个获胜者。而从崆峒的历史来看，当年的掌门木灵子“以七伤拳威震天下，名扬四海”，无疑是派内第一高手。可见崆峒的历史选择还是常规化的，崆峒五老彼此关系不错，可见此前并未经历残酷内部斗争。从这一点上来说，资历和业务能力都占优的关能出任掌门的可能性更大。

但也曾有人提出一个细节：张三丰百岁大寿时，各派上武当山讨要谢逊消息，武当六侠想对策时，决定出动俞莲舟发明的绝技“虎爪绝户手”，抓几个人质让各大门派投鼠忌器，“俞莲舟选的是崆峒五老中年纪最高的一老关能，张翠山则选了昆仑派道人西华子。”

这个“虎爪绝户手”是啥功夫？张三丰解释过，“招招拿人腰眼，不论是谁受了一招，都有损阴绝嗣之虞”。所以他叮嘱俞莲舟，要不是面临非常情况和穷凶极恶者，切不可随便使用。

武当几侠都是名门正派中的大人物，向来光明磊落，肯定不会随便用阴毒武功，而且俞莲舟为人稳重，从不鲁莽，处处给人留面子。也正因此，有人认为俞莲舟选择关能，恰恰说明了关能不是崆峒掌门，因为堂堂俞二侠即使面对非常时刻，也不会抓一派掌门的小弟弟，更不会让一派掌门绝后。

这个推断看似有理，实际上站不住脚。在这紧要关头，俞莲舟肯定要挑一个人来抓腰眼，但他宅心仁厚，凡事不可做绝，所以会将负面影响尽量减小。怎么减小负面影响呢？不抓掌门的腰眼，抓其他人的？这当然是一种办法，给崆峒派留了面子，但被抓那位绝后了咋办？活该倒霉吗？是崆峒的面子重要，还是被抓者的一辈子重要？

这里就涉及一个问题：你讲人性还是讲政治。历史上有很多“乱世重典”的时刻，稳定局面的同时也制造了不少冤案。有人会认为，被冤枉的也没办法，谁叫他刚好赶上了这一波呢，也有人提出相反意见，这其实就是讲人性和讲政治的区别。

俞莲舟一向以人为本，比如在光明顶上为维护敌人殷天正不受辱，不惜公开得罪崆峒高手。眼下他迫于局势，要用虎爪绝户手擒人，自然也把对方的安全问题放在首位，对方的身份和面子问题反倒是其次。

那么，他为啥选择关能？我认为是因为关能年纪最老，都这把年纪了，估计也子孙满堂了，留着小弟弟也没啥用处了，其他四位年纪较轻，可能还有传宗接代或者过把瘾的生理需要，咱就挑关能吧。

所以，依我推断，崆峒掌门是崆峒五老的老大关能。

《倚天屠龙记》之明教卷

阳顶天时代的意外结束与遗祸

你说大家现在都一门心思求发展了，只有你明教整天嚷嚷驱逐鞑子，你到底想干个啥？社会乱了，咱少林弟子开的镖局咋办？给官宦人家做护院的少林弟子不得失业了？你们明教是存心看不得大家过好日子啊！

阳顶天时代的明教在高速发展、十分兴旺的状态下，原有组织架构已经无法承载人才的暴增，所以只能临时增设各种爵位满足大家的需要，但爵位和职位其实是两码事，有爵位不等于有实权，不同爵位虽然代表了排名的先后之分，但却不意味着明确的上下级隶属关系。

要想做波斯明教的教主，先得拼爹，父母得在教内担任高职，不是官二代不得参与选拔，还得拼能力拼容貌，不然也进不了最终三人候选名单，接着要拼意志品质，环游世界都是个体力活，何况环球行善？最后还得拼寂寞，千万不能失去贞操，否则就是坏了明教的贞善，会被千里追杀……

明教与名门正派的根本分歧是政治立场

在象征武林正义的六大派口中，明教是邪魔歪道，可纵观整部《倚天屠龙记》，明教中人还真比六大派的大多数人可爱得多。

那位说了，明教不是天生坏，只是一直扮神秘，加上总为老百姓说话，跟统治阶级对着干，所以长期被官方舆论妖魔化，这些年来又跟六大派有许多误会和摩擦，然后就约架，一打架就难免见红，甚至出人命，一来二去，仇就结下了。还有一些非正常因素，诸如谢逊为了报仇疯狂作案，韦一笑练功走火必吸人血，鲜于通这种六大派中的败类谋害师兄却嫁祸明教等案例。但问题是，最初的摩擦是怎么发生的？难道就因为明教爱吃素爱祷告爱玩神秘？我不否认明教中人的邪气，但摩擦全怪明教？

当然不是，明教和名门正派的真正分歧，其实在于政治立场。

当年，郭靖黄蓉带着全真教、丐帮固守襄阳，可歌可泣，但南宋灭亡后，郭靖等人殉国，元朝建立，并逐步稳定，武林的形势也悄然改变。武当并不禁止弟子击杀元军，还暗中维护反元英雄，但并不公开扯大旗反元。峨嵋方面，灭绝说驱逐鞑虏是她一生中的一大愿望，但除了掌握有倚天剑和屠龙刀的秘密之外，并没有明显行动。少林更是在南宋未亡之前便已经在沦陷区内与蒙古人和平共处，后来如都大锦等俗家弟子更是下山谋生，开设镖局，融入现有社会体制。六大派中的其他几派，都没有与当局公开对抗的记录。而明教呢？他们的抗争从未休止过，策划了一次次的暴动和起义。

道不同不相为谋。

对于名门正派（尤其是少林这种经过多年传承的门派）来说，推翻元朝统治是可以做也可以不做的事儿。如果有人带头，星火燎原，那就跟着做呗；如果统治者拿着大棒盯着，那咱也消停一下。那位说了，这不是投机吗？真不好意思，越是那种千年传承的名门正派，越善于妥协，甚至成为既得利益者。要是时时刻刻都卫护先朝，不惜抛头颅洒热血，别说熬几朝几代了，一次改朝换代就得给灭了。

他们更看重的其实是本门本派的江湖地位和平安传承，所以，元军随意屠戮百姓时，都大锦这样的少林俗家弟子却为达官贵人保镖，吃着大鱼大肉吹嘘自己。

人性中有一个普遍性弱点：当大家都在同流合污时，往往会对不妥协者有着莫名的反感，极度看不顺眼。比如一个单位若乌烟瘴气，大家明争暗斗，最受排挤的注定是最清白那个；一个社会若是整体反智，卓尔不群者往往最容易受打击，《倚天屠龙记》的情况也一样。六大派中最受排挤的就是快速崛起且名声甚佳的武当，江湖上最受排挤的就是明教——你说大家现在都一门心思求发展了，只有你明教整天嚷嚷驱逐鞑子，你到底想干个啥？社会乱了，咱少林弟子开的镖局咋办？给官宦人家做护院的少林弟子不得失业了？你们明教是存心看不得大家过好日子啊！

说到底，这是一场元朝统治下的顺民与逆民之间的冲突。

而且，因为明教是当时唯一高举反元大旗的武林门派，也吸引了大量有志之士加盟，势力快速增长，各大门派无疑感受到了威胁，加上明教自身的神秘性，各大门派能不反明教吗？

于是，明教倒了大霉，内忧外患一起来。内部由于阳顶天的意外失踪，导致群龙无首，大家为了争权而分崩离析；外部有名门正派嚷嚷不共戴天，还有波斯总教虎视眈眈。

在这样的困局中，明教何去何从？

圣火令的失落和中土的沦陷

要研究阳顶天时代的明教，就必须学习这样一份重要文件：中土明教第三十三代教主阳顶天的遗书。

首先，他在遗书里这样写道："本教虽发源于波斯，然在中华生根，开枝散叶，已数百年于兹。"也就是说，波斯明教中国分部拥有极大的自主性，可自立教主，有自己的人事组织架构和干部提拔程序，不需要波斯总教进行干部考察，与波斯总教的关系绝不像总局与分局、总公司与分公司那般密切。后来谢逊遇上波斯明教三使时也曾说："中土明教虽然出自波斯，但数百年来独立成派，自来不受波斯总教管辖。"阳顶天还在遗书中写道："圣火令若重入我手，我中华明教即可与波斯总教分庭抗礼也。"

时局也提供了一个契机，阳顶天的遗书中还写道："今鞑子占我中土，本教誓与周旋到底，决不可遵波斯总教无理命令，而奉蒙古元人为主。"

换言之，两家原本就已在平行线上各自前行，仅靠"中土明教发源于波斯"这一无力说法维系微妙关系；而在大是大非的民族问题上，中土明教和波斯总教又出现了不可调和的巨大分歧，这也为中土明教走向彻底独立提供了意识形态基础。

下面再来说说一样很重要的东西：中土明教的圣物圣火令。

多年后，峨嵋派参与六大派围攻光明顶之战，有一天晚上，在大漠星光下，峨嵋弟子们围坐于篝火旁，听灭绝讲那过去的故事："魔教历代教主，都以'圣火令'作为传代的信物，可是到了第三十一代教主手中，天夺其魄，圣火令不知如何地竟会失落，第三十二代、第三十三代两代教主有权无令，这教主便做得颇为勉强。”

书中提到，“这六枚圣火令乃当年波斯山中老人霍山所铸，刻着他毕生武功精要。六枚圣火令和明教同时传入中土，向为中土明教教主的令符。”这东西关乎执政、掌权的合法性。

有人说了，这不就是个象征性的东西吗？又不能当饭吃。可有些东西就是这样，看着没啥用，顶多算个图腾，但你要是没有，就经不起别人质疑，圣火令也一样。没有这玩意儿，教主还是可以管事儿，但要是底下人不服气，蹦一句“你连圣火令都没有，凭什么做教主”出来，教主屁股就多少有点坐不住。武功和气魄都出类拔萃的阳顶天虽然可以在没有圣火令的情况下稳住局势，但在他辞世后，明教就陷入争权的混乱状态，这之中虽然有机构过于庞大、高层干部过多、职权层级不够明晰、阳顶天本人未能及时留下遗命等因素，但有一点不容忽视，那就是在各方实力相差不大、无特别出类拔萃人选的情况下，无人拥有圣火令，就无法打破均势。

涉外时，这玩意儿就更重要了，你去其他单位办事不也得需要个介绍信吗，何况堂堂中土明教？这就像你单位的公章，缺了就会被质疑。所以阳顶天在遗书中一方面表示不能接受波斯总教无理要求，要跟鞑子纠缠到底，彻底独立之心昭然，但另一方面却也表示要等圣火令寻回后，才与波斯总教分庭抗礼，他想得很细致——闹独立没问题，怕就怕波斯总教不愿意，派人来谈判，双方坐下聊了几句，对方就嚷嚷“你们连圣火令都没有，要不就是假冒的，要不你们之前的决策都没有效力”，那中土明教还真没办法应付。

另外，根据书中记载，圣火令是被丐帮夺去的，后来辗转落入波斯明教之手。本门令符被大敌丐帮弄去了，这可是一起重大责任事故。第三十一代帮主肯定得作检讨，甚至引咎辞职，也使得继任者背上了沉重包袱。

所以，明教当下的任务就是找回圣火令，彻底与波斯总教割裂，然后积极投身于反元运动。阳顶天遗书中所说的这一切，其实也是他此前执政期间努力的方向，但很可惜，因为他的意外去世，明教自己先乱了……

明教的复杂架构及其隐患

左右光明使、四大法王、五散人、五行旗，这些名头多拉风啊，极讨读者喜欢，俨然三国的五虎将，评书里的七侠五义、三侠剑……

可拉风归拉风，这群人的层级架构如何呢？都是高人，都是高层，谁听谁的话呢？这个问题弄不好，就会出大事。

明教的组织架构是教主负责制，教主的委任由上任教主指定，从《倚天屠龙记》中的各种情节来看，教主享有无上权威，言出必行、令行禁止，下属无有不从，可以说明教是集权的典范。但在阳顶天时代，教主之下的各层级关系就有些乱，尤其是光明二使、四大法王和五散人之间并没有十分明确的层级之分。从排名上来说，大家有先有后，比如假扮苦头陀的范遥在亮明身份后，韦一笑就慨叹“阳教主派逍遥二仙排名在四大法王之上，确是目光如炬”。但因为一切都是教主负责制，而且大家未有明确的分工领域，也就没有明确的层级隶属关系，所以实质上光明二使也指挥不了法王。这种层级上的模糊处理，在一定程度上维持了明教众高层人员的均势，起到了制衡的作用，但其负面效果也极明显。比如紫衫龙王黛绮丝偷入秘道，大家决策说要关她十年禁闭，可黛绮丝一句“阳教主不在此处，谁也管不着我”，就让大家没辙。而掌管精锐部队的五行旗使，虽然在个人能力上比不上左右二使、四法王和五散人，但也不受任何高层辖制，唯一能让他们听命的就是教主。

在这批明教高层中，排名第一的光明左使杨逍是唯一拥有所辖部队的人，书中屡屡提到他属下的天地风雷四门。有人曾认为这是杨逍的私人部队，是他在明教内乱时组建，但从四门的人员构成来看，可能性并不是太大。

书中提到，“那天字门所属是中原男子教众；地字门所属是女子教众；风字门是释家道家等出家人；雷字门则是西域番邦人氏的教众。”从情理上推测，既然存在四门，四门的人数彼此间应不会相差太大，男女教众倒是好说，但以杨逍的势力，要在明教分裂后还找来一定数量的出家人和外国人组建风雷二门，可能性不大。由此可以推断，天地风雷四门应该是明教固有配置，可算是明教的“御林军”。张无忌掌权后，曾将天地风雷四门交予冷谦辖制。当时他刚刚上任，对杨逍十分倚重，如果四门是杨逍的私人部队，他万万不会做出此举，由此也可推断天地风雷属于“公家”。

这在一定程度上说明了光明左使的实权略大于其他人，并承担着拱卫光明顶、保护教主的任务。而杨逍能够在明教分裂的情况下一度坐镇光明顶（即使后来坐镇坐忘峰，也是当时众高层中距离光明顶最近的一个），应该也和掌握着这支警卫部队分不开。但从整本书来看，四门并无特别出彩的表现，杨逍要想靠这支部队压倒其他势力，难度也极大。

至于法王这个级别，黛绮丝立下大功便被封为紫衫龙王，三大法王瞬间变成四大法王，其实说明了一个问题：法王并非常设岗位，而是一个机动灵活的爵位。而五散人从称谓上来说就是顾问角色，更不是常设岗位。

这说明阳顶天时代的明教在高速发展、十分兴旺的状态下，原有组织架构已经无法承载人才的剧增，所以只能临时增设各种爵位满足大家的需要，但爵位和职位其实是两码事，有爵位不等于有实权，不同爵位虽然代表了排名的先后之分，但却不意味着明确的上下级隶属关系。

但这个问题并非无法解决，只要拥有绝对权威的教主有充裕的时间，把法王和散人的数量固定化，将之变为明教常设岗位，一旦有人退休就物色新人递补，借此在内部传达岗位常设的信息，逐步便可让大家接受，同时进行明确分工，确定左右二使、法王散人等各自的分管领域，进而确定隶属关系，就可以形成一套新的人事制度和层级架构。

可阳顶天最缺的恰恰就是时间，他在壮年时意外辞世，万丈雄心化为乌有，蒸蒸日上的明教也失去了内部规范的机会，反倒因为层级上的模糊，导致内部的纷争乃至分裂。

不过也正因为明教一直以来的高度集权和坚定信仰，虽然出现了三十多年的纷争与分裂，但一旦遇上外敌，仍能形成合力。如六大派围攻光明顶，明教各势力均前往驰援，甚至包括早已自立门户的天鹰教，危难时刻甚至不惜集体赴死。而到了张无忌这位主角出场力挽狂澜后，明教终于找到了主心骨，反元事业也步入正轨，三十多年前的遗憾，终于得到了补偿的机会。

提拔太早，上升空间没了

范遥，与杨逍并称逍遥二仙，年轻时英俊潇洒，担任明教光明右使，在阳顶天死后，隐姓埋名并自毁容貌，变身苦头陀，卧底进入王府，这一呆就是十几年。

后来，当张无忌与杨逍、韦一笑二人潜入大都意图营救六大派时，苦头陀亮出身份，这下可把杨逍难过死了。当年的"逍遥二仙"，杨逍自己还是中年美型男，咋小范就变成了苦头陀呢。一问才知道，原来小范苦心孤诣，故意毁容卧底，这下连一向跟他关系不好的韦一笑也感动了。

那位说了，这明教的人际关系也太差了。杨逍跟韦一笑关系不好，跟五散人关系也不好，周颠也说一向看韦蝙蝠不顺眼，殷天正自创天鹰教，跟大家关系也不好，现在范遥一出来，又说他当年和韦一笑关系不好。

咱们都知道，明教内乱主要是因为教主之位空悬，不过范遥可没争夺教主之位呀。他先是"认定教主并未逝世，独行江湖，寻访他的下落"，而后又"听到明教诸人纷争，闹得更加厉害，更有人正在到处寻他，要以他为号召"，结果他"无意去争教主，亦不愿卷入旋涡，便远远的躲开，又怕给教中兄弟撞到，于是装上长须，扮作个老年书生，到处漫游，倒也逍遥自在"。

按理说，一个人就算再有能耐再有威信，但能这么彻底的隐姓埋名不露头，已是极度退让，把他视为威胁的人就算仍不放心，也拿他没办法了——人家压根不露面，跟你没交集，跟你的竞争对手也没交集，甚至你找都找不到人家。这样的范遥，自然不会再和任何人产生直接冲突。

所以，范遥与韦一笑的不睦，其实是阳顶天去世前的事，阳顶天失踪后，范遥就已远离权力中心。同样，明教的分裂固然是因为阳顶天失踪，群龙无首，大家野心爆棚，但彼此间的不睦其实早在阳顶天在生时便已形成。

为什么会这样？按照谢逊的说法，在阳顶天带领下，明教好生兴旺，咋内部这么乱呢？

这是因为凡事都有两面性，利弊共存，阳顶天时代的兴旺在很大程度上是因为他的大胆用人。除了年纪较长的殷天正之外，左右二使、狮王蝠王以及五散人都是年纪轻轻便已被提拔为教内高层，最年轻的甚至只有二十岁出头。但一个单位大批量提拔年轻人意味着什么？光明二使是明教的二把手和三把手，法王和五散人也是高层，二十来岁就成为班子成员了，还有多大的上升空间？教主的位置可只有一个哦！但凡一个单位，几个副职领导年龄接近，彼此间较劲的力度肯定小不了，因为正职只有一个，上位的话就可以干到退休，上不了的话，又没年龄优势，要是不能外调，那就得一直干副的，这可是过了这个村就没这个店的事儿。如果这几位副职领导不但年龄接近，还都很年轻，那就更麻烦。年轻人野心大，耐不住寂寞，起点又高，像杨逍这样的年轻人，二十岁出头就一人之下万人之上，再往上就得做一把手了，你说大领导要是还没退休，还能怎么提拔他呢？提拔新人当然是好事，但如果内部制度不完善，层级设置不明确，大批新人同时进入领导班子，反而容易激起他们的私心。

阳顶天的大面积提拔新人，确实成就了明教的一派繁荣，也奠定了明教未来数十年的人才基础，但由于内部层级管理等方面的制度缺失，也缩窄了这一众人才的上升空间，埋下了大家彼此看不顺眼的隐患。

要做圣女，先得拼爹

说起明教的内乱与分裂，就绕不开紫衫龙王黛绮丝，尽管这一切并非由她直接导致，但这位来自波斯明教的卧底无疑是一针催化剂。关于她的事，咱得从头开始说。

话说中土明教发展壮大，离心力也越来越强，波斯总教就这么看着这孩子远走高飞？那当然不会，虽然从一开始，波斯总教就没抚养过这孩子。

那用啥办法把中土明教弄回自己的掌心呢？人家现在家大业大，底气足，说话也硬，还不听话；本来咱波斯已经成了伊利汗国，属于蒙古帝国的一部分，咱波斯明教也不跟蒙古人打游击战，选择乖乖听话和平共处；所以也发个照会给中土明教，让他们贯彻执行总教的方针政策，好好跟着蒙古人混。谁知道他们竟然不愿意，还说要驱逐鞑子，还我河山。

又不好对付又不听话，不能马上颠覆，那只好玩渗透了。

要想玩渗透，那就得派卧底，波斯明教也花了血本，居然派了圣女黛绮丝。总教给黛绮丝下的直接任务是获取“乾坤大挪移”心法，该心法是中土明教最高武学，为教主专属机密，获取它的目的当然也是为了控制中土明教。

啥是圣女呢？熟悉明教历史的谢逊同志是这样说的：“数百年来，中土明教的教主例由男子出任，波斯总教的教主却向来是女子，且是不出嫁的处女。总教经典中郑重规定，由圣处女任教主，以维护明教的神圣贞洁。每位教主接任之后，便即选定教中高职人士的三个女儿，称为‘圣女’。此三圣女领职立誓，游行四方，为明教立功积德。教主逝世之后，教中长老聚会，汇论三圣女功德高下，选定立功最大的圣女继任教主。但若此三位圣女中有谁失却贞操，便当处以焚身之罚，纵然逃至天涯海角，教中也必遣人追拿，以维圣教贞善……”

原来是波斯明教候选接班人呀，这卧底的级别也太高了。不过，三位圣女虽然是候选接班人，但与一般单位不同的是，她们并没有在教内担任固定职务，更不是班子成员。波斯明教平时虽然有固定的领导班子架构（教主加上十二位宝树王的一正十二副架构），但一把手的提拔并非走逐级提拔的路子，不可能在副职领导中产生，更不可能在中层干部中产生，而是一步到位，先在一定范围内（教内高职人士的女儿）进行选拔，然后再经过“领职立誓，游行四方，为明教立功积德”这一考察过程，决定最终人选。

换言之，要想做波斯明教的教主，先得拼爹，父母得在教内担任高职，不是官二代不得参与选拔，还得拼能力拼容貌，不然也进不了最终三人候选名单，接着要拼意志品质，环游世界都是个体力活，何况环球行善？最后还得拼寂寞，千万不能失去贞操，否则就是坏了明教的贞善，会被千里追杀……

真不容易啊，而且这事儿的最大风险在于：一般单位的副职领导要是没升上去，还可以继续做副的，就算新的一把手不待见你，你也可以调去其他单位担任平级职务。可波斯明教的圣女只有两条路，要不就成为教主，要不就一无所获。

背水一战，不成功就成老圣女，所以圣女的工作积极性被完全调动起来，而且各出奇招。黛绮丝的选择是来中原建功，寻找“乾坤大挪移”心法，我相信这是她的主动选择，原因很简单：这事儿难度大，中土明教太不听话，已成心腹大患，如果能成功打入其内部，寻得“乾坤大挪移”心法，甚至进而上演敌营十八年，渗透并掌握核心权力，那将成为波斯明教的天字第一号政绩工程，功劳之大无人能比；而且她办这事儿也有个人优势，她父亲就是汉人，在波斯明教中担任净善使者，还有一段跨国婚姻，成为漂洋过海混出个人样的典范。黛绮丝有着充分的回归中土理由，打入中土明教内部的难度不大。

她差一点就成功了。

可惜，又是“差一点”。

一个卧底的大步跨越与戛然而止

潜伏，这是个技术活。

据《倚天屠龙记》记载，有一天，“光明顶上突然来了三个波斯胡人，手持波斯总教教主手书，谒见阳教主。信中言道，波斯总教有一位净善使者，原是中华人氏，到波斯后久居其地，入了明教，颇建功勋，娶了波斯女子为妻，生有一女。这位净善使者于一年前逝世，临死时心怀故土，遗命要女儿回归中华。”

虽然中土明教一直不听波斯明教的话，但双方毕竟同源，从未伤和气，而且这位黛绮丝有一半中华血统，回归故里也是人之常情，所以阳顶天欣然应允。就这样，波斯明教圣女黛绮丝带着重大任务成功潜入中土明教。

据谢逊描述，她“一进厅堂，登时满堂生辉，但见她容色照人，明艳不可方物”。可惜这位美女是带着任务来的，而且作为受教规所限，一旦“失却贞操，便当处以焚身之罚”。所以，尽管大家都爱慕这位大美女，但她却“对任何男子都是冷若冰霜，丝毫不假辞色，不论是谁对她稍露情意，便被她痛斥一顿，令那人羞愧无地，难以下台”。甚至连一把手夫人也被她“欺负”过。阳顶天的夫人觉得这女孩子真漂亮，得找个好婆家，于是发挥中年妇女爱说媒的光荣传统，为她撮合，选择的对象还是英俊潇洒、年轻有为的光明右使范遥，结果黛绮丝一口拒绝，而且“说到后来，她竟当众横剑自誓，说道她是决计不嫁人的，如要逼她婚嫁，她宁死不屈”，这是公然让领导夫人下不来台啊！

对于美女来说，无论混官场还是混职场，容貌都是一把双刃剑，一方面可以带来极大便利，可得到同事们的客气和呵护（当然，只限男性），但如果自负美貌，傲慢加爱耍小性子，那很可能只会被当成花瓶，无法得到提拔。在感情问题上因为说不出的苦衷而一再得罪人的黛绮丝，显然属于后者，如果长期这样下去，她的卧底之路恐怕很难继续。

好在金庸给了她一个立功机会，她成功解决了韩千叶所出的难题，保住了明教的面子，从而由花瓶美女变身四大法王之首。

本来韩千叶来找阳顶天报父仇，这是领导的个人私事，但他口口声声说“在下孤身上得光明顶来，原没盼望能活着下山。众位英雄豪杰尽可将在下乱刀分尸，除了明教之外，江湖上谁也不会知晓”。明教群雄给这话一挤兑，想不要个面子都不行，既不能一拥而上对小韩动粗，也不能让自家阳教主输了这场比试，私人恩怨上升为明教大事。

因为当年阳顶天和韩千叶之父的约定就是“如何比武，要他子女选定”，堂堂阳教主可不能食言，结果小韩盯准了阳教主的死穴——不会游泳，提出要“同入光明顶的碧水寒潭之中一决胜负”。这下可麻烦了，“碧水寒潭冰冷澈骨，纵在盛暑，也向来无人敢下。何况其时正当隆冬？阳教主武功虽高，却不识水性，这一下到碧水寒潭之中，不用比武，冻也冻死了，淹也淹死了”。

大家都急眼了，但一群大男人却提不出一个好主意，这时，黛绮丝登场了，她冒充阳教主的女儿出头接招。这个处理十分聪明，她若以明教中人的身份出头，那就名不正言不顺，因为这事儿虽然已关乎明教脸面，实则成了公事，但从表面来看仍是阳顶天的私事，假冒阳顶天的女儿，可以塞住韩千叶的嘴。

此前的黛绮丝虽然艳惊四座，但在实际工作中没有任何表现，所以明教中人都在想：“瞧她这般娇滴滴弱不禁风的模样，不知是否会武？就算会武，也必不高，至于入碧水寒潭水战，更加不必谈起。”

平时不声不响，关键时刻挺身而出，在大家的质疑猜测中圆满完成任务，这样的立场是不是特别拉风？学会在关键时刻表现自己，其实也是官场一大学问，当然，这一切需要能力作为基础。结果，黛绮丝和韩千叶就在潭底较量了一番，黛绮丝赢得漂亮，穿着紫衫如仙子般入水，然后又“犹似飞鱼出水”，弄得跟花样游泳比赛一样。一鸣惊人的她还显示了自己的大局为重，当场为敌人求情，表示念在韩千叶一片孝心，何不宽恕他。这么一来，明教算是挣足了面子。

立下这等大功，此前一直赋闲的黛绮丝同学一步登天，当晚安排职司，晋升明教高层，赐号紫衫龙王，三法王就此变成四法王，而且白眉鹰王、金毛狮王和青翼蝠王还主动“降级”，让黛绮丝成为四大法王之首、明教第四把手（仅次于教主和光明左右使）。

作为一个卧底，黛绮丝抓住了机会，一举进入中土明教权力中枢，可以参与各种决策会议，了解各种内幕消息，唯一受限的就是只有教主才能进入的秘道。虽然以她的资历，在领导班子中暂时仍缺少话语权，但资历是熬出来的，起点高了，熬资历就更容易，再加上她的资质和美貌，假以时日，未尝没有颠覆现有班子、收编中土明教的可能。要知道，此前的她作为一个波斯明教送过来的寄养少女，面对着中土明教和波斯明教在政治路线上不可调和的分歧，很难有上位可能，获得紫衫龙王之位，可谓极大的跨越。

但就在大好形势下，黛绮丝遭遇了爱情。她每日去探望受伤的韩千叶，“因怜生爱，从歉种情，等到韩千叶伤愈，黛绮丝忽然禀明教主，要嫁与此人”。此事引起轩然大波，韩千叶当初差点让阳顶天下不来台，在明教群雄眼中，饶他不死已是极大恩赐，现在居然把“教花”霸占了，这还得了？黛绮丝也刚烈，为了爱情不惜与明教中人翻脸。结果，新婚之夜，大家都没来捧场，只有阳顶天和金毛狮王谢逊感念她的功劳，出面排解，“使她平安成婚，没出甚么岔子”。但即使成功结婚，韩千叶也很难在光明顶立足。他一度想入明教，但反对者众，阳顶天作为教主，也得权衡大家意见，终于不了了之。

韩千叶只是这出戏的配角，真正可怕的是，这场爱情使得黛绮丝失贞，并与中土明教众人失和，就此葬送了在波斯明教和中土明教的前程。

阳顶天时代的意外结束

作为手中没有圣火令的明教教主，阳顶天的威望源于其自身能力和明教当时的整体氛围。

阳顶天的能力毋庸置疑，武学仅次于张三丰，并招揽大量人才，在他执政期间搭建了明教未来数十年的人员框架，左右光明使、四大法王和五散人等早在阳顶天时代便已身居高位，在他死后多年，明教中竟然也没有再出现后起之秀，还是这群人唱主角。

这一方面有阳顶天死后，明教陷入混乱和分裂，新人提拔通道受限的因素；另一方面则是因为这批人实在太强了，光明二使和四大法王都是一流高手，五散人也在准一流和二流之间。武林中能聚集如此之多高手的门派帮会，除了少林，当属明教，武当亦有不及。

追溯这批人的年龄便可发现，除了白眉鹰王殷天正年纪较大之外，其他人到六大派围攻光明顶之际也只是中年而已，可见三十多年前阳顶天执政期间，他们都还是二十岁出头的年轻人，阳顶天的魄力和眼光由此可见一斑。

但这样一位出色的领导人，却没管好家事，导致后院起了火。

此事的起因在于阳顶天的徇私——作为一个手中没有圣火令，全靠个人威权掌控局面的领导人，其实更应该事事谨慎，以免授人以柄，徇私显然会带来高风险。他私授杨逍“乾坤大挪移”心法，私带夫人进入秘道，其实都是违规行为。即使没有成昆和夫人在秘道的私会，导致阳顶天走火入魔身亡这桩意外，这种徇私行为也迟早会酿成大祸。

阳顶天在得知妻子与成昆私会后，走火入魔身亡，妻子也羞愧自杀，二人同时失踪于秘道，明教陷入群龙无首的局面。

此时，因与韩千叶结婚导致与同僚们失和的紫衫龙王黛绮丝，也在混乱中决定铤而走险。按照波斯明教的铁纪律，已经失去贞洁的她不但没了担任下届教主的资格，还要遭受“焚身之罚”，得被活活烧死。摆在她面前的只有两个办法，一是立下大功，请求宽恕，二是远走高飞，销声匿迹。但后者显然是最后的绝路，波斯明教立规矩时就说了：“纵然逃至天涯海角，教中也必遣人追拿，以维圣教贞善。”你再能逃也架不住追的人有决心啊，再说以黛绮丝的性格，哪能耐得住寂寞，做到完全不在江湖露头？所以，先立个大功，看看能不能求得宽恕再说。

遗憾的是，这位大卧底又一次遇上了麻烦：她私入秘道却被发现，就此拉开了明教分崩离析的序幕。

还是谢逊同志讲故事：“有一晚光明右使范遥竟见韩夫人黛绮丝从秘道之中出来。”

这话的信息量真大啊：第一、目击者是原先黛绮丝的狂热追求者范遥，第二、黛绮丝已经成了韩夫人，第三、有人进了只能由教主进入的秘道。

出大事了。

其实在此之前，谢逊已发现黛绮丝私入秘道，黛绮丝当谢逊是知己，便告知真相，表示自己也很无奈。谢逊一方面明确表示这事儿违反教规，万不能再犯，另一方面也代为隐瞒。

但不是每个人都跟谢逊一样，第二个发现此事的范遥虽然一直爱慕黛绮丝，但也忠于明教，何况你已经嫁人了，嫁的还是大家都痛恨的韩千叶，当下又惊又怒，立刻上前责问。以他的身手，黛绮丝当然无法灭口，也无法阻止事件外泄，当下表示“我已犯了本教重罪，要杀要剐，悉听尊便”。

事态严重，当晚明教就召开了中层以上大会，韩夫人的态度十分坚决，表示“不愿撒谎，却也不愿吐露真相……至于私入秘道之事，一人作事一身当”。本来呢，以这种不坦白只抗拒的不合作态度，必须遭到严惩，而且私入秘道的处罚方式原本就是自刎或自断一肢（相比之下，中土明教的教规倒是比波斯明教人道得多，不至于动不动就把人直接烧死），可美女在一个基本都是男人的单位里，总是让人怜惜的，谁也舍不得杀她，断一肢这种煞风景的事也不可取。范遥就旧情不忘，竭力遮掩，最后商议的处理结果是“禁闭十年，以思己过”。

这个处罚结果还真不重，十年后出来也不会缺胳膊少腿，虽然是问题官员，但若运气好的话，复出后还可以官复原职，但黛绮丝居然冒出一句“阳教主不在此处，谁也管不着我”。

大家最担心的事情终于出现了：中土明教的合法性问题在这一刻集中爆发。本来中土明教不存在任何合法性问题，也具有极大独立性，但圣火令一丢就埋下了隐患。在阳顶天执政期间，他还可以凭借个人威信和能力控制局面，而一旦他失踪，明教便没有任何人能拥有压倒性的威望与实力。黛绮丝一句“阳教主不在此处，谁也管不着我”，便足以让这群能力不及阳顶天、同时手中也没有圣火令的明教高层们无言以对。

这已经预示了明教的未来：如果没有一个阳顶天式的威权人物，如果没有寻回圣火令，明教就必然会出现动乱和分裂。

黛绮丝说完这句话之后，便与韩千叶离开了明教，表示“自今而后，再与中土明教没有干系”。这是第一个叛出明教的人，但绝对不是最后一个。

此后，由于寻不到失踪的阳顶天，又没有遗嘱和圣火令，明教中人开始争夺教主之位，终至失和。白眉鹰王殷天正一气之下创立天鹰教，光明右使范遥虽无心教主之位，却为了追查阳顶天下落，离开光明顶流浪江湖，加上谢逊因家中惨变而精神失常，杨逍和韦一笑、五散人等翻脸，明教就此陷入长达三十多年的混乱。

为什么让谢逊主管全面工作

在明教第三十三任领导人阳顶天的遗书中，明确提出在自己死后，“盼夫人持余亲笔遗书，召聚左右光明使者、四大护教法王、五行旗使、五散人，颁余遗命曰：‘不论何人重获圣火令者，为本教第三十四代教主。不服者杀无赦。令谢逊暂摄副教主之位，处分本教重务。’”

可惜的是，由于阳夫人羞愧自杀，这份遗书一直长埋于光明顶秘道中，明教中人压根不知道这事儿，也就此导致了三十多年的分裂与混乱。不过话说回来，为啥阳顶天指定的人选是谢逊呢？

在此前的领导班子中，谢逊的排名是四大法王之三，在教主、光明二使和紫衫白眉二法王之下，相当于第六把手，即使抛开入教时日极短、上位时间更短且更多属于“被照顾”性质的紫衫龙王，他的排名也不过是第五位。

不过任何一个单位在提拔新一任领导时，原有排名都不是特别重点的考虑因素，没人规定二把手一定会接任一把手，三把手、四把手乃至领导班子中排名最后那位，都有接任的可能性，更重要的考虑因素应该还是能力、性格和人望。

年轻时的谢逊还未遭灭门大祸，精神尚未失常，在这三方面似乎都不错，能力上位列四大法王之一，且文武双全、饱读诗书、谦逊有礼，在明教内部的声望也不错，而且颇具协调能力。比如黛绮丝执意与韩千叶结婚，导致教中众人不满，乃至纷纷缺席婚礼，谢逊却跟随教主阳顶天前往，一方面抚慰黛绮丝，另一方面也维持了婚礼的平稳进行。

又如他发现黛绮丝偷入秘道，在获知黛绮丝的波斯总教圣女身份，此举又实在是出于无奈的情况下，他做出了一定程度的徇私，没有将之揭发，但这种徇私的前提是明教根本利益并未受损，秘道中的秘密没有暴露。后来范遥再次发现黛绮丝偷入秘道，内部开大会进行公审，他又对黛绮丝极力维护，做到既不纵容，也不伤其性命。曾有人抛出阴谋论，认为这是谢逊意图争权，所以拉拢黛绮丝，壮大己方势力。其实不然，因为黛绮丝虽然贵为四大法王之一，但由于与韩千叶的结合，在明教内部的人缘已遭极大破坏，并非上佳的盟友人选，甚至有可能是一笔负资产，而她的隐秘身份和潜伏任务更是定时炸弹，一旦泄露，也会给结盟者带来巨大麻烦，谢逊若真要争权，培育自身势力，恰恰要避开她——结盟这事儿，最应该看重的并不是结盟对象的实力和条件，而是它与其他势力的关系，如果它与其他所有势力都不睦，那么自身实力再强，也不是理想结盟对象，因为与它结盟意味着与其他所有人为敌，得不偿失。

最值得一提的是，后来黛绮丝与韩千叶叛出明教，携手下山，谢逊知道她此举的目的无非是继续偷入秘道，“她既不是中土明教中人，再入秘道便不受拘束了”，于是早有防备。他后来回忆：“光明顶是本教根本重地，岂容外人任意来去？当时我也猜到了她的用意，韩夫人下山之后，我亲自守住秘道口，韩夫人曾私自上山三次，每次都见到我，这才死了这条心。”心思缜密，且有原则，由此可见一斑。

相比之下，杨逍年轻气盛，范遥性格阴郁，又过于看重儿女私情，二人在当时而言都非好的接班人选。至于白眉鹰王殷天正，他在当时的明教高层中年纪最长，资历最老，但脾气火爆，野心又大，这种性格的人做一把手，要想维持稳定，就必须采取极权高压的方式，但偏偏鹰王的实力并不明显高于其他竞争对手，所以很难压制住其他人。青翼蝠王韦一笑则只以轻功见长，不具备领导能力，亦非合适人选。至于五散人和五行旗使等，业务能力差得太远，协调能力也平平，更不具备竞争力。

殷天正曾是候选接班人

白眉鹰王殷天正，明教四大法王之一，如果抛开被“照顾”的紫衫龙王，那么这位老爷子还是法王之首，在明教内地位尊崇。

阳顶天死后，明教陷入内乱，闹得最彻底的也是这位鹰王。他一怒之下离开光明顶，建立了天鹰教，在其他人苦争明教教主之位时，他先过了一把教主瘾。这老头子也真是枭雄，凭一己之力创立天鹰教不说，还能在江南站稳脚跟，后来跟六大派和众多帮会交恶，居然还能力撑十年不倒。

阳顶天执政期间大量提拔新人，杨逍和范遥这两个副职领导上位时才二十岁出头，着实是青年才俊，谢逊年纪稍长，但也还年轻，唯一例外就是殷天正，他在阳顶天时代正值中年，并非初出茅庐的小伙子。

要留意的是，在阳顶天时代的明教高层中，殷天正和阳顶天是仅有的中年人，这就引出了一个问题：为什么在阳顶天上位后，教中跟他同时代的重要人物只剩下一个殷天正？你可以想想自己单位，组织提拔你当了局长，大家都很羡慕，有人说“我们俩同一年毕业，同一天进单位，人家现在是局长了，我还是个副科长”，还有人说“靠，我过几年就退休了，这小孩子居然都成局长了，当年他刚毕业的时候，还天天给我倒茶呢”。换言之，班子成员和中层干部中，有不少人和你处于同一个年龄段，也有不少人比你年长，这是大多数单位的常态。可明教倒好，阳顶天就任一把手，然后召开中层以上干部会议，往左右一看，咋就殷天正一个人呢？老同志呢？同一批进来的同志呢？你们再不出来，我可就要提拔新人了，外面一堆小孩子等着呢。

可他们都没出来，于是，杨逍、范遥、谢逊和韦一笑们上位了。

出现这种情况，大概有两种可能：一是阳顶天上位前，明教曾有内讧，斗来斗去，就剩下俩人了；二是阳顶天上位前，明教跟何足道登门拜访时的少林派相似，人才凋零。

我的倾向是后者，因为若是前者，阳顶天和殷天正就不可能是竞争对手关系，否则不会在斗争结束后仍能共存，而应是同属一派，并肩战斗，在残酷竞争中胜出。但问题又来了，你阳顶天当上教主了，弄俩小年轻当左右光明使，让劳苦功高、帮你打天下的殷兄弟做第四把手，这也忒不厚道了吧？阳顶天不是这种人，即使退一万步说，就算阳顶天真的不厚道，但按《倚天屠龙记》所述，能将明教上下治理得好生兴旺，能让这群后来彼此看不惯甚至反目成仇的人在那段时间里维持表面的和谐，已经证明了他的管理能力，具备这种素质的人，不会随便授人以柄，亏待当初并肩作战的好兄弟。而且明教还有教中弟兄不得手足相残的教规，所以明教内讧并自相残杀到只剩阳殷二人的可能性不存在。

后者的可能性之所以大，是因为圣火令的失落导致第三十二代教主做得名不正言不顺，虽然限于教规，大家没起来造反，但总有点压不住场面，领导魄力不够，就招揽不到人才，也不一定留得住人才；而且圣火令遗失的时间也值得注意，它遗失于第三十一代教主执政时期，按时间上溯，明教经历了三十年的内乱期，还有阳顶天执政时期（能把明教治理得好生兴旺，起码也有五到十年时间），再加上第三十二代教主执政期（参照阳顶天上位时的年龄，我认为历任教主上位时的年龄大概是四十岁左右，这也符合基本的人才选拔过程，从基层干起，积累经验，然后从中层做到高层，十几年时间是正常的。张无忌属于特例，一来是形势所迫，二来有主角加成，没有参考性。明教教主都是武学高手，如无横祸，活到七十岁没有任何问题，那么任期可推断为至少三十年），那么第三十一任教主的执政期恰恰是元朝建立前后，以明教的宗旨，在外敌入侵、国难当头之际，大家必然会挺身而出，前仆后继，死伤难免惨重，甚至被迫辗转，而圣火令落入丐帮之手，也很可能与抗争后的四处辗转抢地盘求生存有关。

在《神雕侠侣》和《倚天屠龙记》之间，必然有一段武学低潮期，因为太多武林中人投身于卫国战争，无暇调教弟子，后来南宋灭亡，更有大量英雄人物殉国，无数武学精华也随之被湮没，丐帮的降龙十八掌就是典型例子。明教很可能也出现了这种情况，导致人才凋零。到了第三十二任教主这里，局面变得更为糟糕，圣火令没了，发号施令不太方便，老一辈的人才多半战死于卫国斗争，江湖中又缺乏新一代人才，明教不免积弱。

一说到积弱，咱就想到了当年的少林，家家有本难念的经啊。当年何足道拜访少林时，少林的三巨头是掌门天鸣和二堂首座无色、无相，我曾经分析过，这是因为天鸣这一代人才已经极为凋零。以至于领导班子中另外两位副职领导居然都比自己小了一辈。而第三十二任教主治下的明教很有可能也是这个格局，教主他老人家放眼望去，跟自己一辈的都没啥出息，小一辈的人才也不多，好在上天眷顾明教，居然还有俩年轻人不错，一个叫阳顶天，一个叫殷天正。好吧，咱就在这两个人中选一个做教主吧！

所以，阳顶天和殷天正若非同一派系（前面的分析恰恰已推翻此可能性），那么俩人就是竞争对手，是第三十三任教主的两大候选人，这也说明为何在阳顶天上位后，教内高层中唯一与他同时代、正值黄金年龄的殷天正仅仅位列法王——在一个稳定的单位里，新领导一般都不会让自己上位期间的竞争者成为二把手，而是会选择提拔自己人，但同时为了内部稳定，安抚失意者，也会给昔日竞争对手一个比较高的位置，殷天正的这个位置，可谓恰到好处。

跑去江南搞根据地

阳顶天失踪后，殷天正无疑看到了机会，此时的明教以他资格最老。兄弟们，你们该奉我为教主啊！

结果呢？杨逍说我是光明左使，是二把手，我应该顺理成章暂摄教主之位；韦一笑说你老殷凭什么啊，要是年纪大就能当一把手，咱不如去山脚下请个长寿老爷爷；五散人更是添乱，说白眉毛你诈唬个啥，谁服你啊……

老鹰王一怒之下离开光明顶，自创天鹰教，这是明教内乱的标志性事件。

为啥会这样？首先，殷天正和少壮派之间存在着一条天然鸿沟。前面分析过，殷天正和阳顶天是第三十三任教主的竞争者，最后阳顶天胜出，殷天正只能屈尊法王。其实从书中记录来看，阳顶天胜出实属正常。殷天正一世枭雄，霸气十足，是个领导胚子，但唯一缺点就是不够内敛，不懂藏锋，自主创业做老板可以，但要在一个已经成型、有制度惯性和固有人际关系的单位里，这种人往往欠了人望——也就是俗称的群众基础。阳顶天上任后，大量挺拔新人，在任何一个单位里，新人和老人都少不了隔阂，而明教的这批年轻人还都是阳顶天提拔起来的。你老殷是跟阳教主争过一把手的，咱看你能顺眼吗？杨逍韦一笑等人又都有野心，私心作祟，肯定看你更不顺眼。

作为教中元老，还是硕果仅存的元老，殷天正的出走极具震撼性。不过按照明教中人的说法，即使殷天正自立天鹰教，也仍与明教极有渊源，“非明教中人不救”的胡青牛就表示殷天正“自创天鹰教，只不过和教中兄弟不和，却也不是叛了明教，算是明教的一个支派”。殷天正的法王身份也仍得到他的承认，而彭莹玉宁愿自己战死也不愿吐露白龟寿的去向，也是因为心里默认了天鹰教与明教的渊源。换言之，在很多人眼里，殷天正的自立门户只是建立了一个明教分支，与弥勒宗等无异。

可殷天正是怎么想的呢？他的想法倒也很简单，两个词：割裂、取代。详细点说就是割裂过去，割裂明教的烙印，逐步壮大，然后再来个回马枪，取代明教。一世枭雄殷天正，在他当不上明教教主那一刻起，就已经做好了“曲线救国”的打算。

据我推测，殷天正在竞争明教教主的过程中肯定受过挫，甚至将之视为极大的屈辱，所以才一怒而去。我的依据是：在王盘山一役中，玄武坛坛主白龟寿和朱雀坛坛主常金鹏这两位天鹰教重要干部都不认识明教高层金毛狮王谢逊，甚至闻所未闻，而贵为紫微堂堂主的教主女儿殷素素，居然也没听说过谢逊之名，更不知道谢逊与自己老爹是旧交。

首先，这说明天鹰教的大多数中层以上干部都并非当年的明教教众，要不然也不会连领导的名字都没听说过，殷天正当年一怒离开光明顶，并没有带走多少人，天市堂堂主李天垣是他的师弟，但书中也没有明确指出他出身明教。这事儿倒不奇怪，老殷选择自立门户，不就是为了有招揽人才、扩张势力的自主权吗？但奇怪的是，作为当初的明教法王，英雄事迹无数，居然不跟手下和子女讲那过去的故事，这说明了什么？

说明他老人家有不堪回首的过去，甚至不堪回首到连过去的辉煌也一并抹杀。

从光明顶到江南地区，殷天正走过的是一条遗忘之路。他离开光明顶时，殷野王和殷素素还未成人，他千里跋涉，去江南开辟新的根据地，十余年后终见规模。

值得注意的是，《倚天屠龙记》初期的天鹰教仍然承袭了明教的一些特质。比如天鹰教的切口是“日月光照，天鹰展翅，圣焰熊熊，普惠世人”，与明教教义类似，可见殷天正虽然刻意割裂过去，但因为意在取代明教，所以办教宗旨与明教贴近。另外，天鹰教也具有极高的隐秘性。本来天鹰教立足江南地区，那是天下富庶之地，帮会门派极多，保持隐秘性的难度本就大于远在光明顶的明教，可殷天正却做到了。虽然海沙帮这种平素不做好事的三流帮派对其闻风丧胆，横行水上的巨鲸帮也默认其陆上地位，但名门正派对其几乎一无所知，武当七侠中的俞岱岩和张翠山都见识广博，但初听天鹰教三字，第一反应都是“这是什么帮派？此前从未听闻”。可到了多年之后，张翠山携妻女从冰火岛回归时，天鹰教教主殷天正的大名已是无人不晓，天鹰教也不再神秘而不知名。

这之中当然有王盘山一案的影响，但也意味着天鹰教政治思路的转变。此前的天鹰教处于积累阶段，鲸吞一些小帮会，从而引起海沙帮等帮派的畏惧，但一切在暗中进行，没有引起武当等名门正派的注意，而在王盘山一役后，屠龙刀浮出水面，各大门派均开始关心其下落，其间血案也成了名门正派寻找谢逊的一大借口，俞莲舟的说法是“一共二十一个门派帮会……和天鹰教有了误会，不幸互有死伤，十年中武林扰攘不安”。

一挑二十一，还屹立不倒，好牛啊！但从暗处走到明处，显然并非殷天正所愿，因为此时的天鹰教虽然实力雄厚，但离终极目标还有极大距离，未到出头之时。可再不情不愿也没办法啊，二十一个门派帮会把你当成出头鸟呢，没辙，打呗。

打的同时，殷天正也改变了策略。既然天鹰教已经走到幕前，那么不妨公开自己的背景，咱老殷出身明教，是四大法王之一，你们有胆子就放马过来，而这种信息公开，同时又有助于取得前同僚们的认同，比如彭莹玉与白龟寿的交情，肯定建立于这个阶段。

还需一提的是，与天鹰教关系最差的是五行旗，双方直到六大派围攻光明顶时还打个不停，这显然跟双方的工作性质有关。五行旗当时统管各地香主，而天鹰教立足于江南地区，势必与五行旗发生冲突，仇怨进一步加深。金庸用笔，看似随意，实则缜密。

此前明教内部就有一场小范围思辨：要驱逐鞑子，是靠自己，还是联合一切可以联合的力量呢？说不得的看法是传统保守派，要以明教为主，而彭莹玉则属于改革派，早早提出了统一战线的方针，希望联络名门正派。但此前明教与六大派交恶的局势，显然导致彭莹玉的看法在明教内缺乏认同基础，周颠就认为这是“放屁之至”，铁冠道人则持大棒路线，认为“倘若阳教主在世，咱们将六大门派打得服服贴贴，何愁他们不听本教号令”。说到底，当时明教对外政策的主流思想还是两个路子：暴力不合作，或暴力逼你合作。

以天鹰旗为主体，由明教牢牢掌控的江南义军，没有诞生义军豪强（倒是在姑苏一带出现了非明教体系的张士诚义军），五散人控制的区域诞生了刘福通、徐寿辉等义军豪强，而独立自治的淮北区域，不但诞生了朱元璋等后起之秀，还成了最终的胜利者。三者一对比，说明了什么？

其实在官场中常见这种状况：你能力很强，但淡泊名利，只想做好分内事，谋个三餐温饱即可，满以为这样就可以避开权力斗争，不至于被人算计，谁知还是有人天天盯着你，恨不能将你除之而后快。为啥呢？人家会觉得你占着茅坑不拉屎啊，不想上位还那么拼命干活干吗？于是，你就成了假想敌，大家背地里深情问候你祖宗十八代，中国官场的逆淘汰，这种情况也是其一。

六大派围剿考验明教向心力

阳顶天死后，明教众人立马开始找领导，结果怎么找也找不着。领导一声不吭地消失，教内事务就大受影响，人事出现混乱。又折腾了几年，这领导看来是找不回来了，大家就开始争夺掌门之位，明教就此分裂。直到张无忌横空出世，执掌明教，这段长达三十多年的混乱期才算结束。

那么，在这段混乱期内，明教存在哪些派系呢？

我的看法是分四派：杨逍、殷天正、韦一笑与五散人、五行旗。

相比杨逍和殷天正，韦一笑的领导能力和人格魅力显然有所欠缺，自身实力也是最弱的一个，但这恰恰也是五散人选择与他结盟的理由（虽然书中提到周颠与韦一笑之间无甚好感，但周颠此人一向胡搅蛮缠，看谁也不顺眼，他的意见做不得准，不能代表五散人的根本态度）。锦上添花注定比不上雪中送炭，扶植最弱的一派与强者抗衡，以求利益最大化，其实也是权谋之道。五散人论个人实力，可谓毫无竞争力，五人合一后，武力不可小觑，但领导能力和人格魅力也不见得能高到哪里去。说不得和彭莹玉都颇有谋略，关键时刻也知道以大局为重，但要让他们领袖群雄，显然力有不逮。冷谦不善言辞，周颠话却太多，铁冠道人张中更显平庸，他们更适合做领导背后的人。

所以，周颠曾说“咱们五散人谁也不想当教主”，也绝非虚言。

至于五行旗，六大派围攻光明顶时，杨逍与韦一笑、五散人争吵，周颠曾质问杨逍“你调得动五行旗么”，可见五行旗并非杨逍一派。五行旗与六大派狠斗时，天鹰教袖手旁观并出言讥讽，双方此前还无视危急局面，因旧怨而内斗一场，可见五行旗也非殷天正一派。此外，张无忌为救锐金旗众人挺身而出，随后说不得用布袋擒了张无忌，带上光明顶，把这事儿一说，表示“五行旗还不死心塌地的服了这个小子么”，铁冠道人张中问他“你把他装在袋中，奇货可居，想收服五行旗么”，说不得则表示只是想以张无忌来促成本教各路人马联手。从这段对话可以看出，五行旗与五散人也非一派，自然也非韦一笑一派。所以，五行旗是自成一派。

而谢逊、范遥和黛绮丝三个重要人物则不构成任何派系，谢逊经历惨变，神智失常，范遥无心教主之位，黛绮丝志不在此，且早早叛离，都未参与到夺位大战中。

明教的这种派系之争在所谓的名门正派眼中绝对是大好事，灭绝师太就说了：“也是正大门派合当兴旺，妖邪数该覆灭，倘若魔数不起内哄，要想挑了这批妖孽，倒是大大的不易呢。”

内讧给明教带来的是惨痛，比如天鹰教因为与五行旗不睦，在危急关头仍袖手旁观，导致锐金旗差点全军覆没；又如杨逍跟韦一笑、五散人从吵架到打架，斗得正欢时被成昆偷袭，七大高手悉数失去战斗力，不但使得六大派轻松攻上光明顶，而且面对决战时也有心无力。

但内讧是不是就等于没有向心力？其实未必。内讧是各种政治组织中的常见形态，即使是再稳定再和谐的政治组织，也多少存在着内部矛盾，因为人总是自私的，总有自身的种种诉求难以被满足，要是制度不够健全，约束力不够，矛盾就极易被激化，演变为内讧。但内讧的原因有很多，而且可大可小，大到政治路线不同，小到吃东西的口味不一样，都有可能从矛盾演化为内讧。具体到明教，内讧的原因很简单：教主失踪了，而且有一定年头了，到了失踪人口转死亡人口的年限，咱明教不能群龙无首，得找个新的带头人，但没有哪个人能众望所归，而且还有几个人都想干，这就闹上了。换言之，明教此时的问题并不是没有向心力，而是无“心”可向。

当一个组织遭遇强大的外力冲击时，才是真正考验向心力的时刻，此时往往会演变为两种情况：一是内讧的一方主动转向，投奔外来力量；二是内讧双方迅速达成一致，放下成见，形成统一战线，一致对外。

明教属于哪一种？

尽管出现了天鹰教和五行旗的纷争，尽管出现了杨逍等七大高手的大打出手，但在得知六大派围攻光明顶的消息后，明教中的知名人物纷纷赶往光明顶驰援。在光明顶上，当殷天正也失去战斗力时，“明教和天鹰教教众俱知今日大数已尽，众教徒一齐挣扎爬起，除了身受重伤无法动弹者之外，各人盘膝而坐，双手十指张开，举在胸前，作火焰飞腾之状，跟着杨逍念诵明教的经文……明教自杨逍、韦一笑、说不得诸人之下，天鹰教自李天垣以下，直至厨工伕役，个个神态庄严，丝毫不以身死教灭为惧”。

这不是向心力是什么？天鹰教固然隔岸观火，可若是五行旗伤亡殆尽，他们会毫不犹豫地投入战斗；杨逍与韦一笑等六人固然为了权力、为了自身利益大打出手，但他们从来没有背叛明教的意思。虽然大家齐赴光明顶，心中很可能会有“我力挽狂澜，消灭六大派，大家拥护我做教主”的名利念头，但到最后关头，他们都会与明教共存亡。

明教不缺信仰、不缺理念，也不缺组织目标（驱逐鞑子）。他们所缺的，只是一个让大家都心服口服的教主。

光明顶上的班子会议与未被促成的统一战线

张无忌在光明顶下挺身而出，求峨嵋派放过锐金旗的残余教众，说不得目睹后，认为这少年是改善明教各势力关系的一把钥匙，于是出动自己的宝贝袋子，把张无忌往里一装，带上了光明顶。

此时的光明顶上聚集了明教的七大高手，包括杨逍、韦一笑和五散人，在强敌当前之际，他们召开了一次久违了的班子会议。结果这次班子会议不但没通过任何集体决议，七个人还大打出手，结果被成昆偷袭，七人失去战斗力。但这次失败的会议，信息量实在太大了。

咱们先来看看会前准备工作，杨逍坐镇光明顶，五散人和韦一笑则先后上山，打算去找他。可还没见着杨逍，韦一笑就先出了麻烦，他体内阴毒发作，要吸人血方可缓解，可身边只有一个小殷离，他宁肯自己倒地等送命，也不吸殷离的血（虽然他突然出手，在殷野王面前劫走殷离，动机颇为可疑），五散人中的周颠说自己平素对阴沉的韦一笑看不顺眼，但见韦一笑居然放过这小姑娘，便嘟囔"吸血蝙蝠既然倒行逆施，周颠也只好胡作非为一下，要救他一救"。

那么，韦一笑为啥宁肯不要自己的命，也不吸殷离的血呢？他的说法是"这是白眉老儿的孙女，眼前明教有难，大伙儿需当齐心合力，因此万万不能吸她的血"。

韦一笑的举动也赢得了五散人的支持，五散人尽管曾发下不再理明教之事的重誓，但眼下都甘愿违背誓言。冷谦说以前说的话都是放屁，说不得更是表示"护教事大，私怨事小"，决定一起上光明顶找杨逍，寻求解决危机的办法。

说不得想用张无忌来团结五行旗，韦一笑想用殷离来团结天鹰教，即使动机可疑，即使有考虑自身利益、营造政绩工程的因素，也都可算是眼下最可行、最合大局的办法。

这几位齐上光明顶，显然出乎杨逍的意料，因为韦一笑与他不和，五散人更是发过毒誓，所以当周颠高呼杨逍名字时，他过了半晌才来迎接。但杨逍当然也欢迎六人的到来，他是这么说的："六大派四面围攻，小弟孤掌难鸣，正自忧愁。今得蝠王和五散人瞧在明尊面上，仗义相助，实是本教之福。"

这短短两句话，其实暗藏着几层意思：一、"六大派四面围攻，小弟孤掌难鸣"，一是道出困境，但另一层意思却是以明教正朔自居，告诉大家"坐镇光明顶的是我杨逍"；二、"蝠王和五散人瞧在明尊面上，仗义相助"，这话太有意思了，按之前韦一笑和五散人在山下的说法，他们是以明教主人翁自居，跑来援助是基于高度责任感，可到了杨逍嘴里，性质完全变了，变成"瞧在明尊面上，仗义相助"，潜台词是"你们不是真心来助我杨逍，咱们恩怨还在，只是你们还算没忘本，没忘记自己当初是明教的人，但你们现在只算是'仗义相助'，千万别把自己当主人，明教没你们这几号人"。

不过这段话虽然带刺，但考虑到几人此前的恩怨，杨逍的姿态上其实已出现了大转弯，所以韦一笑和五散人也没在意。

于是，班子会议开始了。可还没说几句，他们就吵起来了。

首先发难的是韦一笑，他说"教主的位子一日不定，本教的纷争一日不解，凭他有天大的本事，这嫌隙总是不能调处。杨左使，在下要问你一句，退敌之后，你拥何人为主？"

前一句说的倒是硬道理，明教确实缺一个让大家都服气的教主，所以导致谁也不服谁，但后一句真不适合在眼下这个当口说出来。这句话也暴露了一个问题：此前韦一笑宁愿自己阴毒发作也不吸殷离的血，固然是为了明教大局，但他的团结对象是白眉鹰王殷天正和其背后的天鹰教，并不包括杨逍，所以说，他的诚意是有局限性的，甚至可以说，他更希望联手殷天正压倒杨逍。也正因此，他在上了光明顶后，立刻吸了杨逍手下童儿的血，暂解阴毒，虽然在他们看来，童儿的地位显然不能和殷离的身份相比，但此前韦一笑已经得到五散人的内力相助，对人血的需求不似此前奄奄一息时那般迫切，完全可以先跟杨逍说一句，看看对方能不能提供一个俘虏。即使杨逍真的不稀罕这童儿被吸血，可毕竟童儿是杨逍的人，吸血之前打声招呼也是对主人的尊重，可韦一笑却先斩后奏，可见他对杨逍毫无尊重之意。

杨逍此时的表面反应跟童儿被吸血时一样淡漠，只是淡淡道："圣火令归谁所有，我便拥谁为教主。这是本教的祖规，你又问我作甚？"

这个反应看起来不太礼貌，但对于杨逍而言已经可算是极大的让步与克制，他虽然没有明确表示不再参与竞争，但重新搬出了持圣火令者任掌门的教规，已经有"搁置争议，共同御敌"的态度。

但在韦一笑看来，杨逍这话的意思是"我没圣火令，你也没圣火令，我没资格，你也没资格"，所以他立刻反驳道："圣火令失落已近百年，难道圣火令不出，明教便一日没有教主？"

这个时候，五散人该怎样做？

他们上山时说要搁置恩怨，联合杨逍，按这个目标，他们应求同存异，必要时甚至作出牺牲，尤其"谁是掌门"这个无比宏大而且眼下无法解决的问题，更应该无条件搁置。而且五散人和杨逍此前仇怨极重，如果不全力居中调解，不偏不倚，很容易会让杨逍误会他们的来意，引来不必要的麻烦。

可五散人倒好，他们立刻站在了杨逍的对立面。由此可见，他们虽有挽救明教的诚意，上山前也信誓旦旦，但仍有私心，极有可能是打算在关键时刻胁迫杨逍，捧本派系的韦一笑上位。首先开口的是说不得，他说："韦兄这话是不错的。我布袋和尚既非殷派，亦非韦派，是谁做教主都好，总之要有个教主。就算没教主，有个副教主也好啊！"

以说不得跟韦一笑的过命交情，说自己不是韦派，谁信啊？最不该说这话的人却抢着说了。杨逍果然立刻有了戒备，他立刻问"各位上光明顶来，是助我御敌呢，还是来跟我为难？"

这时候，五散人中的最大搅屎棍周颠又冒出来了，大大讥讽了杨逍一番，说你杨逍就是为了自己，没教主的话，你这光明左使就排名第一了，可你是左使又咋地，谁听你的了？你能指挥谁？你是个什么东西？

这话一般人都受不了，何况不是一般人的杨逍，他也撂下了狠话：大敌当前，我没空跟你们瞎扯淡，你们要是不想帮忙，就给我滚下光明顶，"杨逍只要不死，日后再图一一奉访"——这是约架啊！

好在还有个彭莹玉，他立刻打圆场，说"凡是本教弟子，人人护教有责"，表明己方的根本立场，然后在周颠怒火上冲时，又表示"古人说得好：兄弟阋于墙，外御其侮。咱们且商量御敌之计"，这话也赢得了杨逍的赞许，表示"莹玉大师识得大体"，可胡搅蛮缠的周颠却在此时犯了牛脾气，甚至向杨逍出手。

最可怕的事情终于发生了，杨逍"于十余年前，便因立教之事，与五散人起了重大争执，当时五散人立誓永世不上光明顶，今日却又破誓重来，他心下已暗自起疑，待见周颠突然出手，只道五散人约齐韦一笑前来图谋自己"。前面说了，五散人若不能居中调停，就很容易让杨逍起疑，何况直接出手？这下引起了连锁反应，韦一笑等相继出手，加上杨逍的"乾坤大挪移"十分玄妙，劝架的说不得等也被扯了进来。虽然从无虚言的冷谦提出罢斗，但在大家准备收手的那一刻，成昆潜入，偷袭得手。

杨逍、彭莹玉、周颠等面临身死教灭的大祸，回想过去二十年来的往事，均是后悔无已。可现在才后悔实在是太晚了。要不是有张无忌的出现，这场班子会上的纷争就会彻底毁了明教。

七伤员的反思与明教的思想解放

成昆的偷袭不但让七大高手身受重伤，也让明教一下子陷入了绝境。不见棺材不落泪的明教群豪，迎来了一个反思的机会。

但反思这事儿，有时是及时的有效的让人充满信心的，有时就是为时已晚的无济于事的。如果没有张无忌，明教这七位伤员的反思就成了临终遗言。不过，不管是悔之晚矣还是重新开始，反思的过程都值得注意。于私而言是心路历程，搞不好还是一煲心灵鸡汤；于公而言则可能是一场关于政治路线的争鸣与思考。

杨逍和周颠等人的反思，还是集中于“不该争教主”的问题上，局限于私心，而彭莹玉和说不得的反思，则带点思想解放的苗头。

书中说，“五散人中，说不得和彭莹玉都是出家的和尚，但偏偏这两人最具雄心，最关心世人疾苦，立志要大大做一番事业。这时局势已定，最后终于是非丧生在圆真的手下不可，各人生平壮志，尽付流水”，于是，说不得凄然道：“彭和尚，咱们处心积虑只想赶走蒙古鞑子，那知到头来还是一场空。唉，想是天下千千万万的百姓劫数未尽，还有得苦头吃呢！”

彭莹玉也说了：“说不得，我早就说过，单凭咱们明教之力，蒙古鞑子是赶不了的，总须联络普天下的英雄豪杰，一齐动手，才能成事。你师兄棒胡，我师弟周子旺，当年造反起事，这等轰轰烈烈的声势，到后来仍然一败涂地，还不是为了没有外援么？”

他们的这段对话说明，此前明教内部就有一场小范围思辨：要驱逐鞑子，是靠自己，还是联合一切可以联合的力量呢？

说不得的看法是传统保守派，要以明教为主，而彭莹玉则属于改革派，早早提出了统一战线的方针，希望联络名门正派。但此前明教与六大派交恶的局势，显然导致彭莹玉的看法在明教内缺乏认同基础，周颠就认为这是“放屁之至，屁中之尤，六大门派正在围剿咱们，咱们还跟他联络个屁”，铁冠道人则持大棒路线，认为“倘若阳教主在世，咱们将六大门派打得服服贴贴，何愁他们不听本教号令”。

说到底，明教对外政策的主流思想还是两个路子：暴力不合作，或暴力逼你合作。

这个话题引起了未来教主张无忌的密切关注——虽然此时的他还不知道自己将会成为明教教主，但这次谈话无疑对他、对明教的未来都有着极大的影响。

张无忌躺在布袋里，听着说不得和彭莹玉讲述施政方针，立刻陷入了深深的思考中，进而对明教的历史和政策产生了兴趣，于是，就向说不得请教那过去的故事，知道了明教“源于波斯国，唐时传至中土。当时称为祆教……只因历朝贪官污吏欺压我教，教中兄弟不忿，往往起事，自北宋方腊方教主以来，已算不清有多少次了”。也就是说，明教是宗教，强调众生平等，扎根底层，而且坚持做反对派，不管谁当政，只要出了贪官污吏，他们就举事起义，结果明教就成了官方口中的魔教——请注意，这还是南宋官方的称呼。

任何民间组织，一旦成了官府的眼中钉，就很难生存，而且会陷入恶性循环，明教中人“为了活命，行事不免隐秘诡怪，以避官府的耳目”，因此也更容易引起人们的误解。

南宋灭亡后，中原进入了蒙古人统治的时代，作为永远的反对派，此时的明教反抗态度更为坚决：以前反南宋北宋，只是反贪官污吏，扯“替天行道”的大旗，现在反元，则是扯起了“驱除胡虏”的大旗。

这番话无疑左右了张无忌的执政思路，在成功为明教解围后，他就任明教第三十四任教主，上任后的第一个举措就是与六大派修好——重拾明教“众生平等，救济贫众”的教规，进行内部整风，外交方面不与官府妥协，坚持驱逐鞑虏的目标，但团结一切可以团结的力量，形成反元统一战线。

明教的路线变化，恰恰始于光明顶上的这场小范围反思。

杨逍与殷天正的深情对望

张无忌在光明顶上只身对抗六大派，终于力挽狂澜，从此，明教开启了张无忌时代。

值得留意的是张无忌就任教主的这个过程。

阳顶天已死，中土明教又从不让波斯总教管，所以张无忌的上任不存在组织任命一说，纯属大家推举。既然是推举，按照惯例，当事人就不免有一番客套，在大家的殷切目光下，表示自己能力有限、不能服众，你们得另寻高明，然后大家哭爹喊娘，说除了你没有别人了，您要是不干，咱们就散伙吧，然后哗啦啦跪下一大片，最后当事人实在没办法了，只好勉为其难，并表示如果有更合适的人选，咱立马让贤，然后……然后怎么了？如无意外，他就一直这样做下去了呗。

张无忌也基本上是这么一个路子，但有几个细节还真微妙。

首先是在光明顶上，六大派集体撤退，现场只留下重伤的张无忌和明教群豪，书中是这样写的："杨逍和殷天正待六大派人众走后，两人对望一眼，齐声说道：'明教和天鹰教全体教众，叩谢张大侠护教救命的大恩！'顷刻之间，黑压压的人众跪满了一地。"

为什么是杨逍和殷天正？那位说了，太正常了，一个代表明教，一个代表天鹰教，这么说当然没错，但电光石火间，咋就这两位的目光及时对望在一起了呢？别人怎么不深情对视？不是每两个人都可以深情对望的，杨逍与殷天正的这一眼，是明教历史上一次极为重要的对望。

从杨逍的角度来说，经历了成昆的偷袭后，他一定有所反省，但野心仍在，只是经此一役，他清楚认识到明教要想重返正轨，需要的是一个能够服众的领导人。从目前情况来看，合适人选唯有功力深厚，同时又拯救明教于危难的张无忌，作为此前的光明左使，明教此时名义上地位最高的人，他必须及时表态——或者说及时站队，否则，很容易会被人视为有私心。这就好比一个单位，局长退休了，新任局长准备来了，原来的第一副局长若无动于衷，大家肯定会觉得他是在闹情绪，甚至背地里搞小动作。尤其对于此前人缘不是太好，跟韦一笑和五散人都有仇怨的杨逍来说，此时的举动更是关键，一个不好，就会授人以柄。

他又为什么会望向殷天正，而不是韦一笑或其他人呢？

殷天正执掌天鹰教，势力雄厚，这当然是一方面的原因；而另一方面，殷天正是张无忌的外公，典型的皇亲国戚，寻求他的认同与合作是日后的立足之本。

从殷天正的角度来说，选择杨逍深情对望也经历了内心的激烈活动。经光明顶一役，张无忌已经成为明教的大救星，他的武功人品都无可置疑。此前明教群龙无首，内乱数十年，就是缺了一个武功人品均可服众的人。殷天正一世枭雄，显然已经清晰认识到张无忌是下任教主的最合适人选，但作为张无忌的外公，出于避嫌，眼下的他反而不可过于热心，先审视别人的态度极其重要。之所以把目光投向杨逍，一来是因为此时明教以其排名最高；二来则是因为杨逍向来野心极大、能力极强，势力也大（掌握有天地风雷四门），他对张无忌是否认同，关系着明教的前途——认同的话，那一切好办，大家齐心协力，将这位大恩人扶上教主之位；要是不认同，那咱们就麻烦点，先把野心家干掉，内部统一思想了，再扶大恩人上位。值得庆幸的是，他一眼望过去，望到的是杨逍同样期待的目光。

这次深情对望，达到了和谐与统一。两个掌握有最强势力的人就此达成了一致，为张无忌的上任铺平了道路。

张无忌上任后的第一次人手分拨

张无忌担任明教教主后，外公殷天正随即表示以后没有天鹰教了，咱们要重返明教。这无疑是张无忌上任后的第一个政绩工程，使得分裂的明教完成了形式上的统一。但要留意的是，此前的明教四分五裂，甚至自己人打自己人，积怨极深，现在虽然共同拥护张无忌，可积怨不可能马上消除，如果不重拾教规，内部整肃，悲剧随时可能重来。

必须在制度上切断内乱的土壤，必须在制度上改变明教的外交政策（这一点显然受到了此前光明顶上那场班子会议的影响），这是张无忌的当务之急。于是他约法三章。

第一条是“人人须得严守教规，为善去恶、行侠仗义。本教兄弟之间，务须亲爱互助，有如手足，切戒自相争斗”，这是针对以往的内部矛盾进行约束，而且他还设置了新岗位——刑堂执法，选择的监察部长是五散人中的冷谦。

第二条是“既往不咎，前愆尽释，不再去和各门派寻仇”，这个让明教中人十分为难，此时站出来的是曾经希望与各大门派建立统一战线，但观点未被大家认同的彭莹玉（金庸的前后呼应，实是滴水不漏），表示教主这么说是为了大家好，这第二条又获通过。

第三条是要去海外迎接谢逊回来当教主，另外再设法寻找圣火令，搞定这两件事，我张无忌就让贤。这条让大家更为难，心想好不容易找来一位大家都服气的教主，万一以后有个庸碌无能之辈捡了圣火令咋办？此时站出来的是杨逍，他说阳顶天的遗书写在二十多年前，时局大不相同，不能以此为准。

这其实是在否定前任教主的决策，本身颇为大逆不道，但一来张无忌本人随和，对教务也不是太清晰，二来此时人心所向，杨逍这话虽有逾矩，但不会让大家反感，反倒会予以支持，而且以他的光明左使身份，在此时明教中仅次于教主，站出来说这话也最合适。

大家心里也盘算，谢法王孤身在海外，估计早去世了；圣火令都丢了近百年了，估计也不会自己跑回来。咱们先答应着，到时再说。

于是，张无忌的约法三章轻松获得全体通过。

随后，他表示要前往海外迎接谢逊，大家都想跟着去，张无忌“自知才识俱无，处分大事必难妥善，于是低声和杨逍商议了一会”，作出以下人事安排：杨逍率领天地风雷四门，留镇光明顶，重建总坛。金木水火土五旗分赴各地，招集明教分散人众，传谕此前的三条规定。殷天正和殷野王率领天鹰旗，探听是否尚有敌人意欲跟明教为难，再寻访光明右使和紫衫龙王两位的下落。韦一笑前往六大派，表达明教止战修好的意图，力求化敌为友，至于赴海外迎接谢逊，张无忌选择让五散人同行。

这个人手分拨因为遭遇了六大派众人莫名失踪的谜案，所以并没真正实施，但颇为玄妙。首先，张无忌选择的商议对象是杨逍，光明左使是明教二把手，这个地位在张无忌上任后没有改变，而且他还选择让杨逍留守总部坐镇，重建光明顶，原先由其统率的天地风雷四门也依然跟随，这是对杨逍的尊重与抚慰。五行旗作为明教正规军主力，承担的任务是招集各地分散人众，传达组织任命和新的规章制度，等于是重新整合大部队，显然，张无忌给予了他们扩充人手的机会，毕竟此前与六大派一战，五行旗损伤惨重。至于殷天正与他的天鹰旗，刚刚回归明教，而且与新教主关系极密，要照顾但又不能过于照顾，所以安排的任务看似繁琐，却避重就轻：一是查探敌情，这个是实打实的任务，但考虑六大派刚刚撤退，眼下危机并不大；二是寻访光明右使和紫衫龙王下落，这个则是虚任务，跟找圣火令差不多，之前这么多年都找不到，眼下也不可能完成。至于此前闲云野鹤般的五散人，成为了教主的贴身跟班兼保镖。青翼蝠王韦一笑责任重大，代表明教出访，全权负责与六大派的联络沟通工作，能承担这个重大外交任务，显然可见张无忌对他的器重。

从这个安排来看，张无忌的路子是大稳定小调整，分工细致了，但权力排名上未有明显变化，当然，这也与他首次号令群雄，自知经验不足，所以与杨逍私下沟通有关，这就好比一个新领导刚到一个单位，人还不认识几个，然后碰上一个大项目，要进行人员安排，副职领导的思路反而会占据主导。

但要说这里面完全没有张无忌的思路，倒也未必，对韦一笑的委以重任，将并无具体职位的五散人变成自家跟班，再加上此前任命冷谦为刑堂执法，都是张无忌对内部平衡的调整与把握。张无忌是个聪明人，管理工作当然需要经验，但有灵气的人往往上手更快，因为他们懂得举一反三。张无忌身兼“九阳神功”和“乾坤大挪移”，借力打力这事儿比谁都明白，对原先较为弱势的韦一笑和五散人委以重任，但仍尊重杨逍的原有势力，无疑有助于明教的平衡。

值得一提的是，当杨不悔表示也想去海外看看时，张无忌表示可以，但又怕杨逍担心，索性带他们父女同去，这样一来，坐镇光明顶的留守领导就得换人。谁来承担留守并重建光明顶的艰巨任务呢？又是冷谦。

这个任命是现场对话时的临时决议，事先并没有商量，这就更显示出了张无忌对冷谦的器重，周颠就兴高采烈表示“教主如此倚重冷谦，那是咱五散人的面子”。毫无疑问，此前在光明顶上的那次班子会议上，尽管杨逍等七人大打出手，被成昆钻了空子，但冷谦的沉稳和冷静寡言还是给张无忌留下了极深的印象。彭莹玉和说不得二人都是智囊型的人物，但要说独当一面、处事冷静，显然不及冷谦这般靠得住。所以这两位更适合带在身边出主意，冷谦则更适合独挑大梁。

拯救大兵张三丰

张无忌上任后的第一次人手分拨，因为六大派众人的集体神秘失踪而未能实施。大家为了一探究竟，集体前往少林，发现少林群僧也失踪了，而且人家还留言嫁祸明教，说要先灭少林，再除武当。

张无忌记挂太师父的安危，立刻决定拉大部队前往武当，上演一场“拯救大兵张三丰”。

他的初始安排是这样的：由韦一笑陪同，二人先行出发，这是考虑到了韦一笑的轻功水平，其他人陆续分批赶来，临时指挥是杨逍和殷天正。

随后这一段是《倚天屠龙记》中我莫名喜欢的一段：张无忌先行赶到，但张三丰遭遇偷袭、身受重伤，赵敏率众杀上山来。在这紧要关头，韦一笑紧急驰援，随后明教群豪一个接一个来到，每到一个，张无忌这边的实力便增上一分。之所以喜欢这段情节，只因它颇似当年玩战略游戏，自己这边逐步壮大，对方地盘越来越小，读之痛快。

这其实也是对明教高层业务能力（主要是轻功）的一次大检阅。韦一笑先行出发，而且轻功盖世，是除张无忌之外第一个到达的；下一个到达的居然是韦一笑的生死之交说不得，“他轻功虽然不及韦一笑，但造诣也是极高，加之中途没受阻挠，前脚后脚的便赶到了”；随后到达的是殷天正和杨逍，“殷天正内功较深，杨逍步履轻快，竟是并肩出发，平头齐到”，而且杨逍略有留力之嫌，这二位武功远胜说不得，不过轻功略逊；再之后到达现场的是铁冠道人张中和殷野王，“不久周颠和彭莹玉也到了山上”，这四位的功力明显逊色。

在之后的较量中，张无忌击败阿大、阿二和阿三，逼走赵敏，成功解救张三丰。在较量过程中，张无忌又得到了新的信息：当年重伤俞岱岩、日前偷袭殷梨亭的人都隶属赵敏，她还拥有能够救治俞岱岩和殷梨亭伤患的黑玉断续膏，另外，宋远桥等武当远征军及其他五大派的人众，都落在了赵敏手上。

于是，明教在武当山上召开了又一次班子会议，进行了又一次人手分拨：杨逍、韦一笑和布袋和尚说不得跟随张无忌一同追踪敌人，五行旗的五位掌旗副使前往武当之外的其他五大派进行联络，殷天正和殷野王前往江南整顿天鹰旗教众，铁冠道人张中、周颠、彭莹玉和五行旗的五位掌旗使留守武当，听张三丰号令，居中策应。

这次人手分拨显然与此前的业务大检阅有关，教主张无忌亲征，主动挂帅追踪敌人，当然要组建精锐小分队，所选的人手需有勇有谋，而且此行任务艰巨，危险性大，大家还得有自保的能力与绝活。二把手杨逍武功高明，又有智计，是最好的辅助人选；韦一笑轻功卓越，追踪是其所长；而此前在业务大检阅中勇夺第二名的说不得，也被列入此次追踪小分队，他有布袋绝活，而且轻功造诣极高，即使武功不及教主和杨韦二人，但遇上危险也足以溜之大吉以求自保。

所以，千万别小看了工作中的种种考量，看着只是差一步两步的事儿，但却关乎着自己的受信任度。

另一位武功超一流的人物殷天正则与儿子一起下江南，整顿原天鹰教人马，归属明教。其他几位武功稍逊的人物则留守武当山，表面上是听从张三丰调遣，其实是充当武当山的护卫，因为此时宋远桥俞莲舟等人均下落不明，武当山上除武功卓越但已年迈的张三丰之外，再无高手。

还值得一提的是，这次人手分拨是张无忌在“席间随意号令”，群豪则纷纷站起凛然听命，并非像第一次人手分拨那样与杨逍先行商议，可见经过拯救大兵张三丰这一役，张无忌的威望得以巩固。他也通过自己的观察，进一步认识了手下群豪的能力与特点，对内部的掌控也更加熟练。

在此之后，张无忌开始了真正的个人统治时代，独立发号施令，以显教主权威，唯一例外是之后的蝴蝶谷大会，张无忌在会前曾就会务问题专程请教老前辈杨逍，但这主要与会议的层次级别有关。那是一次中层以上全体大会，是明教数十年来未有的盛事，也关系着明教日后的政治路线和气运，规模和档次都远高于此前历次班子会议，并无盛会经验的张无忌请教杨逍，也极为正常。

蝴蝶谷大会的人手分拨与玄机

在成功夺取黑玉断续膏为殷梨亭和俞岱岩疗伤，取得阶段性小胜利之后，明教群豪在武当山上举行座谈会，其间彭莹玉提出召集明教各路首领一会，一方面让大家见见新教主，一方面共议反元大计。这个建议得到了大家的一致认可，最后决定本次大会于当年八月中秋在淮北蝴蝶谷举行，是为明教蝴蝶谷大会。此次大会规模宏大，“诸路教众，凡香主以上者除留下副手于当地主理教务外，概于八月中秋前赶到淮北蝴蝶谷，参见新教主”。

此前四分五裂的明教，终于在六大派围攻光明顶这一巨大危机后迎来了复兴。

在大会准备期内，韦一笑与说不得、彭莹玉承担了刺探工作，寻找赵敏以及六大派中人的下落；张无忌则继续坐镇武当，并因自己刚刚上任，蝴蝶谷大会又是盛会，所以要求熟悉教务的二把手杨逍也留在武当，以供参谋机要、随时咨询。二人之间曾有这样一段对话——

张无忌看了杨逍所撰的《明教流传中土记》，向杨逍提出问题：“本教教旨原是去恶行善，和释道并无大异，何以自唐代以来，历朝均受惨酷屠戮？”杨逍的回答是：“释家虽说普渡众生，但僧众出家，各持清修，不理世务。道家亦然。本教则聚集乡民，不论是谁有甚危难困苦，诸教众一齐出力相助……一遇到有人被官府冤屈欺压，本教势必和官府相抗。”

前文说过，明教与名门正派的根本分歧是政治立场，杨逍的话无疑是佐证。“释家虽说普渡众生，但僧众出家，各持清修，不理世务”，最典型例证就是少林在沦陷区内与蒙古统治者和平共处。保家卫国？那不是佛门中人干的事，他们更重视的是本门本派的传承。明教不一样，他们的目标是让“朝廷官府不去欺压良民，土豪恶霸不敢横行不法”。

这段对话所表达的内容，实则与蝴蝶谷大会的主基调一致：举事，为了黎民百姓。

蝴蝶谷大会议程有二，一是“宣示和中原诸门派尽释前愆、反元抗胡之意，又颁下教规，重申行善去恶、除暴安良的教旨”，把此前小范围传达的新路线方针进行全面普及。二是进行人手分拨，宣告各地并起，共抗元朝，进行有组织起义。

这也是张无忌上任后的第三次人手分拨。具体如下：教主张无忌率光明左使杨逍、青翼蝠王韦一笑执掌总坛，为全教总帅。白眉鹰王殷天正率天鹰旗在江南起事。朱元璋、徐达、汤和、邓愈、花云、吴良、吴祯，会同常遇春寨中人马，和孙德崖等在淮北濠州起兵。布袋和尚说不得率领韩山童、刘福通、杜遵道、罗文素、盛文郁、王显忠、韩皎儿等在河南颖川一带起事。彭莹玉率领徐寿辉、邹普旺、明五等在江西起事。铁冠道人率领布三王、孟海马等在湘楚荆襄一带起事。周颠率领芝麻李、赵君用等在徐宿丰沛一带起事。冷谦会同西域教众，截断自西域开赴中原的蒙古救兵。五行旗归总坛调遣，何方吃紧，便向何方应援。

这次人手分拨有几个细节：一是四大法王中排名靠前的殷天正是江南地区的义军统帅，而排名靠后的韦一笑则与教主张无忌、光明左使杨逍一起执掌总坛，为全教总帅。五散人各自充任大军区司令，率教内中层（各路义军领袖）在各地举事，而张无忌的少时旧友朱元璋、徐达和常遇春等人则独当一面，在淮北濠州起兵，不属于五散人统率的各大军区。五行旗则归总坛直辖，成为机动部队。

先说说第一个细节，有人认为白眉鹰王成了军区领导人，而非总坛主帅，是地位下降的表现，其实不然。重返明教的天鹰旗在江南地区根基稳固，负责江南地区的起义举事本就理所当然，殷天正作为新教主的外公，不任总坛主帅是表面上的避嫌，让他负责江南地区事务，则是实权，也是极大的照顾。反观青翼蝠王韦一笑，虽有总坛主帅之名，实际只是挂名，而且他是诸高层中唯一没有自己队伍的人，势力上并无增强。打个不恰当的比方，如果殷天正是副厅长，韦一笑就是正厅级巡视员，前者级别低半级，却有实权，后者级别高半级，却无实权。

至于后面几个细节，看似无关紧要，却决定了明教日后的走势，光明顶地位的逐步淡化、义军将领的独大、野心家的出现（如朱元璋），都从此时开始。

书中提到，“这等安排方策，十九出于杨逍和彭莹玉的计谋”，这两位都以智计著称，组织教众于各地举事，让元朝统治者疲于应付，也是正确路子。但这次人手分拨的最大奥妙，在于五散人的权柄增加和五行旗归属的改变。

以往的五散人是闲云野鹤，如今却独当一面，且手下涵盖了当时各路反元义军的领袖人物，势力极为庞大。现在要搞清一个问题：韩山童、刘福通、杜遵道、徐寿辉等人在明教中是什么级别？之前隶属于谁？

书中提到，本次蝴蝶谷大会的参与人数众多，“诸路教众，凡香主以上者除留下副手于当地主理教务外，概于八月中秋前赶到淮北蝴蝶谷，参见新教主”，香主又是什么级别呢？按“于当地主理教务”这个工作性质，相当于丐帮的分舵舵主，是明教的中层干部，但香主是不是只身与会呢？那当然不会，为了路上安全，也为了会务畅通，各地香主带几个跟班、小秘实属正常，这也确保了大会的人数——如果仅仅是香主参加，那估计只有百十号人，显然与书中所写的声势不符。另外，一些后备干部或身处附近的弟子也会前往，以壮声势，比如在附近啸聚山林的常遇春，比如身处淮北的朱元璋、徐达等，又比如韩山童的儿子韩林儿……

书中还提到，常遇春是巨木旗弟子，朱元璋和徐达等人则是洪水旗弟子。

他们在教中地位不高，常遇春当年还隶属于起义事败被杀的周子旺。周子旺是弥勒宗的大弟子，为明教支派，以他率一地教众造反的表现，此前在明教本部应该也是香主级别。由此可推断，明教各香主原本隶属于五行旗，五行旗既有自己的正规精锐人马（比如援救光明顶时的队伍），也辖制各地香主率领的教众。另外还有一个佐证，张无忌刚刚就任明教教主时，依照大稳定小调整的思路，进行第一次人手分拨，当时五行旗的工作就是召集、整顿各地教众。

也就是说，这次人手分拨把原先隶属于五行旗的各地香主划给了五散人。五行旗只保留了自己的正规部队编制，直属于总坛，成为机动部队。这里面无疑有点古怪，很显然，作为此次人手分拨的主要策划者，杨逍与彭莹玉“各取所需”了。

先说说杨逍，五行旗变成明教总坛直辖部队，显然是他的主意。此前，拱卫光明顶、受杨逍直接辖制的是天地风雷四门，如今，五行旗归属总坛直辖，杨逍作为张无忌的副手，显然也拥有了调遣五行旗的权力。在后来的屠狮大会上，杨逍亮出自己的秘密武器，由五行旗上演金木水火土的全方位袭击，以行军打仗的方式震慑天下群豪，便是其整编、训练、调遣五行旗的例证。五行旗变为总坛直辖，也使得五散人成为受益人，这显然也是彭莹玉希望的，此后，明教各路人马分片区被五散人接管，他们终于拥有了自己的势力与实权——可惜，这个权力并没有维持多久。而且，这个看似双赢的人事安排，直接改写了明教的未来。

明教自治试验田是新朝代的温床

以往的明教属于江湖，以左右二使四大法王五散人这样的高手闻名，后来的明教属于沙场，以朱元璋、徐达和常遇春这样的名将闻名。

这之间的分割线就是蝴蝶谷大会。

蝴蝶谷大会决定，五行旗由明教总坛直辖，仅保留自己的正规部队，五散人则接手各地明教教众，组织举事。乍看上去，这只是换了个分管领导而已，实则不然。

五行旗时代是兵种管理与区域管理交织，既有金木水火土的兵种划分，又有各地香主的区域管理，因此在同一个地区内，各旗弟子很可能共存。这种模式当然有利有弊，弊端在于管理上存在双轨，免不了交叉。比如说某地教众打架，一个锐金旗弟子联合一名巨木旗弟子、一名洪水旗弟子，痛殴一名烈火旗弟子和一名厚土旗弟子，进而引发大范围争斗，香主解决不了，立马向上级领导汇报。本来这是一个分管领导可以处理的事情，可几位分管领导一看，五行都有份，结果大家都得掺和进来，管理难度大大增加。优势当然也有，比如兵种的细分，按教众的能力特点进行目标式培养，临战时整编部队相对容易。

五散人时代呢？管理上变回单轨制，简化为区域管理，五散人各自辖制一方，各地弟子不再有五行之分，而是根据区域重新整编，此举无疑降低了管理难度，解决了交叉管理问题。但五散人真的能控制各地香主吗？他们大多数时间都跟着张无忌东奔西走，真有空坐镇指挥吗？恐怕连签个字的时间都没有——今天我要征兵，明天他要开战，难道还叫个信使满世界找你们五散人签字盖章写“同意”不成？与此同时，各地香主的势力逐步壮大，成为义军领袖，刘福通、徐寿辉……这些在历史上赫赫有名的名字，在书中个个雄霸一方，坐拥数万甚至数十万人马，手上有人有枪。

杨逍和彭莹玉的整个举事计划，最大弊病就在于缺少了对各地香主的约束。五散人作为各地军区领导，看似已形成了垂直管理，实则并无真正的约束，尤其是低估了义军壮大后的管理难度。五散人的无效管理也进而导致了光明顶地位的逐步弱化，在《倚天屠龙记》尾声，徐寿辉先斩后奏，直接致信张无忌，表示要接收劣迹斑斑的陈友谅，又不听上级领导彭莹玉劝阻，对陈友谅不加防范且十分信任，就已经侧面说明了义军将领的独立趋势逐步增强。

更能有效说明这一点的是江南明教义军和淮北明教义军的走势。

负责在江南举事的天鹰旗是唯一未涌现出刘福通、徐寿辉式豪强人物的明教义军，这是因为其以原天鹰教人马为主体，并由前教主殷天正直接辖制，仍在明教的有效控制之内。而淮北明教义军在人手分拨时就已拥有了极大自主性，是唯一不受五散人直接辖制的义军体系，由“朱元璋、徐达、汤和、邓愈、花云、吴良、吴祯，会同常遇春寨中人马，和孙德崖等在淮北濠州起兵”，参照韩山童、徐寿辉等人的香主身份，以孙德崖的资历，应该也是香主，而朱元璋、徐达和常遇春这些普通五行旗弟子能够在淮北与孙德崖一起举事，当然有张无忌的关照。常遇春是他结义大哥，朱元璋和徐达等人是他少时患难之交，让他们拥有一定的独立性，无疑是照顾和提拔，书中说蝴蝶谷大会的人手分拨“十九出于杨逍和彭莹玉的计谋”，那么剩下的十分之一，很有可能就是张无忌对自己旧日朋友的照顾。当然，这之中还有地域因素，朱元璋等人的举事范围是淮北一地，与五散人等的势力范围相差极大，充其量是一块自治试验田。

可就是这块试验田，最终诞生了新的朝代——明朝。

以天鹰旗为主体，由明教牢牢掌控的江南义军，没有诞生义军豪强（倒是在姑苏一带出现了非明教体系的张士诚义军），五散人控制的区域诞生了刘福通、徐寿辉等义军豪强，而独立自治的淮北区域，不但诞生了朱元璋等后起之秀，还成了最终的胜利者，三者一对比，说明了什么？

明教的控制力越弱，旗下义军的空间就越大。如果在蝴蝶谷大会的人手分拨中，杨逍和彭莹玉的眼光更加长远一些，考虑到总坛对义军的约束，尤其是当一地义军壮大到十几万人时该如何约束的问题，明教的历史很可能会改写。

那位说了，五散人管不了这帮人，难道五行旗就可以？五位掌旗使都是四肢发达、头脑简单的彪悍人物，武功也比不上五散人，怎能约束各地香主？

我的答案是：不一定可以，但五行旗的管理优势大于五散人，如果辅以制度约束，可能性就会随之增大。

首先，如果此前的管理尚算畅顺，用生不如用熟，换言之，如果五散人不见得能比五行旗更好，那还不如继续用五行旗。而且，虽然五行旗的双轨管理很容易形成交叉，但五行本身所含的兵种划分因素，在队伍编制上有着更好的约束力。即使你手下拥有了一百万人，但仍以五行划分，你真要闹独立，锐金旗可能答应，厚土旗可能就不答应。如果能进而在制度上加入制衡因素，就可以有效遏制一家独大的局面。比如每个区域设一正四副五位香主，五人分属五旗，各有专属人马，香主有行政权力，有自身势力，也有临时指挥权，但若无上级领导指令，不得随意调动区域内所有人马，这便起到了彼此制衡的效果。而五散人的分区域管理看似先进，但除了冷谦率领的西域教众因为有着特定的族群因素，管理较为便利之外，其他四人对手下香主的管理都只是通过行政任命而实现。此前没有工作交集，当下也没有实质牵制，一个香主手下有几百号人时，听你五散人的，可壮大到十几万人时，就全是自己的直属兵力了，换成谁都不免飘飘然，野心勃发。

以智计著称的杨逍，终是目光短浅，所看重的只是明教中的权力，心无天下。虽然他在掌控五行旗之后，也曾苦心经营，扩充人马，积极练兵，拱卫光明顶，到屠狮大会时，仅仅锐金旗人马已达两万余人，但相比各路反元义军的壮大，五行旗的势力仍显单薄。至于同样以智计著称的彭莹玉，一心拯救黎民，亦无枭雄风范。明教的一切努力成果，终究会落入野心家之手。

当然，明教自身的理想主义，也是其最终无法获取天下的根源。蝴蝶谷大会后，诸路人众向张无忌告别，“众人虽均是意气慷慨的豪杰，但想到此后血战四野，不知谁存谁亡，大事纵成，今日蝴蝶谷大会中的群豪只怕活不到一半，不免俱有惜别之意。是时蝴蝶谷前圣火高烧，也不知是谁忽然朗声唱了起来：‘焚我残躯，熊熊圣火。生亦何欢，死亦何苦？’众人齐声相和：‘焚我残躯，熊熊圣火，生亦何欢？死亦何苦，为善除恶，唯光明故。喜乐悲愁，皆归尘土。怜我世人，忧患实多！怜我世人，忧患实多！’那‘怜我世人，忧患实多！怜我世人，忧患实多！’的歌声，飘扬在蝴蝶谷中。群豪白衣如雪，一个个走到张无忌面前，躬身行礼，昂首而出，再不回顾。张无忌想起如许大好男儿，此后一二十年之中，行将鲜血洒遍中原大地，忍不住热泪盈眶。”

这是金庸书中极让我喜欢的一段。大好男儿，白衣如雪、依依惜别，然后将鲜血洒遍中原大地，男儿生当如是，一个时代最不可缺的便是理想主义。只是，下一个统治者只会是野心家。

女秘书的潜伏和明教重大责任事故

张无忌上任后，明教群豪对他都很尊敬，只要他一声令下，群雄莫不听从，但只有一件事例外——关于女秘书小昭。

领导有个生活秘书很正常，生活秘书是女的也很正常，就算他霸占了这位女生活秘书，看似不正常，但按当时三妻四妾的德性和官场的一贯腐朽，其实也正常。咱堂堂明教教主，弄个小蜜还不行吗？

行，您请自便，但小昭除外。

杨逍对小昭存着极深的戒心，因为小昭的长相酷似紫衫龙王黛绮丝，而且专门扮丑女被杨逍发现。杨逍据此认为小昭有所图谋，但又抓不住证据，只好给她戴上手铐脚镣（如何换内衣内裤，这真是个问题），让她服侍杨不悔，就近监视。

后来张无忌横空出世，解救明教于危难之际，其间小昭帮了大忙，与张无忌进入光明顶秘道，修习"乾坤大挪移"。张无忌就任教主后，也明确表达了对小昭的喜爱与感激，专门与杨逍探讨她的问题，希望她留在自己身边，也希望杨逍能解开她的手铐脚镣，但可惜钥匙遗失（鬼知道到底有没有遗失），未能如愿。

一开始，杨逍对小昭的顾忌是出于公心，怀疑小昭另有图谋（事实证明他是对的），而在张无忌就任教主后，杨逍仍然对小昭戒心十足，除了公心依旧外，还多少存了点私心——你弄个这么漂亮的生活秘书天天跟着，我那女儿咋办呢？对于野心极大又不能免俗的杨逍而言，"俗气"的政治婚姻显然是他希望利用的招数，要修补与殷天正等人的关系，要赢得张无忌更大的信任，女儿杨不悔与张无忌的渊源都是一张可用的牌。而小昭这位比杨不悔美多了的大美女的存在，显然是极大威胁。

不过张无忌也十分聪明，除了外公殷天正、舅舅殷野王、结义大哥常遇春和少时旧交徐达等人外，在他执掌明教后，没有在内部发展任何新的裙带关系，这也是其明智之处。别说他对杨不悔只有兄妹之情而无男女之情，即使是有，相信他也会压在心里——很多人读罢《倚天屠龙记》，都认为张无忌懦弱无能，但实则低估了他，他只是为人重情且无心权力，换言之缺了一个“狠”字，但除此之外的“领导素质”，他可算是样样具备，尤其是摆平衡的能力极强，不知是否和“乾坤大挪移”这功夫有关（关于张无忌的领导能力，下文会详细叙述）。他显然知道，任何裙带关系都会影响到内部和谐，在教内高层中有一个外公和一个舅舅其实已经颇为棘手，再讨个老婆弄个岳父大人，那绝对不是什么好事——万一外公和岳父吵架呢？万一舅舅和岳父闹别扭呢？班子会议一旦成为家庭会议，这个门派就基本离大乱不远了。

但在小昭的问题上，张无忌确实出现了大纰漏。小昭曾在绿柳庄一役中挺身而出，指挥五行旗抵御元军，此举虽然不能完全让杨逍释疑，但起码证明了她并非存心对明教不利。直到张无忌的海外之旅，才发现小昭原来是紫衫龙王黛绮丝的女儿，瞬间恍然大悟，“原来杨逍也已瞧出小昭的容貌和紫衫龙王颇为相似，只是并无其他佐证，又见张无忌对她加意回护，是以不便明言。至于小昭故意扭嘴歪鼻，苦心装成丑女模样，其用意更是昭然若揭了”，然后又想起小昭当初为何混上光明顶，又如何知道秘道入口，这肯定是她娘紫衫龙王让她去偷“乾坤大挪移”心法，这位女生活秘书跟了自己两年，负责衣食起居，要抄一份心法实在是太简单了……

在这件事上，张无忌的表现实在太差了，毫无戒心，就算他想去演谍战剧，人家估计都不要这么无能的大反派。中土明教的头号机密“乾坤大挪移”心法，就这样被盗了。这其实是张无忌就任明教教主后的第一次也是唯一一次重大责任事故，但张教主并未因此事而被问责——那位说了，谁敢问责教主啊？这倒也是，但更重要的原因是，在小昭彻底暴露身份的事故现场，除了张无忌和谢逊二人之外，再无明教中人，隐瞒事故真相十分容易，即使张无忌面皮薄没有瞒报，主动交代了事实，但小昭已经就任波斯明教新一任教主，一下子从女卧底变成了女王，拿你个心法又算啥啊？就当中土明教和波斯明教的领导人亲切会面，签署了友好互惠往来协议呗。

一场重大事故就此化作无形。聪明人如杨逍，肯定能洞悉一切，但领导犯下的大错误，聪明人一般也不会提起。

一个成为牺牲品的官二代

韩林儿这个形象，率直可爱，忠心耿耿，却不得善终，成了野心家朱元璋的垫脚石。

他是韩山童的儿子，在《倚天屠龙记》中，韩山童大概是明教香主的身份，地位在左右二使四大法王等高层之下，隶属于五散人，在蝴蝶谷大会后举义反元，就此雄霸一方。这么算来，韩林儿可算是明教中的官二代。但这位官二代运气不太好，刚出场就不小心被丐帮的野心家陈友谅抓去了，送到假帮主那里审问。

明教地方势力的独大之势，从丐帮对韩林儿的这场审问中就可以看出许多端倪。比如丐帮执法长老听陈友谅一说，立马一拍大腿，抓的是韩林儿啊！“他是韩山童之子。陈兄弟，你这场功劳可更大了。启禀帮主：韩山童近年来连败元兵，大建威名，他手下大将朱元璋、徐达、常遇春等人，都是魔教中的厉害人物。咱们擒获了这小子作为人质，不愁韩山童不听命于本帮。”

此时是张无忌从海外归来后不久，可见明教义军的迅猛之势（金庸此处所写有违史实，他写朱元璋、徐达等人和孙德崖在淮北濠州起兵，韩山童则跟随布袋和尚说不得在河南颍川一带起事，实际上韩山童举事在前，且不久便被俘遇害，时为1351年，那一年朱元璋23岁，尚未参加义军，两年后他才加入郭子兴的义军，孙德崖则是郭子兴的搭档，后来朱元璋确实与孙德崖分道扬镳，但不可能依附早已死去的韩山童，而是投身其子韩林儿麾下，不过本文还是依书中表述来分析）。

陈友谅也说，“为甚么这半年来只听得明教中有甚么韩山童、徐寿辉，有甚么朱元璋、彭莹玉和尚，却不听得有一个张无忌？可见他定是死了无疑。”虽然这话是为了激怒韩林儿，但也挺说明问题——张无忌去了海外冒险，可杨逍还在啊，范遥和韦一笑也在啊，杨逍身兼光明左使和总坛主帅，范遥是光明右使，韦一笑也挂着总坛主帅的名头，张教主不在，他们要临时主管全面工作，可陈友谅说了谁的名字？朱元璋，那是义军大将，韩山童和徐寿辉，那是原明教香主，如今的各地义军领袖，彭莹玉，那是五散人之一，目前的大军区领导，可总坛的管理者呢？

陈友谅作为一个外人，这句无心之语其实也暴露了一个事实：随着义军的壮大，义军将领的声威已不亚于甚至超过了明教高层们。

韩林儿是老实人，他大声反驳，说：“我爹爹和徐寿辉他们，都是奉张教主的命令行事，怎能和张教主相比？”那位说，他说得对啊，各地义军都是明教中人，韩山童、徐寿辉声势再大，也是明教香主，怎么能跟张教主相比呢？话是这么说，可惜的是，不是每个人都像韩林儿这么想。后来徐寿辉坚持接受陈友谅的归顺，并十分宠信，明教高层的反应就很说明问题——

殷野王本来打算直接前往徐寿辉军中，将陈友谅一刀干掉，结果徐寿辉的信先到了，说陈友谅“诚心投入本教，决意痛改前非，但求教主给予自新之路”，殷野王的反应是必有后患，但已不再明确表态要杀掉陈友谅。作为江南明教义军的主脑，他管不着徐寿辉的行为，倒还算正常，可二把手杨逍却慨叹杀了陈友谅恐怕失了人心，作为一把手的张无忌则对军区领导彭莹玉说“你与徐兄交好，请你便中劝导，小心提防于他”。按照此前蝴蝶谷大会决议，徐寿辉恰恰是彭莹玉的直属下级，让分管领导去找下属说个事，居然是“劝导”而非“命令”，已可看出各地义军的独大和难以控制。更可怕的是，彭莹玉去劝说了，作为下属的徐寿辉居然还不听。

徐寿辉的难以约束应是此时明教义军的常态。韩山童死后，彭莹玉曾向张无忌汇报，表示当时情况是“眼下淮泗军务，由朱元璋兄弟指挥。徐达、常遇春两位兄弟得知讯息，已领兵驰去应援，韩林儿兄弟也同去了。事在紧急，不及等候教主将令”。这话信息量极大，一是表明上任领导韩山童离世后，朱元璋临时主管全面工作，二是徐达和常遇春领兵驰援，韩林儿“同去”，既说明了朱元璋势力强大，拥有徐达和常遇春等名将，也说明了韩林儿此前未在军中，没掌握兵权，而是在教中工作。

但此事之后的发展是“韩山童死后，军中奉韩林儿为主，朱、徐、常等均成了他的下属”，没带过兵的官二代继承父业，原先势力强大的将领反倒没有上位，这是咋回事呢？

毫无疑问，这次接班人的确定经历了一场暗战，朱元璋势力强大，固然是其谋求上位的保障，但同时也不免会招来其他人的猜忌，在这种多方势力并存的系统内，为求平衡，实力最强的那个人往往很难成功上位，除非他的实力具备压倒性优势，不听话就直接灭了你。既然谁也不服谁，那就挑个大家都能接受的外人来吧，谁呢？韩林儿。

这里又带出了另一个问题：之前韩山童战死，朱元璋主管全面工作，这是因为事情紧急，所以“不及等候教主将令”，有情可原。可“军中奉韩林儿为主”呢？这时军情已经稳定，完全可以由教主张无忌和分管领导商议，敲定新的领导人选，可结果却是军中自立韩林儿，可见韩山童这些昔日部下跟徐寿辉一样，已经习惯了自作主张，而且选择此前并未带兵的官二代韩林儿，把这支义军变成了“子承父业”，也可看出各地义军的独立趋势之明显。

可憨厚的韩林儿注定无法统领这群豪强，成了野心家朱元璋的下手对象，沉河而死。

一场人为的割裂

张无忌时代的明教达到了前所未有的辉煌，但这辉煌不过是短暂绚烂，随即归于沉寂。

先说说辉煌。在破解了屠龙刀和倚天剑的秘密之后，张无忌把《武穆遗书》赠予徐达，“此后徐达果然用兵如神，连败元军，最后统兵北伐，直将蒙古人赶至塞外，威震漠北，建立一代功业。自此中原英雄倾心归附明教，张无忌号令到处，无不凛遵。明教数百年来一直为人所不齿，被目为妖魔邪道，经此一番天翻地覆的大变，竟成为中原群雄之首，克成大汉子孙中兴的大业”，以至于“其后朱元璋虽起异心，迭施奸谋而登帝位，但助他打下江山的都是明教中人，是以国号不得不称一个‘明’字。明朝自洪武元年戊申至崇祯十七年甲申，二百七十七年的天下，均从明教而来”。

再说说沉寂。“朱元璋登基之后，反下令严禁明教，将教中曾立大功的兄弟尽加杀戮。常遇春因病早死，徐达终于不免于难。”

在这辉煌与沉寂之间是连场内讧，徐寿辉不听劝阻，坚持宠信陈友谅，结果命丧其手。“后来陈友谅统率明教西路义军，自称汉王，与明教东路军争夺天下，直至鄱阳湖大战，方始兵败身死，数十年之间兵连祸结，令明教英雄豪杰遭受重大伤亡。”

明教群雄，终究只是改朝换代的嫁衣。主宰历史的，是明教普通弟子朱元璋和出身丐帮的陈友谅。

前面说了，蝴蝶谷大会决议是明教发展史上的一个分水岭，此前的明教属于江湖，此后的明教属于沙场。明教的辉煌起于这次会议，日后的沉寂与落寞，同样起于这次会议。

可是，如果时光倒流，蝴蝶谷大会上没有这样的决议，后来的一切是否不会发生？我曾分析过，若沿用五行旗统领各地香主的模式，辅以内部制度上的完善，或可有效阻止各地香主的独大之势。但当明教摧枯拉朽，将蒙古统治者赶出中原后，谁来做皇帝？

张无忌？杨逍？韦一笑？

他们都不可能，因为他们不够狠，不够绝，也不够下三滥。范遥倒是够狠，但又不具大局观，也无野心。那些江湖意气、仗剑天涯，终与逐鹿天下格格不入，二者本无高低之分，但在改朝换代的当口，江湖精英终是比不上厚黑野心家——尤其是农民起义出身的厚黑野心家。

这是一场精英最终输给底层的较量，蝴蝶谷大会决议只是拉开了失利的序幕。

其实在《金庸政治学》此前的写作过程中，我惯于使用一种调侃的态度，极少抒情，也极少表达强烈的好恶，但在此刻，我毫不掩饰自己对书中的精英阶层，也就是明教群雄的喜爱，以及对底层野心家的厌恶。明教群雄有太多缺点，但他们身上有着极浓郁的江湖味道，他们选择血战四野，为的是驱除鞑子，还我中原，这才有蝴蝶谷大会结束时的那一幕：群雄高唱着“焚我残躯，熊熊圣火，生亦何欢？死亦何苦，为善除恶，唯光明故。喜乐悲愁，皆归尘土。怜我世人，忧患实多！怜我世人，忧患实多”，他们“白衣如雪，一个个走到张无忌面前，躬身行礼，昂首而出，再不回顾”。

这是金庸小说中我最喜欢的一幕，理想主义的光辉在这一刻绽放。即使，这些白衣如雪的大好男儿中暗藏着一些野心家；即使，此后的一切把明教拖向了另一个轨道。

其实，这是一场人为的割裂，张无忌是一个不错的教主，但他只属于江湖。明教是一个立足于穷苦百姓的教派，但选择的是精英解救万民的路线，从扎根光明顶这种一般人压根上不去的地方，到左右二使、四大法王和五散人这样的精英组织架构，都体现了这一点。张无忌就任教主后，尽管在层级管理上逐步制度化，但领导层的人员结构并未改变。众位领导闯荡江湖，基层教众则蜕变为正规军人，征战沙场，二者的界限越来越明显。

张无忌时代的明教，随着各地香主变身义军豪强，手下兵多将广，大军攻城略地，他们的思维也开始与当年丐帮的净衣派类似——没错，明教是江湖门派，旨在济世救人，但那是高层的路子，而在中下层，明教已退化为一块招牌。比如一个香主扯起大旗，说咱要起兵反元，驱除鞑子，兄弟们快跟着我干，人家说你胆子真大，勇气可嘉，该香主一拍胸脯说："那还用问，咱是明教的，张教主神功盖世，手下人才济济，跟着明教干，绝不会吃亏，什么？你想去投奔张士诚，他那儿哪比得上我们？咱明教家大业大，互相呼应，安全系数高，要反元，咱还得跟明教。"一切仿似求职，明教名头响起点高，世界五百强，即使以后跳槽时平台也不一样，待遇好包食宿办公环境优越……就这样，各地香主们拥有了自己的政治资本。

与此同时，高层们在做什么？没错，张无忌做了很多事，粉碎了成昆的阴谋，"勾引"了元朝郡主，可推翻元朝这事儿，真正起作用的还是明教底层军人——张无忌拥有指挥权，但大多数时间里，他还在忙于混江湖。

在这个历史过程中，张无忌没有转型，杨逍范遥韦一笑们也没有转型，他们仍属于江湖，转型的是朱元璋们……所以，最终结果不是明教成了明朝，而是明朝踩在明教的身子上站了起来。

张无忌的大智若愚

张无忌从一个孤儿成长为明教教主，中间自有艰辛，也有奇遇，都是正统武侠小说的男一号成长模式，性格也是典型男一号。尽管在感情上有点优柔寡断，但生性仁厚，而且有主角加成，人见人爱，所向披靡。而说到政治，因为最终被野心家朱元璋篡夺革命果实的缘故，很多人都对张无忌的能力不太看好。没错，因为精英阶层与底层的人为割裂，明教未能在这场风云变幻中成功转型，但张无忌损失了什么？

作为教主，他将原先四分五裂的明教拉回正轨，并率众起事，创造了明教历史上的巅峰，最终急流勇退，抱得美人归，你说他损失了什么？没做皇帝？要想江山稳固，那得有多累？朱元璋即位后大杀功臣，杀到举目无兄弟，殚精竭虑，一世不得安乐，可他一死去，子孙仍陷入内斗……

无欲则刚，一个人没有野心，恰恰是最大的智慧。

《倚天屠龙记》尾声，朱元璋迷倒张无忌和赵敏，设局瞒骗了张无忌、徐达和常遇春三人，这一石二鸟之计，使得徐、常二人相信韩林儿确实通敌，也使得张无忌心灰意冷，最终放弃教主之位，就此隐居。可朱元璋的这个局实则漏洞多多。张无忌被药迷翻，醒来后便静候朱元璋出现，结果一等就是一个多时辰，按张无忌自己的想法，是“这些绳索想要绑住我，却也没这么容易，此刻敏妹未醒，不忙便走。待得天明，在诸教众之前揭破他的奸谋”，但这是张无忌的单方面想法，你朱元璋不能指望被你暗算的人还配合你的工作，被你卖了还帮你数钱啊！一个多时辰，等于两个多小时，这时间太长了，万一张无忌耐不住性子蹦出来呢？就算他空口无凭无法指证朱元璋，但起码可以让徐达和常遇春知道他的到来，这样一来计划便基本破产了，朱元璋最好的选择应该是掐算张无忌醒来的时间，并在他醒来不久时便拉着徐、常二人到场。

再就是朱元璋与徐达、常遇春的对话，他倒是下了套，上来就说“此人背叛我教，投降元朝，证据确凿，更无可疑，令人痛心之至”，然后不等二人回答，立刻加上一句“这人耳目众多，军中到处是他的心腹，咱们别提他名字”。这思路确实不错，不透露名字，结果徐、常二人以为朱元璋说的是韩林儿，张无忌却认为说的是自己。此后的对话，所有关键之处也都滴水不漏，比如“但这小贼总是咱们首领，咱们可不能忘恩负义”，“这小贼平素于本教教众颇有恩德，两位兄弟又跟他素来交好，这事可万万不能泄漏出去”，套在张无忌和韩林儿身上都无不妥。而且，朱元璋已经吃准了张无忌的心理，“料张无忌素以复国大事为重，对徐常二人只是情若兄弟，只要这番话给他听在耳中，定会悄然而去”。

可问题是，万一张无忌听到第一句“此人背叛我教，投降元朝，证据确凿，更无可疑”，就跳出来否认呢？这帽子扣得这么大，谁愿意戴啊？他要是一跳出来，估计徐达和常遇春二人立马就得汇报情况，什么局都得穿帮，后面的戏立马演不下去。

这场戏，主谋朱元璋确实有一个漂亮的构思，但远远算不上天衣无缝，之所以能顺利演到闭幕，是因为徐达、常遇春和张无忌三位都积极配合——问题来了，徐达和常遇春配合你也就罢了，张无忌干吗也配合你？绑在那里一个多时辰都不出来撒个尿，被扣一个通敌的大帽子也不出来分辨，这种牺牲自己配合你的精神是怎么来的？

只有一个解释，张无忌不想玩了，所以才会心甘情愿陪你演这场戏。

所以，我更相信这种判断：与其说张无忌被朱元璋瞒骗，倒不如说他在找一个机会瞒骗自己。与其说张无忌是因为朱元璋的设局而心灰意冷，倒不如说他在找一条路让自己心灰意冷。或许他确实没看清这个局的内情，或许他确实把三人口中的韩林儿当成了自己，又或许他看清了，只是装糊涂，但无论如何，对于他而言，这是一个极好的退隐机会。

随着各地义军的壮大，元朝江山已是摇摇欲坠，明教的组织目标完成指日可待，改朝换代已是大势所趋。可是，谁来做新皇帝？尽管当时还有张士诚和方国珍等义军，但声势最大的无疑是明教义军，张无忌作为教主，无疑是新皇帝的大热人选，但这位大热门偏偏不爱做皇帝。本来你不爱做皇帝也没问题，大把人抢着做呢，可张无忌偏偏是明教教主，理论上来说，还就得让他来做。麻烦来了，你坐在一个顺理成章的位置上，却不想水到渠成做皇帝，说好听点是你淡泊，可说得不好听呢？那叫占着茅坑不拉屎，给大家添乱，反倒会成为大家的眼中钉。

其实在官场中常见这种状况：你能力很强，但淡泊名利，只想做好分内事，谋个三餐温饱即可，满以为这样就可以避开权力斗争，不至于被人算计，谁知还是有人天天盯着你，恨不能将你除之而后快。为啥呢？人家会觉得你占着茅坑不拉屎啊，不想上位还那么拼命干活干吗？于是，你就成了假想敌，大家背地里深情问候你祖宗十八代，中国官场的逆淘汰，这种情况也是其一。

张无忌就面临这样的麻烦，作为一个很有理想的好同志，他致力于驱除鞑子的大业，但又不想做皇帝，有人就说了：你又不想当皇帝，瞎折腾个啥啊？就算要折腾，你跟着折腾也就算了，还占着个教主位置。

前面说了，在张无忌执掌明教的过程中，明教形成了人为的割裂，精英阶层（即明教高层）仍埋头于江湖路线，各地香主（即中下层教众）则致力于军事化、割据化，积极扩张自身势力。尽管这种状况的发生，根源在于明教教义的理想主义与现实的极大冲突，但作为现任掌门，张无忌仍是难辞其咎。我不能确定他是否看清了这个问题，但可以确认的是，不想做皇帝的他，面对明教的急速扩张和战场上的摧枯拉朽，已经有了寻一条退路的打算，而在濠州发生的这一切，恰恰给他提供了一个机会。他的离去，即使不是主观有意而为之，也是潜意识的真实反映。

在这个过程中，最关键的时刻也许是张无忌从昏迷中醒来，等待朱元璋到来的那一个多时辰里。堂堂明教教主，被绳索捆绑，困于暗室，却不急于脱困，打算静观其变、必要时揭穿阴谋固然是一个原因，而更重要的原因，也许是他需要这样一个思考的空间和时间——此前的他，忙于反元大业，忙于营救谢逊，身边亦总有人陪伴，政事、情事纷杂，一直未有停顿。人生啊，总得像楼盘广告里面说的一样，要找个时间慢下来，静静想一想，自己得到了什么，失去了什么，未来该做些什么。

眼下是个好机会，手脚不能动，只能动动脑子了，张无忌开始审视自己：混得不错嘛，年纪轻轻已是一教之主，光明顶上只身击退六大派，万安寺中拯救群雄，带领明教群豪创下轰轰烈烈的反元事业，屠狮大会上力战三僧，击退元兵……可是，人生不是这样的，楼盘广告和心灵鸡汤里都说过，人要在忙碌的生活中看清生活的真谛，懂得取舍之道，买一套依山傍水的房子隐居吧，那是心灵的归依。

如果直接说“我不干了”，大家一定会挽留，如果把朱元璋这种业已举足轻重的人物干掉，又会扰乱大局，借机离去，无疑是张无忌最好的选择。

在政治中，最难做到的事其实便是放弃权力，因为权力能让人拥有太多，权力也能让人异化。许多人曾经淡泊，但尝到权力滋味后立刻甘之如饴，终至走火入魔，所以但凡主动放弃权力者，都堪称有大智慧，因为他们克服了人性中最难克制的贪欲。

优柔寡断的张无忌、缺点多多的张无忌，在那一刻没有贪恋权力，他是一个有大智慧的人。

既然是逆淘汰，那咱就得找个能人不上位的理由啊，这个时候被搬出来的往往是“德”。因为工作实绩可以量化，可“德”呢？大的品德，如正直、善良等，当然可以通过社会基本价值观去衡量，但还有很多时候，“德”却是个虚无缥缈的东西，很难把握，这玩意儿落在某些人手里，便进可上纲上线，退可视而不见。

所谓德才兼备，在逆淘汰中往往变为有德无才，而在阴暗官场形态中，“德”也不见得就能具备，无非是提拔自己人的工具而已。说你有德你就有，哪怕你天天伸手要钱霸占民女；说你没德你就没，哪怕你只是跟女同事开了个玩笑……

官场上常见这种情况：新领导刚到位时，情况尚不熟悉，全靠第一印象，让你暂时主管部门全面工作，后来慢慢熟悉了情况，在组织架构、人事等方面综合权衡考虑，也许会另外安排其他人选。五行旗的指挥权之变同样源于张无忌的综合考虑，唐洋暂时主管全面工作，是因为他的敢于担当，但当张无忌熟悉明教情况后，就会发现在五行旗内部提拔一个人显然存在弊端。

为过去买单的杨逍

在张无忌就任教主后，杨逍作为二把手，权力和利益都得到了保障，始终处于中枢，张无忌做决策时经常和他商量，蝴蝶谷大会的决议由其负责拟定，教主不在时由他主管全面工作……

杨逍同志，领导这么信任你，你该感恩图报，努力工作啊！

可事情这么简单吗？在一个单位里，上任领导卸任了，新领导没到位，这期间单位乱糟糟，不少人都想做领导，你是其中势力最大的，把其他人都逼走了，自己在领导办公室里一坐就是十几年，野心如司马昭之心，现在新领导来了，你还坐得住吗？新领导是好人，不假，新领导很信任你，也不假，但这不等于没事发生过，风平浪静时或许没人提这些，可万一哪次班子会上大家拌嘴，可能就旧话重提，说："你杨逍当年野心极大，现在是不是还揣着一肚子花花肠子啊？"而且你跟别人都闹翻了，这关系如何修补？作为二把手，你又如何起到承上启下的作用，为教主分忧？

只要是聪明人，遇到这种局面，都会主动寻求解决办法，修补各种关系。比如及时站队，积极靠拢新领导；比如跟以前的对手们主动和解，比如搞个政治婚姻啊、送个礼啥的。没办法，这就是政治，不管你喜不喜欢。

又有人说了，惹不起咱躲得起，有没有办法避开这些事？当然有，办法是从一开始就不要参与争斗，做好自保措施即可，你不争权，就不会在风口浪尖上，即使你想做领导，也没必要跟人打架，做好自己的事，水到渠成是最好的模式。

杨逍的问题就在于初时野心极大，有争权之心，又性子傲慢，不得人望，结果跟大家闹得不可开交，最后这教主的名号也没捞着。

没办法，咱得为过去买单，于是，杨逍做了不少努力。比如前文提到的他与殷天正的那次“深情对望”，其实就是寻求和解、统一思路；又如在奔赴武当的路上，他略微留力，给足殷天正面子，也是对这位教主外公的尊重；到了蝴蝶谷大会上，他与彭莹玉合力定计，把五散人捧为各大军区领导，也是在寻求与五散人的和解。

当然，咱还得打点好教主。咦？教主是老相识啊，当年，教主正当少年时，一诺千金，千里送孤女，把杨不悔带到昆仑，亲手交给杨逍。这是大大的恩情，也是大大的交情，咱没忘，教主也没忘，很显然，杨逍手里握着一张好牌——杨不悔。

要说杨逍没有把女儿许配给张无忌的意思，那是假的，他因此事被人打趣亦乐呵呵，而到了张无忌向他转告杨不悔的心声时，说了句“我另有一事要和杨左使相商，那是关于不悔妹子的”，杨逍的反应是“只道他要开口求婚，心下甚喜”，并立刻极其露骨地表示“不悔的性命全出教主所赐，属下父女感恩图报，非只一日。教主但有所命，无不乐从”。对于他而言，成为张无忌的老丈人无疑是最好的选择，这将巩固其光明左使的地位，也可以成功打消张无忌对他可能会产生的疑虑。而且，张无忌本人年少英雄，德才兼备，绝对是上好的女婿人选。

这可能会让许多人觉得刺眼，因为杨逍算是《倚天屠龙记》中的一个偶像人物，我曾见过无数花痴女在网络论坛上撰文慨叹他对纪晓芙的情意，他的英俊潇洒，但很可惜，那不是真正的杨逍，这世界的真相从来就与花痴女的脑袋格格不入。金庸在《倚天屠龙记》尾声用“年老德薄”四个字作为杨逍的定论，并非无缘无故。杨逍为人固然不坏，但也绝非花痴女臆想中那样脱俗，一个野心极大的人，一个能为教主之位所牵绊的人，用各种手段维持自身地位实属正常，更何况，给女儿找个好老公，自己跟着沾点光，只是功利心作祟，算不得什么坏事。

但让杨逍没想到的是，张无忌提出的居然是杨不悔和殷梨亭的婚事。这剧情太狗血了，当年自己占有了殷梨亭的未婚妻，现在自己的女儿又爱上了殷梨亭，出来混难道真是要还的？而且杨不悔和殷梨亭年纪差了一大截，辈分也扯不清楚，本来打算做教主岳父，结果成了中年苦情男的岳父，好尴尬啊。可张无忌的话确实说到他心里去了："殷六叔还不到四十岁，方当壮盛。不悔妹子叫他一声叔叔，也不是真有甚么血缘之亲，师门之谊。他二人情投意合，倘若成了这头姻缘，上代的仇嫌尽数化解，正是大大的美事。"

是啊，嫁给张无忌是政治婚姻，嫁给殷梨亭同样也是政治婚姻，横竖都是政治，既然小张无意，何不退而求次，借此化解上一代的恩怨，起码，你杨逍以后也可以堂堂正正在武当山逛逛，不用闭门不出防尴尬了。而且，杨逍同志，你可要明白，这是体现你大局观的时刻——你要是答应了这桩婚事，就是消弭了武当和明教之间的芥蒂，甚至有助于二者的同盟，咱教主张无忌跟武当那么深的渊源，你把这事儿解决了，那可真是给教主分忧了，而且这就是点个头的事，女儿都摆明倾心于殷梨亭了，难道你还棒打鸳鸯不成？

再说，以张无忌和武当派的关系，殷梨亭就如其亲叔叔，这一起政治婚姻仍可将杨逍与张无忌的关系继续拉近。

这是一场武当与明教的联姻，意味着一直处于江湖名门正派对立面的明教首次与名门正派联手，不但意味着明教路线的改变，也意味着江湖格局的重大变化。杨逍在这次联姻中所起的巨大作用，无疑有助于他个人地位的巩固。

进可上纲上线，退可视而不见

《倚天屠龙记》尾声，张无忌误中朱元璋奸计，心灰意冷，将教主之位传于杨逍，可“后来杨逍虽继任明教教主，但朱元璋羽翼已成，统兵百万之众，杨逍又年老德薄，万万不能与他争帝皇之位了”。

“年老德薄”四字算是金庸对杨逍的最终评价，亦十分贴切。

这位明教光明左使，年少成名，武功卓绝，悟性奇高，而且一表人才，是偶像级人物，但整部《倚天屠龙记》看下来，他的表现确实乏善可陈。先是在阳顶天死后争夺教主之位，与其他各派系交恶，几成孤家寡人，光明顶一役遭成昆暗算，险些使得明教遭遇灭顶之灾，跟随张无忌之后，尽管屡屡出谋划策，承担大量工作，但蝴蝶谷大会决议使得光明顶权威被逐步弱化，各地义军将领出现独大之势，终至无法挽回……

如果说以上还是“技术性失误”的话，“德薄”二字则是杨逍绕不过去的坎儿。当然，这不全是他自己的问题。

咱选干部，都说要德才兼备，这要求当然在理，有才无德之人，危害性往往比无才无德的要大得多，但中国的封建官场，千年以降，核心不外乎三个字——逆淘汰。当逆淘汰遭遇“德才兼备”这要求，事情就会变得有点麻烦。

所谓逆淘汰，说简单点就是咱宁愿用一个水平不怎么样的，也不用你这种能力强的。既然是逆淘汰，那咱就得找个能人不上位的理由啊，这时被搬出来的往往是“德”。因为工作实绩可以量化，可“德”呢？大的品德，如正直、善良等，当然可以通过社会基本价值观去衡量，但还有很多时候，“德”却是个虚无缥缈的东西，很难把握。这玩意儿落在某些人手里，便进可上纲上线，退可视而不见。比如你霸占女下属，当然是大德有亏，还触犯刑律，但你要是爱跟女同事唠嗑开玩笑呢？有人会觉得没啥，有人觉得你不庄重不成熟，还有人会觉得你私德有问题，甚至会拿来做你不能上位的理由——看到没，也许只是屁大的小事，可别人上纲上线还是视而不见，全在一线之间。

也正因为“德”在某些时候的“不确定性”，在阴暗的官场形态中，它往往会成为一种制造逆淘汰的工具，而且极为便利。你的一言一行、一举一动，平时不被人谈起，但在关键时刻却往往成为话柄，这些理由甚至千奇百怪，比如“他那次赴宴衣服有点脏，摆明是看不起领导”，“他有一次说单位平均年龄有点大，摆明是想干掉老同志”，“他说某人的老婆很漂亮，摆明是心怀不轨”……

别笑，这都是官场生态中极常见的现象，尤其是在要提拔一个人时，说这类话的人更多，三年前的话、五年前的事，都随时可成为不可提拔的佐证。

那位说了，这也是你自己的问题啊。你得罪了人，人家就在关键时刻给你下个绊子。这话还真没说错，许多人才都有点脾气和傲气，换句话说就是不成熟不世故。可不成熟不世故难道是有才者的专利？非也，其实从气质修养的角度来说，既没水平又有脾气的人更多，但人们往往把目光和争议集中于有才但有脾气的人，原因很简单，有才的人本身就更抢眼，能够成为大家瞩目的中心，所以木秀于林，风必摧之。

说到底无非一句话：人怕出名猪怕壮，才华本身就是一把双刃剑，杨逍就遭遇了这个问题。

恰恰因为才华是一把双刃剑，所以中国官场生态强调中庸之道，本来中庸二字含义不坏，可在阴暗官场形态里，这俩字亦不可避免地被异化，往往成了老好人、和稀泥的代名词，反正咱谁也不得罪——你单位里有没有这样的老好人领导？一定有，这种人当不了一把手，却往往是班子或中层里的“标准配置”，其上位原因也很简单：让甲上，乙有意见，让乙上，甲有意见，那好吧，你们俩谁也别有意见，咱挑个老好人上位，反正他谁也没得罪，没人说他坏话。

这种逆淘汰模式，后果往往更为严重——有德无才者的危害性，很多时候甚至大于有才无德。因为有才无德之人，往往贪图政绩，坏事做得固然多，但有时也干点好事取悦于民，而且因其无德，即使用心险恶，也容易被人察觉认清；可有德无才的人呢？无才便做不了事，偏偏又有德，事事都以大义之名行之，你要是驳斥他决策错误，他就跟你讲奉献，这类型的领导其实还真不少，搞到下面一团糟，你要是不服气，人家还一把鼻涕一把泪，说我容易嘛，老娘病了我都坚守岗位，老婆临产我都没陪着，孩子发着高烧我还奋斗在工作第一线，为了工作我天天熬夜，鞠躬尽瘁，就差死而后已，你们怎么可以这样质疑我呢？你们怎么不说是你们能力差、执行力不够呢？

看到没？如果用道德标准来衡量工作实绩，领导就立足于不败之地。

所谓德才兼备，在逆淘汰中往往变为有德无才，而在阴暗官场形态中，“德”也不见得就能具备，无非是提拔自己人的工具而已。说你有德你就有，哪怕你天天伸手要钱霸占民女；说你没德你就没，哪怕你只是跟女同事开了个玩笑……

说了这么多，咱们回头说杨逍。前面说过，杨逍此人野心极大，也并不脱俗，颇为功利，算不得上乘人物，但要说才华，在明教众人中亦算翘楚，阳顶天对他也宠爱，不但将年纪轻轻的他提拔为光明左使，还破格传授“乾坤大挪移”。可就是这样一个人，在明教中居然人缘极差，殷天正与他不睦，韦一笑与他不睦，五散人不待见他，五行旗也不听他的，唯一与他关系不错的范遥，还失踪多年，所谓杨逍一派，就是他孤家寡人带着天地风雷四门。

人缘不好，这可是缺“德”的体现，咱们选干部最讲究群众基础，人缘好说明懂得协调、善于沟通，杨逍显然不具备这一点。他野心大，又不懂得藏锋，而且作为明教中难得的知识分子，能著书立说，偏偏明教教众以下层劳苦人民为主，二者间天然就有一条鸿沟，周颠看杨逍不顺眼，显然也有这方面的原因。

“德薄”的杨逍，在明教分裂时被孤立，即使后来因为张无忌的心灰意冷而得到接班机会，却也因为缺乏群众基础，难以与朱元璋抗衡，无法改变明教胜利成果被篡夺的结局。反观他的对手朱元璋，同样野心极大，却心黑脸皮厚，深谙权谋之道，内敛深沉，野心不易被人察觉，而且出身贫苦，能与中下层打成一片，显然非杨逍所能及——与群众打成一片，也是“德”的标准之一呢。

杨逍一手打造的明教特种部队

蝴蝶谷大会给明教埋下了极大隐患，杨逍和彭莹玉的举事方略缺少了对各地香主的制度约束，最终导致光明顶地位的逐步弱化，地方豪强的独大。但要说杨彭二人完全没考虑到要增强光明顶总部的力量，那倒还真是冤枉他们俩了。尤其是对于极具野心的杨逍而言，让光明顶的武装力量随着明教的各地举事走向正规军事化，不但是一大政绩，也是其培育自身力量的一大契机。而且明教干的是谋反的大事，大本营能不巩固吗？只是光明顶地处边陲，而且是弹丸之地，扩军工作注定跟不上各地义军壮大的步伐，再加上制度缺陷，才导致了最终的结果。

当年，明教的核心武装力量是五行旗，到了张无忌执掌明教后，虽然各地义军逐渐壮大，但总教所倚仗的部队仍是五行旗。

当年的五行旗是什么样子呢？在六大派围攻光明顶时，他们参与了多场厮杀，让人印象最深刻的当然是锐金旗、洪水旗和烈火旗大战昆仑、华山和崆峒三派，八九百人在沙漠中混战，即使是见过大场面的武林高手也觉得瘆得慌。后来峨嵋派加入战团，灭绝杀了庄铮，锐金旗死战不退，最终只余数十人。

前面分析过，在蝴蝶谷大会前，五行旗是明教各地香主的直属上级，如常遇春、朱元璋等普通明教弟子都分属各旗，但五行旗紧急驰援光明顶，不可能在全国各地召集人马，担纲主力的应是五行旗的一支常备军，相当于掌旗使的亲卫部队，顶多在沿途各地香堂中补充几个骨干人员。按常理推测，掌旗使的亲卫部队肯定是一旗精锐，所以才能和昆仑、华山和崆峒三大派斗个难解难分。但此时的五行旗尽管出动三旗精锐数百人参战，但仍采用混战模式，显然，五行旗没有脱开江湖路子。

蝴蝶谷大会上，各地香主开始由五散人节制，五行旗则成为总教直属部队。作为总坛主帅之一的二把手杨逍，成为了五行旗的直接指挥者。

杨逍同志所做的，就是展开大练兵运动，将五行旗由江湖路子改造为正规军。

到屠狮大会时，杨逍展示了他的练兵成果，这成果忒吓人了——光明顶下八九百人的混战，已经让许多见惯杀戮的江湖豪客感到残忍血腥，而屠狮大会上的五行旗呢？一人未杀，制造的恐怖效果绝对更甚。

当时，峨嵋派用霹雳雷火弹制造恐怖气氛，甚至以此讥讽张无忌，杨逍一看教主受委屈了，当场冷笑道："霹雳雷火弹雕虫小技，何足道哉？既奈何不了武当二侠，自亦奈何不了武当嫡传的张教主。你们峨嵋派以借助器械逞能，且让你们见识见识我明教的器械。"

一场演习就此开始。

先是锐金旗教众的五百枝长箭、五百枝标枪、五百柄短斧，围成三个圈子，整整齐齐；紧跟着是巨木旗五十根千斤巨木两两一对，相互撞击；然后是烈火旗的"火焰喷射器"，洪水旗的二十部装满剧毒腐蚀药水的水龙；最后是厚土旗的四百人突然从地下冒出来，顷刻间填平场内大坑。

这种全方位立体作战模式，压根不是江湖路子，而是行军打仗的路子，甚至是特种部队的路子。江湖中人身手再高，也躲不过这种立体打击。五百枝长箭、五百枝标枪和五百柄短斧可以把你整成肉泥，五十根千斤巨木荡来荡去，可以把你砸成肉饼，火焰喷射器可以把你烧成烤肉，毒水可以把你腐蚀为烂肉，最后让厚土旗把你活埋了……一时间，场上人人为之惊恐变色。

书中说了，"近年来明教声势大盛，五行旗各旗相应扩充，锐金旗下教众已有二万余人。这五百名投枪、掷斧、射箭之士，乃是从二万余人中精选出来的健者，武功本来已有相当根柢，再在明师指点下练得年余，已成为一支可上战阵、可作单斗的劲旅”，而巨木旗的巨木撞击阵法，“乃是从攻城战法中演化出来”。

由此可以推断，五行旗成为明教直属部队后，总人数应在十万人上下，而且“将兵法战阵之学用于武林豪士间的群殴，人数既众，部勒又严，加之习练有素，天下任何江湖门派莫能与抗”，相比此前六大派围攻光明顶时的五行旗，杨逍的练兵成果卓有成效。

这支部队不但在江湖中想灭谁就灭谁，在战争中其实也足以自保，拱卫光明顶绝无问题，不过要靠这个遏制各地义军的独大之势，显然未够——即使你能够用武力压倒一路义军，也无法改变各地义军纷纷独大的局势。制度远比武力更有效，可在节制各地义军这一问题上，明教缺少的恰恰是制度。

对自己狠的聪明人

相比杨逍，我倒是颇偏爱范遥。此人淡泊名利，是明教中少数不参与争权的少壮派，甚至因为担心被明教兄弟撞见，奉他为主，干脆易容化装，远离斗争漩涡，仅凭这一点，范遥的见识便超出他人一大截——他能力虽强，但以明教形势来看，几位竞争者的实力其实相差不大，谁也没有压倒性优势，要是他真的自成派系，参与夺位，顶多也就是杨逍或殷天正的成就，教主肯定当不上，反会把自己扯入漩涡之中，自寻烦恼。

更难得的是，他虽淡泊名利，却非隐士型的人物，对明教忠心耿耿，参政议政非一般积极，而且对自己特别狠，为了组织利益不惜抛头颅洒热血，这种人作为下属，执行力绝对一流，你还不用担心他有野心。

阳顶天失踪后，众人遍寻教主不获，内部便出现各种异动，范遥却始终坚信教主未死，仍到处寻访，后来发现成昆与玄冥二老图谋明教，三人皆是汝阳王手下。此时的范遥决定卧底，可作为大名鼎鼎的逍遥二仙之一，英俊潇洒，认识他的人这么多，要是光弄点面粉、泥巴涂脸，在老江湖眼皮底下就跟做面膜一样，你还能天天贴着补水面膜满街跑吗？那时候又没有整形手术，咋办呢？

心狠手辣的范遥，为了明教安危，毅然毁容，变成一个带发头陀，然后还染了头发，跑去了西域的花剌子模国。这个举动，一般人想都想不到，也很难理解，韦一笑就表示理解无能，问你跑那么远干吗啊？而且毫不相干啊！杨逍则立刻反应过来了，表示“此计大妙。韦兄，范兄弟到了花剌子模，找个机缘一显身手，那边的蒙古王公必定收录。汝阳王正在招聘四方武士，花剌子模的王公为了讨好汝阳王，定然会送他到王府效力。这么一来，范兄弟成了西域花剌子模国进献的色目武士，他容貌已变，又不开口，成昆便有天大本事，也认他不出了”。

能干出这事儿的，明教之中只会有范遥一个，其他人无此智计，有此智计的杨逍又舍不得容貌和地位。对自己狠的人不一定聪明，聪明人一般都舍不得对自己狠，又聪明对自己又狠的人，绝对是鬼见愁级别的。

后来，范遥重返明教，在万安寺一役中出了大力，但此后的表现就乏善可陈，表现机会不多，而且有点尴尬的是（不是他范遥尴尬，而是领导尴尬），因为错过了蝴蝶谷大会，总坛主帅已定为张无忌、杨逍和韦一笑三人。他又无自己势力，领导该怎么安排他呢？安排高了，不好平衡，安排低了，人家牺牲这么大，资格也这么老，咋办呢？

从书中线索来看，张无忌还是很聪明的，他没有增加总坛主帅，也没有为这事儿专门开会，只是利用行政级别和职务这两条线，轻易地解决了这一问题。

啥意思？咱举个例子，如果你所在的局是厅级单位，那么局长是职务，正厅级就是级别。这两条线平时关联很大：比如你是副科级别，就不可能做正处级的办公室主任。但有时又可分开：比如你是副局长，局长退休了，你级别还没到正厅，但可以主管全面工作；又比如你是正厅级，但年事已高，要退居二线了，就给你安排个巡视员……这两条线怎么用，全靠领导决定，封建官场也是如此，品级和职务永远是两码事。有的人品秩极高，却无实权，甚至是候补官员；有的人品秩极低，却大权在握。具体到明教，左右二使、四大法王这些名头，都是级别，或者可以说是爵位，而如总坛主帅、五散人和白眉鹰王的军区领导头衔，则是职务。

范遥回归明教，光明右使的级别依然保留，职务上的安排则未点明，不过屠狮大会上有一个细节：因为张无忌不在教中，“明教群豪只得权宜为计，于端阳节前十日由杨逍、范遥率领，尽集教中高手，来少林寺要人”，而当张无忌露面后，群雄大喜，“杨逍与范遥谢过擅专之罪”。

率领群雄的是杨逍与范遥，“谢过擅专之罪”的也是杨逍与范遥，这说明在一把手出外之际，左右二使共同承担起了领导责任，而非担任总坛主帅的杨逍与韦一笑组合——在这个时候，明教动用的是行政级别而非具体职务。

那位说了，这样一来，明教不是回到阳顶天时代的老路上了吗？没错，我曾经写过，“阳顶天时代的明教在高速发展、十分兴旺的状态下，原有组织架构已经无法承载人才的暴增，所以只能设置各种爵位满足大家的需要（比如黛绮丝被授予法王），但爵位和职位其实是两码事，所以导致了这批高层间彼此并没有真正的层级之分”，而且因为阳顶天壮年失踪，失去了人事制度改革的机会，最终导致内部纷争乃至分裂。

但此一时彼一时，在张无忌入主明教后，原有的层级模糊其实已被打破。比如蝴蝶谷大会上的人事安排，五散人不再是可有可无的爵位，而是成为了各大军区的领导，法王也各有任用，还确定了总坛主帅，各层级隶属关系已经建立，阳顶天当年未能完成的人事制度改革，此时已然展开，“二使四法王五散人”这个原有的层级模糊的架构，已被蝴蝶谷大会人事任命所取代。张无忌对众位元老的安抚也颇为得力，尤其是对光明左使杨逍的二把手地位予以明确，这一点也为范遥的地位确定铺平了道路。此时的范遥，即使没有总坛主帅的职务，但短期内以光明右使的身份参与教务，在张无忌出差期间与杨逍临时主管全面工作，也属顺理成章，不会招来非议，更不会打乱明教已有的层级制度。张无忌所需要做的，只是在下一次大型会议上对领导班子重新进行分工，给予范遥具体职务——还是那句话，走级别线还是走职务线，全靠领导决定，用好了，就可以破解短期内的人事难题。

五行旗是政绩工程，但非私人部队

在明教内乱期间，五行旗作为一个独立体系参与了教主之争。这一派系的劣势在于业务能力较弱，五位掌旗使的武功与五散人相比都有较大差距，更别说跟左右二使和四法王比了；五位掌旗使又都是粗犷型人物，领导能力和个人魅力欠佳。但优势在于特殊的组织模式，金木水火土缺一不可，天然性拴在了一起，而且旗下教众遍布天下。

张无忌掌权后，这个派系的地位有所改变，在蝴蝶谷大会上，五散人成为各大军区领导，将以往隶属于五行旗的各地教众接收过来，五行旗也变成了明教的中央直属部队。

这样一来，五行旗能控制的的人手少了，一大优势就此失去。但凡事有利有弊，作为总坛直属部队，五行旗的地位仍然极高，而且因为明教在各地举事，声势越来越大，总坛的力量也在逐步增强，加之直属领导之一的杨逍力求表现，所以五行旗的队伍建设由松散向集中制转变，由江湖人向专业化部队转变，到屠狮大会时已成为一支可攻城略地的精锐部队。

在这个转化过程中，直接指挥五行旗的是杨逍。而在此前的内乱时期，五行旗和杨逍的关系极为不睦。这种关系变化，是因为明教内部走向和谐，层级关系也逐步理顺，五行旗既然隶属明教总坛，由杨逍指挥无可非议。

有人曾提出阴谋论，认为五行旗已被杨逍控制，甚至可能会发展成为其施展野心的工具。到时小旗子一扔，几百把标枪短斧、几十根巨木、几百支火焰喷射器就一起朝着张无忌去了，这是心存不轨啊。我倒是觉得这种可能性为零。五行旗听从杨逍指挥，并非派系原因，而是层级原因，他们是杨逍的下属，更是张无忌的下属，他们是杨逍的政绩工程，但绝非杨道的私人部队，他们被划归总坛并心甘情愿，完全是因为张无忌——当初张无忌在光明顶下舍身相救锐金旗残众，又在光明顶上只身挽救明教，可谓五行旗的大恩人，显然拥有极高的威信。

五位掌旗使的排名问题

五行旗虽是金木水火土并列，但五位掌旗使的排名可有高低？排名问题在官场上可是一门大学问，平级的人多了去了，但谁先谁后呢？研究这事儿可不是无聊，因为这之中往往藏着不少微妙的东西。

五行旗首次出场，是在光明顶下与昆仑崆峒两派混战，因为峨嵋派的突然加入，导致锐金旗、洪水旗和烈火旗败北，锐金旗掌旗使庄铮战死，锐金旗众人集体被俘。

这场战役中有一个细节值得留意：庄铮死于灭绝剑下后，洪水旗中有人叫道："庄旗使殉教归天，锐金、烈火两旗退走，洪水旗断后。"紧跟着"烈火旗阵中旗号一变，应命向西退却。但锐金旗众人竟是愈斗愈狠，谁也不退"。洪水旗见状，又嚷嚷开了："洪水旗唐旗使有令，情势不利，锐金旗诸人速退，日后再为庄旗使报仇。"可锐金旗的反应是"请洪水旗速退，将来为我们报仇雪恨。锐金旗兄弟，人人和庄旗使同生共死"。在此情况下，洪水旗表示誓为锐金旗复仇，然后退走。

这里出现了三种可能性：一是五行旗的掌旗使确有排名先后之分，尽管级别相同，但其中有一个主管全面工作，而且很可能是洪水旗的唐洋，因此，洪水旗不但可以要求失去掌旗使的锐金旗退走，也可以号令烈火旗退走（考虑到锐金旗的庄铮和洪水旗的唐洋都参加了此役，烈火旗的辛然应该也在现场）。第二种可能性则是五行旗的排名先后依照"金木水火土"的俗例，锐金旗为先，洪水旗在烈火旗之前，所以当锐金旗庄铮战死后，洪水旗唐洋就顺理成章成为现场最高领导，所以烈火旗立刻"应命"。还有一种可能性，则是五位掌旗使并无排名先后之分，但唐洋本人较之辛然更敢于担当，在庄铮战死后，他清晰看到局势已难改变，于是立刻决定由本旗断后，掩护锐金和烈火二旗撤退，而烈火旗的辛然相比之下则略欠担当。

我个人倾向于第二种可能性。五行本就并列，且五行旗的队伍差异只体现在兵种上，如果五行旗是一个军团，各旗就是一师二师到五师并列，并无实质高低之分。但在管理中，时常要遭遇临时指定总领者的情况。本来这也不是什么难事，设置一个主管全面工作的岗位，进行内部提拔既可，但问题是在整个阳顶天时代，明教的内部管理就是以兄弟义气代替组织制度，这也是阳顶天死后明教群豪谁也不服谁，并陷入内乱的一个重要原因。在这种粗放式管理状态下，五位掌旗使的沟通依靠的是彼此间的交情，同声同气，彼此呼应，如果人为制造排名先后，反倒会让这些大老粗们心生情绪，若另行安排一个外人统领五行旗，又会在缺少制度保障的情况下，引发五行旗的强烈反弹。

需要常设一个总领全局的岗位，但设这个岗位又会让大家有情绪，咋办呢？用“金木水火土”这个约定俗成的说法来设置排名，并由锐金旗掌旗使庄铮担任总领，反倒成了虽不规范、但却简单直接让人容易接受的办法，尤其是对于五行旗的这群粗人，简单直接的办法往往更有效。

但第三种可能中所提出的“唐洋比辛然更有担当”，应该也是事实，因为在那个关键时刻，即使烈火旗排名低于洪水旗，但作为现场最高领导之一，辛然理应发声。也正因为这种现场表现的差异，唐洋一度得到张无忌的看重，关于这一点，后文会详细分析。

在张无忌入主明教后，明教的内部管理开始迈向制度化，层级管理逐步细化，对五行旗的掌控大大加强，屠狮大会上的“军事演习”说明，其直接指挥者是杨逍——在有制度作为保障的前提下，派一个外人统领五行旗已具备可行性。

洪水旗掌旗使唐洋曾主管全面工作

很多人忽视了这样一个时期：张无忌接任教主之后到蝴蝶谷大会之前的这段时间。该时期极其短暂，但却极微妙。前面分析过，张无忌在此期间有过两次人手分拨，其中一次甚至因意外而未及执行，不过还是可以看到张无忌自己的执政思路，比如对冷谦的重用，对杨逍地位的确立等，这些都对明教的未来有着颇大影响。更重要的是，这段时间是明教新领导到位的过渡期，你自己想想，你单位要是换了新的一把手，开始那个阶段是不是有点怪？领导要摸底，要熟悉情况，大家则想着该如何表现，有些人像打了鸡血，有些人按部就班，有些人谨小慎微，气氛往往微妙。张无忌入主明教，结束了此前四分五裂的局面，群情高涨，喜迎美好新时代，在这个当口，谁不想好好表现一下？

所以，发生了下面两个细节——

一是六大派撤离光明顶之后，丐帮带着一群二三流帮派趁火打劫，杀上光明顶，张无忌带领众人下秘道暂避，养精蓄锐后决定从秘道中出击。这是张无忌上任教主后的第一战，人员安排不可能有大变化，而且战事难度极低，调遣方面也比较随意，当时大家列队听令，“东首是明教五旗：锐金、巨木、洪水、烈火、厚土，各旗正副掌旗使率领本旗弟兄，分五行方位站定”，他对五行旗的安排是“由巨木旗掌旗使闻苍松总领，自东攻击”，这个安排的根据显然是金木水火土的序列，锐金旗掌旗使庄铮已经战死，由副使吴劲草接任，但书中并未明确他接任的具体时间，而且即使此时已经接任，他之前被灭绝砍掉一臂，身受重伤，短期内难以恢复，所以，此时的五行旗就由下一顺位的巨木旗闻苍松暂时统领。

二是当张无忌第一次人手分拨后，明教众人下山，突然发现六大派中人的尸体，又见到一批峨嵋弟子出来寻找灭绝等人，双方一接触，峨嵋弟子们就说是不是你们这群妖孽害了我们师尊，明教中人当然不承认，峨嵋弟子表示不信，不信？那就给你们点颜色看看，告诉你们咱明教要灭了你们易如反掌，没做过就是没做过，骗你干啥，只见“洪水旗掌旗使唐洋左手一挥，突然之间，五行旗远远散开，随即合围，巨木在东、烈火在南、锐金在西、洪水在北、厚土在外游走策应，将一干峨嵋弟子团团围住了”，殷天正更是表示我白眉鹰王一人出手就能拿下你们所有人，你们这群孩子说话要检点，当场镇住了这批峨嵋弟子，然后张无忌带头离开，“唐洋待韦一笑、殷天正等一一走过，这才挥手召回五行旗”。

这事儿是临时起意，并无事先安排，而唐洋手一挥便指挥了五行旗启动包围圈，多少有点玄妙。前面说到，唐洋本人敢于担当，但当初的情况是庄铮战死，锐金、洪水和烈火三旗呈溃败之势，必须有人挺身而出做决定，此时却不然，张无忌等教内高层都在，五行旗众高层也在，而且面对的是一批毫无威胁的峨嵋平庸弟子，有走程序、请示领导的时间和空间，唐洋的“左手一挥”，说明他已经取得了五行旗的临时指挥权。

这个临时指挥权的授予自然来自新任教主张无忌。咱们都知道，第一印象很重要，冷谦在光明顶上的寡言和相对克制，被张无忌看在眼里（应该说是听在耳朵里，因为张无忌当时在乾坤袋中），日后将之提拔为刑堂执法。唐洋也是如此，在三旗溃败之际，他一度提出由自己断后，而烈火旗的辛然则没有这样的表现，张无忌显然也看在了眼里。

但唐洋的指挥权很快便失去，蝴蝶谷大会确定了五行旗隶属总坛，此后五行旗的历次集体行动，直接指挥均是杨逍。

官场上常见这种情况：新领导刚到位时，情况尚不熟悉，全靠第一印象，让你暂时主管部门全面工作，后来慢慢熟悉了情况，在组织架构、人事等方面综合权衡考虑，也许会另外安排其他人选。五行旗的指挥权之变同样源于张无忌的综合考虑，唐洋暂时主管全面工作，是因为他的敢于担当，但当张无忌熟悉明教情况后，就会发现在五行旗内部提拔一个人显然存在弊端，就像前文所述，如果人为制造排名先后，反倒会让这些大老粗们心生情绪。五行旗此前表现出的极大独立性也说明，如果不在组织架构上对其进行约束，管理上就会出现问题。任何领导都不希望手下有一股势力呈现自立山门的架势，也正因此，在蝴蝶谷大会上，五行旗的职权范围和隶属问题都重新明确，进入了总坛直管时代。

值得一提的是，蝴蝶谷大会决议使得五行旗的分管领域和分管人数都有所削弱，而隶属总坛直管也使得五行旗在教中的地位明升暗降，作为此事直接受益者的杨逍展开大练兵，使得五行旗成为精锐化部队，战斗力较之以往大大加强，其实也是一种变相安抚，这其中隐含的权谋之道值得细细琢磨。

《倚天屠龙记》之丐帮卷

当年丐帮一直扎根底层，急公好义，御下也极严，绝不敢欺压百姓，如今竟然堕落到去酒楼吃饭不给钱的地步——降龙十八掌不全了，咱可以再想办法；帮中没有顶级高手了，咱可以等待上天眷顾；可风气败坏了，咱该怎么办？

面对老百姓时张扬跋扈耀武扬威，待领导到来时却一个个正襟危坐一副奴才相，这还是当年那个丐帮？反差越大，就越证明丐帮的堕落。

道德上全面堕落的丐帮，已经把私怨置于民族大义之上，完全违背了丐帮的固有宗旨，因自身的堕落而导致不作为，也因自身的堕落见不得别人有所作为。其实现实中这样的例子极为常见：几乎每个单位里都有这么一种人，自己不干活，还见不得你干活，怕你干多了干好了抢风头，所以把不干活省下来的空闲时间全用在背后算计你。

“坏事变好事”在阴暗官场形态中往往被异化，成为掩饰矛盾和问题的工具。出了事之后不找原因，所谓的“总结”也是走形式，不问责相关人员，反倒把这当成了给某些人积累上位资源的契机，眼下的丐帮就是如此。

丐帮为何沦落如斯

《倚天屠龙记》中的丐帮，相比洪七公时代、黄蓉时代，无论在江湖地位还是武学水准上，都呈现大幅下滑趋势，堪称史上最堕落丐帮。

在《金庸政治学（一）》中，我曾分析洪七公和黄蓉时代的丐帮，结论大致如下：丐帮的原始形态是职业乞丐组成的帮派，但随着发展壮大，吸引了众多带钱带枪的江湖豪杰慕名加入，形成双赢，但这些江湖豪杰形成了净衣派，与污衣派不和，造成了丐帮内部的路线之争。而随着净衣派彭长老叛帮等一系列事件，黄蓉上台后加大了内部调整力度，对净衣派进行打压，这一举措虽然解决了内部之争，但同时也使得成名豪杰加入丐帮的几率大大降低，丐帮的人才来源被迫局限于职业乞丐，人才起点大大降低，高端人才逐渐稀缺，到了襄阳大会时，人才已极度凋零。此外，丐帮一直存在重大组织缺陷，即核心竞争力（打狗棒法）仅有帮主一人可以拥有，另一大核心竞争力降龙十八掌可以外传但绝不广泛外传，因此造成丐帮弟子整体实力偏弱，九袋长老只算准一流，八袋长老纯属二流，一旦帮主靠不住，丐帮就麻烦。

这些问题到了《倚天屠龙记》时代就成了顽疾，尤其是战斗力，此时的丐帮尽管仍号称天下第一大帮会，但这个“大”特指人多，再无洪七公和黄蓉那样的顶尖高手，二长老和二龙头尚算一流高手，可在《倚天屠龙记》中也排不上号。这是因为丐帮的核心竞争力成了遥远的传说，降龙十八掌“在耶律齐手中便已没能学全，此后丐帮历任帮主，最多也只学到十四掌为止”，到了现任帮主史火龙这里，只学了十二掌，结果还因为内力不济导致上半身瘫痪，去深山寻药治病——倒霉到这地步，还比不上一掌没学会的。

一把手长期病休，这可是个大问题，帮务怎么办呢？明教就是个活生生的反面教材，阳顶天死于秘道，大家都不知道，结果闹到分裂，丐帮的情况其实比明教乐观多了，史火龙他老人家毕竟还在世，把人事工作安排好再走也不迟。可惜史火龙的安排很有问题，“将丐帮帮务交与传功、执法二长老，掌棒、掌钵二龙头共同处理”。

但凡多头管理，必出大问题，就算你想组建一个临时管理委员会，也得在这四位中挑一个主管全面工作的人啊！当年的洪七公也非好领导，但游侠人间之前还知道重用鲁有脚，你史火龙怎么就能把帮务同时交给四个人呢？而且，此时的丐帮，并非没有选定主管全面工作人员的基础。比如书中提到的方东白，在诈死埋名、投身王府之前就是丐帮的首席长老，如果把“共同处理”变成“首席长老暂时主管全面工作”，即使仍有其他人不服气而搞搞震的隐患，但起码在权力和程序上都有相对的保障。

结果显而易见，“二长老、二龙头不相统属，各管各的”，丐帮日渐式微。

值得一提的是，书中还提到“帮中污衣净衣两派又极不相能”，也是导致丐帮式微的一大原因。

净衣派和污衣派的问题，不是在黄蓉时代已经得到有效解决了吗？没错，但我也说了，对净衣派的打压带来了新问题，使得丐帮的人才渠道大大缩窄，以至于襄阳大会时，八袋长老这个级别全靠老丐支撑，缺少出色新人。后来，襄阳失陷，帮主黄蓉殉国，丐帮弟子死伤必定惨重，人才更是凋零，加上此后历任帮主的武学修养也远不及先辈，丐帮急需人才补充，但职业乞丐这个群体很难提供足够的高素质人才，于是丐帮注定要走上那条老路：招揽江湖豪杰加盟，而这些非职业乞丐的加盟，又势必造成净衣派的重新崛起。

不是能力问题，而是品质问题

《倚天屠龙记》里有这样一个帮会：它在自己的对头与几大名门正派拼得两败俱伤之后，带着一堆名气不大、口碑不佳的小帮会打着除恶旗号来讨便宜；它召开中层以上干部大会，却闹得当地鸡飞狗走，百姓敢怒不敢言，酒楼不敢收钱；它原本坐视明教掀起轰轰烈烈的反元运动，但又生怕明教胜利后，本帮江湖地位不保，于是无视救国大业，表示“决不能让明教成事”，还暗中捣乱，甚至意图胁迫明教中的义军将领……

这是啥帮会这么没出息加下三滥？不好意思，是大名鼎鼎的丐帮。

在《倚天屠龙记》中，偌大一个丐帮找不出一个顶级高手来压场面，但实力下降绝非堕落理由，丐帮的堕落不是技术问题，而是品质问题。

既然上升到道德层面，那问题可就颇严重了。丐帮向来以正义著称，当年虽然也出过彭长老这样的败类，但瑕不掩瑜，在民族危难之际前仆后继，协助大侠郭靖驻守襄阳，在江湖上也讲仁义讲正气树新风，绝不干扰民的事儿。这样的帮会，即使全是只会三脚猫功夫的庸手，也值得尊重。

可现在呢？围攻光明顶时，因为六大派向来不太看得起江湖帮会，所以并没有广邀各大帮会同往，但丐帮作为天下第一大帮，以正义著称，帮中众多弟子出身六大派，完全师出有名，但他们未有表示。当然，你不愿意做六大派的附属品也无妨，可你也不能在六大派铩羽后带着一群帮会杀上光明顶，意图趁火打劫啊！而且，光明顶地处偏远，可见丐帮是早早就跟着来了，一直在瞅机会占便宜，即使打着除恶务尽的旗号，这种行为也过于下三滥，压根不像大帮会所为。

此时的丐帮，其实已经失去了做事的底线——底线是一个没有明确标准但十分重要的东西，决定了一个门派或者帮会的档次。比如前面分析峨嵋派时，我曾说灭绝没有底线，她最宠爱的两个徒弟纪晓芙和周芷若，都曾被她逼着去色诱“大魔头”，然后搞刺杀那一套。打着正义旗号行龌龊之事，本质上还是龌龊的，丐帮同样如此。

丐帮曾有内乱

分析《倚天屠龙记》中的丐帮，有三个时间点值得注意：一是阳顶天失踪，范遥怀疑是丐帮搞鬼的时间；二是史火龙走火入魔的时间；三是前丐帮首席长老方东白诈死埋名的时间。

书中交代，阳顶天失踪于三十年前，而范遥独行江湖，寻找其下落，“后来想到或许是为丐帮所害”，而史火龙走火入魔于二十多年前，这说明在史火龙掌权时代，明教与丐帮的关系就十分之差，考虑到多年前明教的圣火令也被丐帮抢走，可见二者是宿敌。另外，丐帮当时实力颇雄厚，以致范遥认定阳顶天的失踪是丐帮在搞鬼——既有作案动机又有足够能力，能不算在你头上吗？方东白诈死埋名则在十多年前，这说明史火龙离开丐帮治病时，方东白还身处丐帮，并担任首席长老。

是什么让这位丐帮第一高手、首席长老离开丐帮呢？而且，要做出诈死埋名、投身敌营这样的事情，得经历多大的创伤？

首先，咱得搞清楚什么是首席长老。在《倚天屠龙记》中，仅方东白有此头衔，史火龙离帮治病前，也是“将丐帮帮务交与传功、执法二长老，掌棒、掌钵二龙头共同处理”，到了二十多年后，假史火龙掌权，丐帮仍是这一人员配置，并无首席长老一职。

由此可见，所谓首席长老，应为二长老和二龙头之一。在丐帮的弥勒佛庙大会上，这四位副职领导的出场顺序是“掌钵龙头—掌棒龙头—执法长老—传功长老”，按照出场越靠后越重头的排名规律，可见二龙头低于二长老，书中也明确提到传功长老的武功是帮中第一，符合“传功”这头衔。屠狮大会时，金庸还写过一句“掌钵龙头在丐帮中位份仅次于帮主及传功、执法二长老”，可见在丐帮的人事架构中，传功长老应为二把手，仅次于帮主。考虑到方东白的武功和声望，可以推断这位当年的丐帮首席长老就是传功长老。

作为首席长老、帮中第一高手，却没能在帮主离开时得到主管全面工作的机会，这之中有几种可能性：一是方东白管理能力不行，史火龙不放心，综合考虑后改由四人合管；二是方东白名气太大，威望太高，史火龙对他有顾忌，所以不敢放权给他，避免独大之势；三是史火龙管理能力低下，不指定主管人，反倒实行多头管理。

这三种可能性都存在，结果则都是一样的，丐帮就此步入多头管理，混乱不堪，而且矛盾最终激化，导致了方东白的离开。后来在武当山上，化名阿大的方东白被杨逍认出，叹息道“老朽百死余生，过去的事说他作甚？我早不是丐帮的长老了”，可见他曾险些丧命，由此可判断丐帮必然经历了一场内乱。

方东白离开丐帮后，二长老二龙头必然要增补一人。传功长老这个位置是名义上的二把手，并习惯由帮内除教主外的第一高手担任。考虑到丐帮的最大业务就是打架，武功高低是最重要的业务指标，如果继任者的武功在丐帮中已仅次于方东白，不太可能在此前进不了领导班子，所以新任传功长老理论上不会是从八袋长老中提拔的新人，而应是原执法长老和掌棒掌钵二龙头中的一位。

咱们再来看看年龄问题，在弥勒佛庙大会时，现任传功和执法二长老都是老丐，而现任掌棒和掌钵二龙头都是五十多岁，由此推断，在二十多年前史火龙离帮之际，现任的传功执法二长老都是三十多岁或四十出头，而掌棒掌钵二龙头则是二十多岁。换言之，掌棒掌钵二龙头是少壮派。方东白呢？他跟随赵敏上武当山时，书中说他是个老者，年龄起码在六十岁以上，那么二十多年前史火龙离开时，他的年龄应与现任的传功执法二长老相仿。

从当年洪七公、黄蓉时代的四长老配置，变成如今的二长老和二龙头配置，丐帮经历了一次看似不起眼的人事架构调整，但这个调整本身是有必要的。当年的四大长老制度虽然也有排名高下，但更多以资历来衡量，比如年纪最老的简长老排名居首，但实权最大的却是鲁有脚，这也使得人事管理存在冲突；而二长老二龙头的配置显然是以分工定岗位，传功长老主管业务，执法长老主管纪律监察，掌棒龙头和掌钵龙头各自负责保管丐帮信物，这两样东西关乎丐帮稳定，二人可算是分管后勤的领导。再具体划分的话，打狗棒是丐帮武学最高象征，掌棒龙头也许是分管安保和对外宣传交往，钵是叫花子的谋生工具，掌钵龙头则可能分管内务和财务。同时，按照工作性质轻重，确定了四人的排名顺序。这样一来，不管谁上位，都可以对号入座，有自己的明确分管领域和班子排名。书中交代，近百年来，丐帮帮主所托非人，个个平庸，不像洪七公和黄蓉这种一把手，业务超强，威望超高，能震慑住整个班子。在此情况下，丐帮对副职领导的人事架构调整无疑有助于内部的稳定。

为何四长老配置变成“二长老二龙头”？

尽管丐帮的人事调整很有必要，但有一点十分奇怪：为什么不是“传功执法掌棒掌钵”四长老，而是二长老和二龙头？这种切割又意味着什么？大家都是班子成员，分工也已明确，掌棒掌钵即使有长老之名，排名也亚于传功执法，干吗还非得搞个龙头名号？难道只是为了搞对称？

我一度认为，这之间的差别主要是为了区分污衣派和净衣派。虽然书中并没有提到传功与执法二长老的具体打扮，但说到掌棒龙头形似周仓，人也莽撞，颇有江湖豪强风范，掌钵龙头是秀才模样，很有可能也非职业乞丐出身（但这只是推测）。另外从分管领域来看，净衣派都是江湖豪强，往往家大业大，有管人和管钱的经验，分管内务和财务显然更为合适；而丐帮弟子以职业乞丐为主，尤其是中下层弟子多为污衣派，由污衣派人物出任执法长老，也有利于安抚大家。

但有一个细节让我推翻了这一想法：当年那场内乱，时任传功长老方东白是失败者，假设传功执法二岗位由污衣派担任，那么方东白便是污衣派。换言之，污衣派输了那场内斗，胜利者是净衣派，而现任传功执法二长老的年龄与方东白相仿，加上业务能力突出，按前面的分析，他们在当年也应该是班子成员，能够经历内乱而不倒，当然是胜利者，应属净衣派，这无疑造成了悖论。

思前想后，我认为二长老二龙头的配置也许是一项弹性的人才提拔政策。丐帮受困于人才匮乏，所以专门设置龙头岗位给少壮派中的佼佼者，一来弥补元老派人员不够的窘况，二来也让年轻人早点挑大梁，好好锻炼，快速成长。但这种提拔并非机械性的，而是弹性操作，不会揠苗助长，也不会刻意压制元老。如果元老派能挑大梁的人多，那么也可以占据二龙头岗位；如果有特别出色的少壮派，也可以提拔上来。

确定了这一点，那么多年前丐帮那场导致方东白诈死埋名的内乱，便已有了大致轮廓：那时，丐帮有四位副职领导，方东白是传功长老，另三位也各司其职，但由于史火龙离帮之前并未明确主管领导，加之净衣派和污衣派极不相能，因此四人分为两派，争斗不休，引发内乱，最终方东白失败。这里要注意的是：方东白武功卓绝，声望极高，如果他在领导班子中还拥有一位盟友，以二敌二，那么不可能在内乱中失败，由此可以推断当时的格局是一对三，另外三位副职领导携手对抗方东白。

这场竞争的结果无疑是惨烈的，方东白重伤失踪，丐帮中人以为他已身死，便对外宣称其是病死，而方东白则被王府中人救下，心灰意冷，投身敌营。而以方东白的武功，三位对手很可能也损失惨重，甚至有人丧命，两位幸存者分别担任了新的传功和执法长老，这也导致了继任的掌棒和掌钵二龙头的年纪比二长老小一些。当然，也有一种可能是三位对手均活了下来，其中本就有一位是少壮派，方东白重伤失踪后，三人又在八袋长老中提拔了一位少壮派进入领导班子，成为掌钵龙头。

这场内乱影响极大：在帮主史火龙长期缺位的状态下，丐帮又失去了自己的第一高手（而且方东白假死时正值壮年），无疑使得本已江河日下的声望进一步探底。但凡事有利也有弊，因为这场内乱，大伙儿合力做掉了方东白，形成了暂时性的统一战线，解决了此前多头管理的问题。在书中，现任二长老和二龙头并没有明显意见分歧，也说明了这一点。

弥勒佛庙大会——一次丑恶的大会

张无忌和周芷若、谢逊二人返回中原，恰遇丐帮召开弥勒佛庙大会。但凡集中力量办大事，都是对组织的考验：当年襄阳大会，丐帮就是承办方，众多江湖豪杰汇聚一堂，会议气氛热烈又和谐；可如今的丐帮确实今不如昔，只是自家开个中层以上干部大会，没有外宾，结果也闹得鸡犬不宁。

张无忌等三人扮作乞丐，去酒楼里怕人家不肯送上酒饭，就先拿出银子交给柜台，结果掌柜的立马恭恭敬敬双手奉还，说“爷们光顾小店，区区酒水粗饭，算得甚么？由小店作东便是”，语气之中还颇存惧意。等吃完了再去付账，掌柜的也很诧异，说啥也不肯收，以至于张无忌心想“丐帮闹得这里的酒馆酒楼都吓怕了，吃喝不用付钱。只此一端，已可知他们平素的横行不法”。

当年丐帮一直扎根底层，急公好义，御下也极严，绝不敢欺压百姓，如今竟然堕落到去酒楼吃饭不给钱的地步——降龙十八掌不全了，咱可以再想办法；帮中没有顶级高手了，咱可以等待上天眷顾；可风气败坏了，咱该怎么办？

那位说了，也不能这样批评丐帮啊，大家跑去弥勒佛庙开会时，领导还没到场呢，三四百人已经各自就位了，而且“无半点声息，和酒楼上乱糟糟地抢菜争食的情景浑不相同”。张无忌见到这种情况，都暗想“丐帮享名数百年，近世虽然中衰，昔日典型，究未尽去。那酒楼中的混乱模样只是平日的情状。看来帮中长老部勒帮众，执法实极严谨”，所以你不能因为他们去酒楼吃饭不给钱，就把他们完全否定了。

可这种形态不是更堕落吗？面对老百姓时张扬跋扈耀武扬威，待领导到来时却一个个正襟危坐一副奴才相，这还是当年那个丐帮?

反差越大，就越证明丐帮的堕落。

当一个组织在道德上陷入堕落时，其对政绩的获取就往往不择手段，循正途办不到或者难办的事，就用歪门邪道来解决，而且往往冠以大义名号，说着圣人之语行龌龊之事。而且，越是自己不干好事的组织，越怕别人干好事，怕被抢了风头，怕既得利益遭损害……这又怕那又怕，于是就跑去捣乱。

掌钵龙头说明教立了个新教主，“本来四分五裂、自相残杀的局面登时改观，倒成了本帮的心腹大患。近一年来，魔教的众魔头在各路起事，淮泗一带，有韩山童、朱元璋，两湖一带有徐寿辉等人，连败元兵，占了不少地方，可说颇成气候。假若真给他们成了大事，逐出鞑子，得了天下，那时候本帮十数万兄弟，可都要死无葬身之地了。”

这话很有意思：明教干的是驱逐鞑子的好事，但要是给他们成功了，咱丐帮也就完蛋了。

明教和丐帮积怨极深，这个不假，但眼下明教在反元事业上打开了局面，那么百年前曾在保家卫国战争中前仆后继的丐帮，是不是也该拾回自己的传统，投身于反元大业中？人家在各地举事，跟元兵血战，你丐帮在干啥？如果双方目标一致，那么寻求和解、求同存异也是有可能的。可作为丐帮领导班子成员之一，掌钵龙头压根没想过这些，担心的只是一旦明教做大，丐帮就得遭殃。

领导视野狭窄，下属们也跟着狭隘，所以大家一听，这还得了？立刻嚷嚷“决不能让他们成事！”“丐帮誓与魔教死拼到底。”“魔教要是占了天下，本帮兄弟还有命活吗？”“鞑子是要打的，却万万不能让魔教教主坐了龙廷。”

这些话貌似两不耽误，又想打鞑子，又想打明教，实则扯淡——你不给明教成事，就等于给反元大业添乱，至于你说“鞑子是要打的，却万万不能让魔教教主坐了龙廷”，那更没戏，人家明教攻城略地时，你丐帮在干什么？指望你去打鞑子，真不知要等到猴年马月。

道德上全面堕落的丐帮，已经把私怨置于民族大义之上，完全违背了丐帮的固有宗旨，因自身的堕落而导致不作为，也因自身的堕落见不得别人有所作为。其实现实中这样的例子极为常见：几乎每个单位里都有这么一种人，自己不干活，还见不得你干活，怕你干多了干好了抢风头，所以把不干活省下来的空闲时间全用在背后算计你。

更可怕的是，丐帮对明教的算计，也并非明刀明枪，玩的也是下三滥手段。执法长老一听陈友谅抓到了韩林儿，第一反应就是大喜，表示“韩山童近年来连败元兵，大建威名……咱们擒获了这小子作为人质，不愁韩山童不听命于本帮”。作为分管纪检的领导，本应是帮中最具正气的人物，却意图用人质来要挟对方。而且，一边嚷着要杀尽魔教，一边希望韩山童的明教大军为己所用，自相矛盾的背后是功利且龌龊的心态。

丐帮，已经走上了一条邪恶之路。

"坏事变好事"中的潜规则

武当第三代首席弟子宋青书同志，偶然间救了从灵蛇岛逃脱的武烈和武青婴父女，得知了金毛狮王的下落，又因为迷恋周芷若，被陈友谅蒙骗，还杀了师叔莫声谷。

陈友谅作为新晋八袋长老，以假帮主为傀儡，将二长老二龙头糊弄得团团转，钓上宋青书之后，又把这位武当第三代中的佼佼者玩弄于股掌之上。看到这里，很多人慨叹：陈友谅真不是个东西。

但陈友谅只是个诱因，把丐帮的错误路线完全归咎于他，小陈同志可承担不起，绝对是躺着也中枪。苍蝇不叮无缝的蛋，如果丐帮仍如当年那般体系严密、秉持公义，就算假帮主和陈友谅成功打入内部，也掀不起大波澜。丐帮的真正问题在于自身的全方位急速堕落，以及堕落后的不择手段。

事实上，陈友谅带着季郑二位八袋长老，以及五名七袋弟子（都是中层以上领导）前往灵蛇岛抓捕谢逊，本身是临时动议，并未向上级领导请示，而且后果惨重，一名八袋长老和四名七袋弟子丧命，郑长老成了残废，结果也没抓着谢逊，可谓重大生产责任事故，作为带头人的陈友谅理应被问责。他倒也早有准备，和幸存的郑长老串供，编造虚假信息，表示他们遭遇了明教的围攻，大家英勇御敌，他陈友谅还舍身相救郑长老，"谢逊为陈友谅的正气折服，终于不敢动手"。

郑长老的这种说法其实是官场中的一种常见模式，俗称"坏事变好事"——工作中出了纰漏，就组织大家积极总结，表示大家在这次失误吸取到了很多教训，有利于日后工作的开展，甚至借机树典型，表示在这次失误中，某某同志头脑清醒、身先士卒，避免了更大损失。

此举当然不是坏事，但在阴暗官场形态中往往被异化，成为掩饰矛盾和问题的工具，出了事之后不找原因。所谓的“总结”也是走形式，不问责相关人员，反倒把这当成了给某些人积累上位资源的契机，眼下的丐帮就是如此。

其实陈友谅的谎话漏洞颇多，比如谢逊失踪多年，明教从未为他出头，连他下落也不清楚，这下居然也同时出现在灵蛇岛，而且居然人多势众，实在蹊跷。至于什么“谢逊为陈友谅的正气折服,终于不敢动手”,更是扯淡。一边说敌人凶残无比，毫无人性；一边说敌人被几句话折服，不杀你灭口，还放你回来满世界嚷嚷找到谢逊了，你以为敌人在演国产电视剧吗？

结果呢？群丐脑子不好使，“耸然动容，齐声喝采”也就罢了，作为二把手的传功长老居然也直接上当，不推敲个中漏洞，还大赞陈友谅智勇双全又讲义气，完全忘记了问责一事——就算小陈同志英明神武，就算坏事变好事，但死了几个中层领导是摆在那里的事情，该问责还是得问啊！另一位班子成员执法长老则直接把矛头引向外部矛盾，表示“本帮又有这许多兄弟为魔教所害，这血海深仇，咱们便此罢了不成”，煽动敌对情绪。

这二位的所作所为，简直就像是配合陈友谅的谎言，用外部矛盾掩饰内部矛盾。他们当然不是跟陈友谅私下勾结、有意如此，只是一来管理水平低下，功过不分，二来也知道陈友谅是帮主眼前红人，不便深责。可见此时丐帮，人情远大于制度——但凡一个单位习惯“把坏事变好事”，习惯把问责对象包装成英雄模范，必然意味着内部管理积弊极深。

丐帮图谋武当的背后

在弥勒佛庙大会上，刚刚把坏事变好事，由被问责对象摇身一变为英雄模范的八袋长老陈友谅，又趁热打铁，举荐宋青书加入丐帮。

堂堂武当第三代首席弟子，要被迫加入丐帮，这事儿可有点搞笑，虽然丐帮本就是由各门派弟子所组成，但堂堂武林第二大门派的头号太子党要委身丐帮，武当的脸往哪儿搁？

可对于丐帮来说，这倒还真不是坏事，管你武当愿不愿意，把生米煮成熟饭再说。宋青书这孩子人称玉面孟尝，武功、背景和声望样样过硬，加入丐帮后绝对是净衣派的耀眼新星，所以必须给人家高起点高待遇，好好笼络。来吧，咱直接授予小宋同志六袋弟子之位，归目前炙手可热的八袋长老陈友谅指挥。

看似高起点，实则是不折不扣的羞辱。丐帮中人日后少不了以此为谈资来炫耀：你看那武当第三代的首席弟子，也只不过是咱们丐帮的六袋弟子，要是武当七侠来了，顶多也就混个八袋吧！

而且，丐帮此举用心险恶，要控制的不止宋青书，还包括武当派——促成此事的陈友谅固然是为了师父成昆的“大业”，但丐帮其他高层打的也是同样算盘，执法长老当场就把话撂这儿了：“宋兄弟，你既入本帮，便受本帮帮规约束。日后虽然你做到武当派掌门，也得遵从本帮的号令。这个你知道了么？”

前面分析武当派时说过，宋青书其实并无直接接班的希望，但因为宋派势力的强大，在外人眼中，他确实是大热门，所以在六大派围攻光明顶时，峨嵋派众人有此错觉，眼下丐帮中人也将之视为未来的武当掌门。也正因为被视为未来掌门，宋青书才这般奇货可居，而且，他钟情现任峨嵋掌门周芷若，在丐帮这群智商低下的长老看来，如果能促成二者婚事，岂不是一下子掌控了两大门派，年终发员工和家属慰问金时可以通知两大门派掌门来领取，多有面子啊！

不过，接收一个新员工总得来场面试吧。这位新员工放着武当头号太子党的地位不要，跑来做乞丐，他的目的是崇高的还是不可告人的？这个咱可得问一问。陈友谅则帮宋青书回答了：眼下张无忌掌舵明教，张三丰向来宠爱其父张翠山，因此武当和明教有携手之意（这倒还真没分析错），宋青书就此成了失宠的孩子，师祖和老爹都不愿意得罪明教，要想跟张无忌争女人，只能选择来咱丐帮了（宋青书暗害莫声谷一事，陈友谅此时还为他隐瞒）。

丐帮还帮人争女人？没错，执法长老说了，“只须灭得魔教，宰了张无忌那小子，宋兄弟的心愿何愁不偿”——堕落的丐帮，眼中只有私怨和自身利益，他们要灭了明教，动机五花八门，比如当年的仇恨，比如怕被抢了风头，帮宋青书抢女人也是附带的动机，他们唯一没有想到的是反元大业。而且，即使丐帮众人不清楚宋青书杀害师叔莫声谷的丑事，但爽快接收这样一个为了抢女人就背叛师门和父亲的下流之辈，即使有利益驱动，也嫌太过下作。

后来，陈友谅胁迫宋青书下药迷翻张三丰和武当诸侠，以此胁迫张无忌听命，计策本身就十分龌龊加搞笑：让武当第三代首席弟子、武当宋大侠的儿子去下药迷倒自己的长辈，然后以长辈的安危去胁迫他们口中的“魔教大魔头”，你们这是主动秀下限，表示自己连大魔头都比不上吗？可执法长老居然说“此计不错”，而按宋青书后来所见，五毒失心散以五大毒虫配制，绝非寻常蒙汗药，估计即使不致人死命，也难免留下后遗症，由此更可见执法长老等一干人等的龌龊。

眼中只有一己私利，毫无原则，还妄想图谋武当、峨嵋等同道门派，这就是当下的丐帮。

掌钵龙头曾经叛帮

掌棒龙头和掌钵龙头是一对工作上的搭档，但在假帮主掌权期间，他们走上了不同的路。

在弥勒佛庙一战中，张无忌暗救赵敏，施展“乾坤大挪移”心法，用掌棒龙头的铁棒荡开了宋青书的长剑，使得二人互相指控对方放走赵敏，吵得不可开交。而陈友谅面对上级领导掌棒龙头和新收六袋弟子宋青书的这场争吵，倾向明显，言语中都在指摘掌棒龙头的不是。

后来在卢龙，陈友谅传讯让假帮主带领众人等候，也引起了掌棒龙头的不满。他还认为既然擒了谢逊，就不该礼遇对方，应该施刑逼问屠龙刀下落，假帮主也说不妥，要等陈友谅来了从长计议，掌棒龙头正不乐意呢，假帮主又让他去给韩山童送信。掌棒龙头一听更不高兴了，堂堂班子成员跑去送信？可帮主说了：“这次要冯兄弟亲自出马，一来是要说得韩山童归附本帮，服服帖帖，又须察看他自己和手下那些大将有甚么打算，二来探听这一路明教人马有他妈的甚么希奇古怪。冯兄弟肩上的担子非轻，怎能说是小事。”以假帮主的低劣水平，这话显然是陈友谅教的，可见陈友谅虽不在场，但已经预料到掌棒龙头会有抵触情绪，并做好了安排——既然非我族类，那就去干苦力活吧！

掌钵龙头呢？他跟着陈友谅和宋青书前往长白山配药去了。作为分管后勤的领导，他掌握着丐帮奇药“五毒失心散”的配方，这事儿当然要由他来办。他也考虑周到，表示眼下是冬天，毒虫都蛰伏土下，所以得去长白山挖掘，冰雪下挖掘出的毒虫“毒性不显，服食时不易知觉，对付第一流的高手，倒是这等毒物最好”，但深知此药成分的他，始终说这是普通蒙汗药，对宋青书隐瞒真相，人品也好不到哪里去。

更值得一提的是，他与陈友谅的关系始终和睦，并不像掌棒龙头那样有明显的抵触情绪。毫无疑问，此人是官场上那种常见的滑头，谁得势他就不得罪谁，哪怕对方级别比自己低，也坚决做对方的跟班。宋青书见掌钵龙头在长白山捉剧毒的蝮蛇、蜈蚣，心知那绝非寻常蒙汗药，便意图逃走，被追上时，他表示不能加害自己父亲，丐帮一向重视孝道，掌钵龙头此时却打起官腔，直指宋青书叛帮，两面派嘴脸昭然若揭。

而且，陈友谅并未对他回避宋青书杀死莫声谷的秘密，这一点十分微妙。要知道，眼下丐帮对宋青书的重视，建立在宋是武当第三代首席弟子、宋远桥之子、未来武当掌门这几点基础之上，看中的是他的潜力与未来，可实际上，犯下弑叔大罪的宋青书已是武当叛徒，一旦此事败露，啥未来都没了，丐帮对他日后就任武当掌门、仍听命本帮的“期望”压根不可能实现，甚至可以说，这个武当叛徒是一笔极大的负资产，接收此人，不但与丐帮标榜的侠义宗旨相悖，也超出了丐帮的能力范围，因为万一下毒计划失败，他们无法担得起日后武当派甚至明教的兴师问罪。对丐帮和武当都有所图谋的陈友谅，当然会以莫声谷之死这个大秘密来钳制宋青书，同时向丐帮隐瞒此事，以忽悠丐帮。

但在追上宋青书之后，陈友谅并未向掌钵龙头隐瞒此事，这说明了什么？有一种可能性是掌钵龙头人品奇差，无视宋青书的叛徒行径，而且头脑不清楚，无视下毒计划对丐帮有可能带来的巨大危害。但从书中情况来看，掌钵龙头是读书人出身，头脑较冷静，他不太可能看不到宋青书其实已无利用价值，而且以陈友谅的心思缜密，也不可能在没有把握的情况下向外人泄露机密，因此只剩下一个可能：掌钵龙头已经依附陈友谅，参与了其图谋，陈友谅也无须对他隐瞒。

后来，张无忌只身闯入丐帮总堂，大发神威，擒住假史火龙，黄衫女子也带着史红石赶到，揭穿陈友谅的阴谋。在这个过程中，传功、执法二长老和掌棒龙头力战张无忌，掌钵龙头却未曾出手，待得假史火龙被揭穿后，一直受气的掌棒龙头立刻对假帮主又打又骂，掌钵龙头却依然未曾有所表示。直到黄衫女子提及成昆，张无忌恍然大悟说主谋是成昆时，掌钵龙头才有所动作——他原本“一直在旁静听，一言不发，这时突然抓起一柄弯刀，架在那假冒史火龙的秃子颈中，喝道：‘你叫甚么名字？为甚么胆敢假冒史帮主？快快说来，若有半字虚言，哼，哼！’说着弯刀一斜，将一张椅子劈为两半，随即又架在那秃子颈中。”

金庸此处用笔实在是微妙，初初看来，掌钵龙头是冷静沉着，一直静静听着并分析情况，才未发声，可细细一琢磨，这事儿就另有玄机——为啥黄衫女子提及成昆时，他才发作呢？而且，此前如此沉着冷静坚持边听边思考的他，所采取的措施是拿刀砍个凳子示威，然后把刀逼在人家脖子上，至于“你叫啥名，为啥冒充”这样的提问也很初级，基本是掌棒龙头的水平。您要是就想问这个，还用思考这么久吗？您思考这么久，到底是为了什么？

我的推断是：已然依附陈友谅，并参与其图谋的掌钵龙头，此前一直在审时度势。当张无忌闯入后，丐帮众人与之周旋，虽然大家武功不及张无忌，但胜在人多势众，而且手中掌握有周芷若这一人质，所以掌钵龙头乐得以保护帮主的名义旁观。但在张无忌力破打狗大阵，黄衫女子也携史红石出现后，他敏锐地发现形势有变，好在陈友谅和宋青书已然逃跑，他依附陈友谅的秘密也随之被带走（假帮主只是个傀儡，武功见识都极为低劣，不可能参与到陈友谅的阴谋中，他的供词也说明了这一点），自身安全暂时无虞，便选择了继续旁观。而到黄衫女子说出成昆的名字后，他意识到大局已定，黄衫女子已经知悉了此事背后所有黑手，并将丐帮从错误路线上挽回，他必须选择及时站队，于是他出手逼问假帮主的情况。

就这样，曾经叛帮的掌钵龙头留在了丐帮中。

至于他有没有继续参与成昆日后的阴谋，我不敢妄下判断，因为书中蛛丝马迹太少，不过，经历假帮主事件后的丐帮已然稳定，并在政治路线上有着重大改变，成为明教盟友，而成昆的阴谋亦在暗中进行，重心也放在少林派，陈友谅与掌钵龙头再度联系的可能性不大，善于审时度势的掌钵龙头应会正确“站队”，屠狮大会上全力卫护同伴就是最好的说明。

丐帮政治路线的巨大变化

在黄衫女子与张无忌揭穿陈友谅的阴谋后，丐帮经历了重大的政治路线变化。张无忌的武功、气量都令丐帮中人心折，他们也愿意与明教和解，加入反元阵营中。

这是一次急刹车，让丐帮在邪恶的道路上止步，此前的那些方针政策，诸如消灭明教，靠阴谋钳制武当峨嵋等门派之类的点子都被彻底推翻。丐帮中最具正义感且在班子成员中排名第一的传功长老有一番公开表态，给本次事件定了性，表示成昆与陈友谅师徒二人“野心勃勃，妄图独霸天下，是以害死了史帮主，命这小毛贼冒充，做他们傀儡，再想进一步挟制明教，笼络少林、武当、峨嵋三大派”。

这无疑是对此前假帮主在位时的各种决策以及其背后路线的彻底否定，说白了就是：兄弟们，咱们错了，堂堂丐帮向来是正义化身，现在怎么沦落到要靠阴谋去算计别人的地步？不堂堂正正跟明教开战已属下作，算计武当峨嵋这样的名门正派更是可耻，阴谋是陈友谅设计的，但错误是我们共同犯下的，我们头脑要清醒，纠风要及时，大家要提出批评和自我批评，好好总结……

因为史帮主已死，小女孩史红石成为丐帮新一任帮主，但凡娃娃皇帝，身边必有顾命大臣，二长老和二龙头当然要担起重任，由于有了名义上的帮主，此前又有惨痛教训，二长老和二龙头的向心力无疑会有所增强，内部关系较之以往会协调得多。

而且，四位班子成员各自的地位有所变化，也有助于丐帮的稳定——在此前的错误路线中，执法长老和掌钵龙头都曾积极参与，很可能成为内部问责对象，掌棒龙头虽然一直抵制陈友谅，但更多是计较权力旁落，并曾对错误路线叫好，加上为人鲁莽，威望偏低，地位也不可能有所提高。唯一受益者是传功长老，他本来就在班子成员中排名第二，在陈友谅混入丐帮后，他虽未明确反对陈友谅的计划，但也从未发声支持，勉强可算是“我无法阻止你作恶，但我不参与你作恶”。而在张无忌闯入丐帮总堂后，他先是自认丐帮中无人武功能及张无忌，所以才用围攻之举，又对陈友谅挟持周芷若做人质的行为大为不满，认为此举有违丐帮宗旨，以至于张无忌也心想“这位传功长老武功既高，人也仗义，与陈友谅这干人倒是颇有不同”。阴谋被揭穿后，他则公开否定了丐帮此前的错误路线，这相当于给了明教十分明确的和解信号。换言之，他是唯一未犯错的班子成员，还纠风有功，又主导了丐帮与明教和解的重大外交成就，地位得到了显著提高。

至此，丐帮形成了史红石担任帮主，传功长老担任首席长老，暂时摄政，执法长老与二龙头协助的新一任领导班子。

这届领导班子不但与积怨极深的明教进行和解，还与明教成立了统一战线。在屠狮大会上，丐帮精锐尽出，传功长老公开表态：“金毛狮王失陷，敝帮有好大的干系，我们今日宁可性命不在，也要赎我们的罪愆；再者也是为我们史故帮主报仇雪恨。丐帮上下，齐听张教主号令”，且“说得甚是响亮，显是有意要让广场上人人听见”，丐帮众弟子（到场的还都是中层以上干部）也齐声说“谨奉明教张教主号令，赴汤蹈火，在所不辞”。

这是屠狮大会上最惊人的外交事件，大家都知道丐帮和明教交恶多年，仇深似海，如今丐帮居然说要为明教出头，豁出性命也要营救谢逊，甚至表示“丐帮上下，齐听张教主号令”，俨然奉明教为主，天下第一大帮会居然成了天下第一大教派的小弟。

当时对明教暗中支持的门派不少，比如崆峒派就因为感激张无忌，事事维护明教，但公开以明教为尊的唯有丐帮，此举极具震慑力，也为明教添了臂助。

不过，跟很多故事一样，越早站出来的小弟越容易成为炮灰。丐帮放弃私怨，积极参与营救谢逊，并公开唯明教马首是瞻，也使得自己付出了沉重代价——屠狮大会的局势本就微妙，成昆暗中搞鬼，少林对明教心有芥蒂，峨嵋另有图谋，丐帮的出现在打破均势的同时，也成为众矢之的，传功长老被暗算身亡，执法长老和掌钵龙头则在比武中死于宋青书之手，丐帮四大高手仅剩一个鲁莽的掌棒龙头，加上帮主史红石年幼，刚刚从错误路线上走回来的丐帮又遭遇了沉重打击。反倒是此前暗中维护明教的崆峒派，实力未曾受损。

屠狮大会后，带领群雄击退元兵的明教声望达到顶峰，号令中原武林，各大门派帮会都成了明教的小弟，可最早扯旗跟随明教的丐帮，已然人才凋零，想出力也有心无力。这种炮灰型小弟，一腔热血却身先死，在现实中实在太多太多。

《飞狐外传》卷

乾隆回头一寻思，还是觉得这事儿是奇耻大辱。堂堂皇帝，出去找个花姑娘居然还上当受骗，成了阶下囚，汉人可恶啊！

阴暗官场形态下，瞒上不瞒下是不二法门，大家集体糊弄领导捞功劳骗成绩，往往心照不宣。领导呢？有时是心甘情愿被糊弄，因为他上面还有大领导，下属的成绩途经自己这里，可以继续夸大或者盘剥，睁一只眼闭一只眼皆大欢喜，有时是真无能，愣被下属给糊弄了……但不管怎样，但凡瞒上不瞒下之举盛行，必然意味着官场风气极差。

更重要的是，他还闯下了“八卦刀”的名号——这可是抢注商标啊，八卦刀是八卦门绝艺之一，他拿这个做绰号，等于直接代言了八卦门的一大业务。王维扬在这套刀法上浸淫数十年，居然被徒弟把商标抢走了，这可是随时会爆发的侵权案件啊！

后红花会时代的清廷侍卫

红花会，在《书剑恩仇录》里是主角，在《飞狐外传》里是客串。

在《书剑恩仇录》中，红花会群雄曾智擒乾隆，闹得风风火火，反派则很可怜，大反派张召重喂了狼，白振等御前侍卫也死得干干净净，可头号大反派乾隆还在，他出尔反尔，使得香香公主丧命，红花会复国大计破灭，群雄远走回疆。

可乾隆回头一寻思，还是觉得这事儿是奇耻大辱。堂堂皇帝，出去找个花姑娘居然还上当受骗，成了阶下囚，汉人可恶啊（他也不想想自己也是汉人）。刚好白振等人都死了，于是乾隆重选侍卫，“从此不信汉人，近身侍卫一个汉人也不用，都是选用满洲、蒙古、西藏的勇士充任”。不但如此，因为他认为自己被囚六和塔，私生子福康安被红花会掳为人质，两件事都是奇耻大辱，所以“数年来将知悉内情的人屠戮殆尽”。这场洗牌必然造成大量工作岗位的空缺，相当于要成立俩新部门，所以放眼望去，到处都是新面孔。

至于御前侍卫的层级问题，则是共分四等，“侍卫班领，什长，一、二、三等及蓝翎侍卫，前三个都由正黄、镶黄、正白内三旗的宗室亲贵子弟充任，汉侍卫属于第四等”。既然汉人在乾隆那里找不到上升空间，福康安帐下就成了好去处，所以在《飞狐外传》中，御前侍卫的大内十八高手是“四满、五蒙、九藏僧”，而福康安帐下倒是清一色的汉人。

这些汉人侍卫中囊括了八卦门、八极拳、鹰爪雁行门等门派的掌门、大弟子或第一高手，这在以往极少见，《书剑恩仇录》中的御前侍卫虽然高手不少，但就罕见一派掌门。按理说，大凡高手都自重身份，一派掌门更得爱惜羽毛，乾隆不用汉人做近身侍卫，大家只能退而求次选择福康安，应该在很大程度上打消了他们的积极性，可结果为何相反？

利益驱动当然是个因素，乾隆和福康安都在红花会身上吃过亏，发现手底下除了张召重之外，其他人都没啥大用，必须许以重利，寻找更高素质人才。而且招揽人才是此消彼长的事，你手上的江湖人越多，跟红花会同一阵营的就越少，所以尽管乾隆的贴身侍卫不用汉人，但末等蓝翎侍卫还是囊括了大量江湖中人，其中不乏武功不高明但有一技之长的异士，比如曾偷袭袁紫衣的小祝融曹猛和铁蝎子崔百胜，就分别善用火器和毒物，福康安更是招揽了大批高手。

另外，在红花会远走回疆后，如惊弓之鸟的乾隆必然采取内部整肃、外部高压的手段。一方面设法消除绿营中的红花会势力（虽然他曾答应陈家洛不难为红花会，但必然会采取人员调动等手段压制其势力），另一方面坚决扼杀江湖中的作乱苗头，宁肯杀错也不肯放过，这也迫使许多武林门派中人进行站队、表态，甚至投靠。

还有一个关键因素则是金庸武侠小说中的武学体系走势，整体而言，金庸笔下的武学一直在滑坡。《天龙八部》有扫地僧这样的大 BUG，有神级乔峰，有大理段氏，有童姥这样的妖精；到了《射雕英雄传》三部曲时，还有九阴九阳等神功；可到了辫子戏时代，只有拳脚刀剑，一套刀法就可横行；即使是《书剑恩仇录》和《飞狐外传》之间，也存在一定差距，胡斐不及无尘，王氏兄弟远逊于自己的老爹王维扬；反派中找不到张召重这样的高手，侍卫中的佼佼者周铁鷦远逊于胡斐，当然更难及红花会中的无尘、赵半山和文泰来……大家水平都下降了，但考官眼光没下降啊，看不上各派的一般高手，于是就只能在掌门和第一高手这个级别里挑人了。

人精周铁鷦

周铁鷦，鹰爪雁行门大弟子、掌门人，此人可算是《飞狐外传》中最值得探究的人物，要说八面玲珑、左右逢源，此人的水平即使在金庸的十四本巨著中也是罕见，事事滴水不漏。金庸小说中的官胚子，他绝对要算一号。

可在阴暗官场生态中，做官与做人必是悖论，会做官的肯定不会做人，顶天立地做人的肯定做不了官。直到后来有人将“做人”二字异化曲解为圆滑、不得罪人，这才使得这俩词“和谐统一”。

所以，周铁鷦会做官，但人就不正派，按照老金的理论，一个人若心术不正，也就难窥武学最高境界。邪派宗师再牛，也比不上大仁大义男主角，书中也说了，“鹰爪雁行门在明末天启，崇祯年间，原是武林中一大门派，几代掌门人都是武功卓绝，门规也极严谨。但传到周铁鷦、曾铁鸥等人手里时，诸弟子为满清权贵所用，染上了京中豪奢的习气，武功已远不如前人。后来直到嘉庆年间，鹰爪雁行门中出了几个了不起的人物，该门方始中兴”。

这种情形其实颇似八卦门，王维扬当年威震河朔，但畏官如畏虎，俩儿子倒是风光了，在福康安府当差，但武功就大不如乃父。

胡斐与福康安公开为敌，是杀头大罪，众侍卫虽然都和他打过交道，有些甚至颇有交情，但若站错了队，自己也得遭殃。比如聂钺为胡斐不平（而且此时的胡斐还未与福康安为敌，只是被灭口对象），助他脱困，便惹来杀身之祸。而周铁鷦却能左右逢源，卖给胡斐大大的交情，在福康安面前捞大大的功劳，两头不耽误。

他最出彩的表现，当属“配合”胡斐入福康安府劫走马春花二子一事。当时，胡斐巧遇汪铁鹗，希望扮成张九，由汪铁鹗带他混入福康安府。汪铁鹗此人虽然粗鲁，却相当厚道，且敬佩胡斐，劝他速速逃命，且有赠金之意。在胡斐已成要犯的情况下，他能表示“我吃他（福康安）的饭，在他门下办事，也不能一味护着你。今日冒个险送你出城”，已算极有良知。当他听胡斐诉说马春花中毒之后，更是拍案怒道“原来这人（福康安）心肠如此狠毒！胡大哥，你英雄侠义，当真令人好生钦佩”，能在旁边还有外人张九的情况下说这种大逆不道之语，虽然有他生性莽撞的因素，但也说明此人厚道，胡斐赞他古道热肠，并非虚言。

可鹰爪雁行门满门为满清权贵所用，热衷名利，尽管良知尚存，但指望他们丢下身家性命跟着胡斐一起干，那也绝对不现实。汪铁鹗就有这样的矛盾心理：“心想只要这一句话儿答应下来，一生便变了模样。”胡斐也想“依着汪铁鹗的性儿，他肯干？他自幼便听从周铁鷦的吩咐，对这位大师兄奉若神明，何况又在福康安手下居官多年，这功名利禄四字，于他可不是小事”。

结果，胡斐左等右等，等来的不是汪铁鹗，而是素不相识的武官任通武。这是咋回事呢？原来汪铁鹗自己拿不定主意，就去跟大师哥周铁鷦商量。老周自己奸猾，功名利禄更是心中至重，不肯舍弃，但又感激胡斐仗义，也不愿得罪他，于是辗转找了个替死鬼，“由这人领胡斐进福府，不论成败，均与他师兄弟无涉……这一件公文夹在交给左营林参将的一叠文件之中，转了几个手，谁也不知这公文自何而来。林参将一见是兵部正堂的公事，不敢延搁，立即差人送来。周铁鷦早知左营的卫士今晚全体在福府中当值守卫，那林参将不管派谁送信，胡斐均可随他进府”，乃至胡斐也“心下暗笑周铁鷦老奸巨猾，在京师混了数十年的人，行事果然与众不同”。

但左右逢源不等于就能青云直上，咱们身边左右逢源的滑头多了去了，也没见个个都能上位，原因很简单：太滑头的人往往少了担当，心不够狠胆子不够大，魄力也欠缺，领导顶多把这种人当成跑腿的，绝不会委以重任。

周铁鷦则不同，此人八面玲珑之余，还心狠手黑。胡斐与任通武前脚一离开客栈，他后脚就潜入，击毙被胡斐假扮的张九。胡斐也心中一寒，心想“此人当真是心思周密，下手毒辣。本来若不除去张九，定会泄漏他师兄弟俩的机关，只是没料到我前脚才出门，他后脚便进来下手，连片刻喘息的余裕也没有”，可谓当机立断。

那位说了，左右逢源，谁也不得罪，加上心狠手黑，就保证可以上位了吧？还不够，还得懂得把握时机。我曾在前文中详细分析过，阴暗官场形态下的“把坏事变好事”里藏着无数龌龊不堪，比如一碰上灾难就树典型，借此转移视线，逃过问责，还给了一些人上位契机，但越是这样，就越说明“把坏事变好事”是混官场的一项重要技能，能不能玩转这个，在很大程度上决定了你的“前途”。

周铁鷦就深谙此道，他给了胡斐混入福康安府的机会，也知道必然引发府中大乱。若胡斐失风被擒，虽然自己并未留下通敌证据，但终究要担些风险，所以决定再卖胡斐一个人情，助他脱身，可这人情不能白送，自己也得从中取利。于是，当胡斐被卫士层层包围时，他来了个调虎离山之计，只听他大喊：“刺客行刺公主！要烧死公主啦，要烧死公主啦！”这位“和嘉公主是当今皇帝的亲生爱女。若有失闪，福康安府中合府卫士都有重罪”，于是大家赶紧跑去救公主，这头周铁鷦蹦出来跟胡斐假意过招，救下太夫人，最后还嚷嚷“刺客来得不少，各人紧守原地，保护大帅和两位公主，千万不可中了刺客的调虎离山之计”，让众侍卫不敢再追——自己玩着调虎离山，还让大家提防着调虎离山，手段极是高明。更高明的是，短短时间里，他已谋划得当，预先让汪铁鹗去保护公主，自己出来在胡斐手上救太夫人，“不但将一场祸事消弭于无形，反而因为先得讯息，装腔作势”，轻松立下大功，那“相国夫人是乾隆皇帝的情人，公主是皇帝的爱女”，赏赐更是丰厚，结果二人连升数级，周铁鷦授了记名总兵，汪铁鹗成了实授副将，是福康安手下升官最快的两位，连在战场上一刀一枪拼功劳的平姓武官也表示“万岁爷亲口御封，小弟如何比得”。

这桩“把坏事变好事”，其“高度”和“准度”即使在金庸所有小说中也是数得着的，风险极大，事情极难操作，功劳却立得特大。咱都知道混官场是个持续性的事，组织提拔你只是一瞬间，但考察的却往往是你几年来的工作，任何阶段犯的错都有可能在未来造成影响，但那些能在阴暗官场上呼风唤雨的人，也绝不会平均用力，一年三百六十五天都西装白衬衫打好领带时刻准备着晚上加班领导召唤。他们往往会选择最好的表现时机，领导出差了，那就悠着点，中途去接个孩子买个菜，但在几个关键节点上，比如新领导刚刚到位、竞争上岗之前，这帮人折腾得比谁都欢，偶尔还会打造几个政绩工程。所谓政绩工程，不一定是实绩，关键是投领导所好，比如在边关一刀一枪拼功劳，虽是实绩，但在这些人眼里绝对是“低效工作”，那点功劳层层盘剥，留给自己的注定有限，更别指望大领导能亲眼看到，而且风险也大，随时把命搭上。绝不如装腔作势，保护相国夫人和公主，“在皇帝眼中，比战阵中的冲锋陷阵胜过百倍”。

周铁鷦的精明，全用在了做官上。

还值得一提的是，胡斐闯福康安府一事，立下大功的唯有周铁鷦和汪铁鹗，二师兄曾铁鸥却没份，可见周铁鷦确实心思极度缜密，除第一知情人汪铁鹗之外，再不让其他人获悉此事，既将风险降至最低，也不摊薄一点功劳，哪怕是几十年的师兄弟曾铁鸥，也在保密之列——若胡斐首先找到的不是汪铁鹗，而是周铁鷦本人，恐怕他会自己独立完成营救相国夫人和保护公主这两桩大事，把功劳据为己有，并全免第三者知情之虞。

瞒上不瞒下的官场惯例

阴暗官场形态下，瞒上不瞒下是不二法门，大家集体糊弄领导捞功劳骗成绩，往往心照不宣。领导呢？有时是心甘情愿被糊弄，因为他上面还有大领导，下属的成绩途经自己这里，可以继续夸大或者盘剥，睁一只眼闭一只眼皆大欢喜，有时是真无能，愣被下属给糊弄了……但不管怎样，但凡瞒上不瞒下之举盛行，必然意味着官场风气极差。

《飞狐外传》中，福康安府侍卫的“立功”之举皆是走瞒上不瞒下的路子。周铁鷦和汪铁鹗二人因为预知胡斐潜入，预先安排营救相国夫人和保护公主，立下大功，得乾隆召见勉励，连升数级，“一晚之间，周汪二人大红而特红”。功劳被这俩人占去了，其他人咋办呢？妒忌是肯定的。官场之上，妒忌往往带来倾轧，我妒忌你，就跑去领导那里说你坏话，不把你脊梁戳出几个窟窿来就不算完。但实际上这是最愚蠢的一种做法，或许损人，但绝不利己，而在对方红到发紫、如日中天之际，这种行为更是只会害了自己。比如眼下的情形，就应把妒忌埋在心里，人家周汪二人的功劳是明摆着的，而且皇上和福康安都赞誉有加，相国夫人和公主都有大大赏赐，你现在跑去背后说他们坏话，领导只会给你俩大耳刮子让你滚蛋。

众侍卫都不傻，没人跑去说周铁鷦和汪铁鹗这俩大红人的坏话，而是集体瞒上不瞒下，就此分了一杯羹。

他们是这样做的：“人人都说数百名刺客夜袭福大帅府，若不是周汪二人力战，相国夫人和公主性命不保。众卫士为了掩饰自己无能，将刺客的人数越说越多，到似是众卫士以寡敌众，舍命抵挡，才保得福康安无恙。结果人人无过有功。”

这个路子才是官场上最“正确”的选择，既夸了红人，又跟在红人屁股后面分了功劳。两位红人浴血奋战，立下大功，但大家也不含糊，面对数百强敌，舍命相斗，成功保护领导。恰好福康安十年前曾落入红花会之手，如惊弓之鸟，眼下自己全家平安，自然大加赏赐。

在掌门人大会上，这一幕几乎重演，心砚和常氏兄弟把现场弄得一团糟，圆性借机指控汤沛暗中行刺，并拿话挤兑王剑英和周铁鷦二人，逼他们帮自己说话。王周二人怕她说出自己比武失利、失去掌门之位的事，只好帮忙把现场情况说得凶险，矛头直指汤沛。福康安回想一下，暗叫“好险”，并向王周二人说“你们很好，回头升你们的官”。这倒是“意外之喜”，王剑英和周铁鷦心想“这小尼姑是得罪不得的。何况我们越是说得凶险，保护大帅之功越高，回头封赏越大”，于是继续夸大，虚报敌情。

眼熟不？这样的事情实在发生得太多，但凡出了事，就往往有些人冒出来夸大灾情，借此表现自己如何英明神武、奋不顾身，把坏事变好事，捞取政治资本。

还有一种情况，那就是大败亏输，损失惨重，坏事坏到压根变不了好事，那可咋办？《飞狐外传》中也有答案，天下掌门人大会被搅局，福康安恼怒异常，便派号称“满洲第一勇士”的德布率领大内十八高手“四满、五蒙、九藏僧”在京城外巡查。本来是“见有可疑之人立即格杀擒拿”，以图立威，结果运气不佳，碰上了红花会诸人，陈家洛、文泰来等硬点子还没出手，十八高手便败于胡斐之手，德布自己也伤于无尘剑下，抱头鼠窜而去。

按照一般人的想法，德布和大内十八高手吃了这么大的亏，回去肯定得搬救兵，回来捉拿反贼啊。可红花会群雄却不这么想，他们留在原处，继续叙旧，压根不担心德布他们回来，不是他们自恃武功高强，而是他们深知德布等人决不会回来。原来，“陈家洛等深知清廷官场习气。德布等败得如此狼狈，红花会人物既未惊动皇亲大官，他们回去定是极力隐瞒，无人肯说在陶然亭畔遇敌，决不致调动军马前来复仇。此处虽离京城不远，却尽可放心逗留”。

这是另一种瞒上不瞒下，但求无过。

八卦门的衰落

《书剑恩仇录》中曾提到，当年镇远镖局总镖头王维扬凭借“一对八卦掌、一把八卦刀威震江湖绿林。黑道中有一句话道‘宁碰阎王，莫碰老王’”。可这位黑道中人十分畏惧的老镖头，一碰上官府可就变成了温顺兔子。这也难怪，走镖是正当生意，最怕招惹官府。而从陈家洛冒充福康安，诓骗王维扬一事来看，老王的两个儿子王剑英和王剑杰当时还未入福康安府当侍卫。由此可以推断，两位小王是在红花会远走大漠后才开始为官府效力的，《飞狐外传》中也明确提到“自王维扬过世、王氏兄弟投身官府之后，镇远镖局早已歇业”。

不子承父业，反倒投靠官府，两位小王混得真不错，相比风险极大还得看人脸色吃饭的保镖行当，在福康安手下当侍卫绝对是美差。

除了这俩儿子，王维扬还有其他徒弟，比如商剑鸣就是他的门下，但书中提到“师徒间情谊甚是平常，离师门后少通音问”。其实这一点倒真是反常，那时最重师道，一日为师终生为父，咋商剑鸣就不讨师父喜欢呢？这里有一个细节值得一提：商老太也学到了八卦门的武功，但并无八卦门门人身份，这一点颇似《碧血剑》里的归心树和归二娘，归二娘也学了华山派武功，却并非正式的华山派弟子。我曾分析过，归心树传功给老婆，是个人势力的扩张，为成为下一任华山派掌门打基础。但商剑鸣的情况并非如此，一来王维扬有俩儿子，轮不到外姓弟子当家，比如家传绝技“八阵八卦掌”，王维扬就只传两个儿子，外姓弟子一概不传。另外王剑英也曾提到“我们师兄弟一别二十余年”，参考商宝震的年纪，商剑鸣娶亲应该是离开师门之后的事情。既已远离，传功给老婆就不是为了争权，我个人猜测是他在学艺时就有些不愉快或心理不平衡，认为老王偏心儿子，于是有意自立门户，与师门切割，并传功给自己老婆，若他未死于胡一刀之手，肯定还会传功给儿子商宝震，把这门武功变成自家生意，日后改良精研，弄个新门派也说不定。更重要的是，他还闯下了“八卦刀”的名号——这可是抢注商标啊，八卦刀是八卦门绝艺之一，他拿这个做绰号，等于直接代言了八卦门的一大业务，王维扬在这套刀法上浸淫数十年，居然被徒弟把商标抢走了，这可是随时会爆发的侵权案件啊！

可以肯定的是，王维扬听到“八卦刀”这个名头时，心情肯定不会太好，俩儿子肯定也觉得这位同门师兄弟实在过分。后来他们被商老太困入铁厅，王剑英曾说“（商剑鸣）这人跟先父学艺之时，为人就不正派”，虽是暴怒气急之语，但也说明他们早有芥蒂，所以极少通音讯。后来王氏兄弟投效福康安，“青云得意，从来就没将这个身在草野的同门师兄弟放在心上。因此山东和北京虽相隔不远，商剑鸣逝世的讯息王氏兄弟竟然不知”。

商剑鸣的际遇其实也侧面印证了八卦门的衰落——王维扬的江湖地位极高，能与张召重这样的头号反派斗个旗鼓相当，也印证了他的实力，镇远镖局在业内也首屈一指，可以说八卦门在王维扬手中达到了一个巅峰。

但他在继承人的选择上却遭遇了问题，俩儿子都是亲生的，而且从小练功，本来就是顺理成章的继承人。但要说天分，多年前的商剑鸣能让苗人凤不敢轻视，并和胡一刀拼上多个回合，武功不见得低于多年后遭遇小胡斐却还灰头土脸的王氏兄弟。一边是儿子，一边是资质或许更佳的弟子，老王又不是个精细人，很难做到一碗水端平，让人不心生芥蒂。他和商剑鸣之间情谊平常，多少也有这方面的因素。俩儿子的存在，也决定了老王不可能全心调教弟子，八卦门的未来，也完全系于俩儿子的能力上。

结果呢？八卦门后继无人。

王氏兄弟与小胡斐交手时，赵半山旁观，见王剑英挨了胡斐两记肘锤，引来旁人失笑，他立刻恼羞成怒，“脸色狰狞，已顾不得什么潇洒，什么风度”，使得赵半山慨叹“威震河朔王维扬的儿子，不及乃父多矣”，这里说的是气度。在之后的游斗中，“王剑英越打越是焦躁，却连手指尖也碰不到胡斐身上。赵半山看得暗自叹息：‘这人徒学父艺，只知墨守成法，临敌时不能随机应变，另创新意，看来王维扬是后继无人了。’”这里说的是天分。

赵半山的眼光自然不错，而且他也曾与王剑英过招，王剑英的感受是“自知功夫与赵半山差得太远”。联想当年王维扬能与张召重酣斗，武功与无尘、赵半山和文泰来等人也是伯仲之间，可见王氏兄弟真是白练了几十年功夫，名头闯得不小，但武功远逊乃父。

但凡把一个门派变成家族生意的，往往都不持久。

满门龌龊的广平太极

太极门，分为南北两派。一是南派温州太极门，红花会三当家赵半山就是其中佼佼者；一是直隶广平府太极门，福康安府的陈禹是其中佼佼者。

一个门派分为南北，一般都不是为了搞对称，而是另有原因。有些是因为名头太大，想拜师的太多，当时交通又不便利，只能搞个分校，慢慢就变成两校并行；有些是内部闹矛盾，有人一气之下扯旗拉大队出去另立山头，但又不愿意背负叛徒名声，所以原组织在南边，咱就去北边，原组织在西边，咱就去东边，继续注册原商标；有些是徒弟离开师门后，自主创业，慢慢有了名气，也以支派自居，比如商剑鸣若是未死，以他传功于妻、自号“八卦刀”的姿态，搞个齐鲁八卦门也说不定。

太极门的分家，起因不明，但二者人事独立、关系疏淡则是事实，陈禹就曾说“你是温州太极，我是广平太极。咱们同派不同宗。我管不着你，你也管不着我”。若非陈禹犯下大逆之罪，而且广平太极无人武功能及得他，断断不会远赴回疆请赵半山。赵半山对广平太极的情况也不甚了解，比如陈禹提到吕希贤等三兄弟关系不睦，赵半山便不知，他还明确表示自己不认识吕希贤，言语中也对这位投靠官府的同门十分看不起，唯一与他打过交道的广平太极掌门人孙刚峰，实际上也只是打了一场架——当年孙刚峰看不起赵半山，专门去温州挑战，结果输了。赵半山曾参与屠龙帮，后来投身红花会，一直忙于反清，因此艺成之后应该极少回温州师门，所以这次打架很可能是多年前的事，由此更可见双方的疏淡。赵半山说“孙刚峰这封血书上说，他是广平太极门掌门，自愧无能，收拾不下这姓陈的叛徒，因此砍下双手，送给我赵某人，信上说什么‘久慕赵爷云天高义，急人之难’

云云。嘿，他送我一对手掌，再加一顶大帽子，赵某人虽跟他没半点交情，这件事可不能不给他办了”。以他的宽厚，“一顶大帽子”、“跟他没半点交情”这样的话，已可证明他对孙刚峰全无好感。

政治取向也是双方的一大差异，尽管温州太极门不可能都像赵半山这样投身反清，但赵半山作为门中佼佼者，成了“著名反叛”，虽然乾隆曾答应不为难红花会，但当局肯定会对他出身的温州太极门进行监控管理（尽管他建立屠龙帮、参加红花会都是艺成出师后的事情），可温州太极门并未将之除名处理，及时划清界限。而广平太极中，武功最佳的吕希贤在北京定王府做教师爷，下一代弟子中武功最高的陈禹则先在定王府当差，然后被推荐至福康安府，可见广平太极的风气就是走上层路线，也因此深为赵半山所不齿，尽管吕希贤并没有把太极武功之秘传于王爷，并因此而辞职，但那是因为太极门南北两宗本就有“本门武功秘奥不得传于满人”的门规，人总得守底线，否则岂不禽兽不如？而且这一门规本就暗藏对满人之恨，可见当年立门规的太极门前辈绝不希望弟子为满清效力，吕希贤此举已无异欺师。

但凡一个门派趋炎附势，内部就不免倾轧——人心沦丧了，什么龌龊事都能做得出来。陈禹的父亲也是广平太极名宿，还是吕希贤的师兄、掌门孙刚峰的师弟，但去世得早，没来得及传他乱环诀和阴阳诀，他便求师伯孙刚峰和师叔吕希贤传授，孙刚峰叙述此事时，表示“他千方百计要我和吕师弟吐露，我师兄弟知他心术不正，就没肯说”——可吕希贤能把陈禹一起带去定王府当差，同流合污，“知他心术不正”一说绝对是打自己的脸，根子还是陈禹所说的老一辈三位师兄弟关系不睦，孙吕二人存有私心，又忌惮陈禹天资颇高，怕他日后压倒自己，所以有意不传。

没爹的孩子确实可怜，陈禹在未得门中之秘的情况下，却仍可成为门中新一代的第一高手，甚至超越掌门孙刚峰，可见其天资为广平太极第一，但就因为爹死得早，不得本门武功的关键。他也走邪路子，趁吕希贤有病，假借王爷之命去逼问，杀了吕希贤及其无辜幼子。

这场悲剧，归根到底是广平太极的内部倾轧所致，而内部倾轧的根子，一是制度使然，一是人心肮脏。广平太极的制度显然无法理顺内部关系，陈禹丧父后遭排挤就是最好的说明。至于人心，现任掌门孙刚峰不但业务能力（不及下一代的陈禹）和协调能力（专门跑去挑战赵半山，可见好勇斗狠）让人不敢恭维，个人品质也不佳，在众人遭遇商老太暗算时，刚受赵半山与胡斐大恩的他竟然也想拿下胡斐以向商老太讨饶，良知实在有限；吕希贤则热衷名利、投靠官府；因为内心不平而走上“犯罪道路”的陈禹更是不堪。

尽管赵半山出手相助，清理门户，但吕希贤惨死、孙刚峰断腕、陈禹伏法，广平太极门的高手已死伤殆尽，就此一蹶不振已是定局，而这一切，不过是咎由自取。

优秀的一把手都懂得未雨绸缪，事事提前安排，比如说老掌门年纪大了，就算不明确指定接班人，但完全可以做些铺垫，对意向人选委以重任，在大家面前有意无意地吹吹风，在制度上也铺铺路，给接班人列个标准，如参加工作多少年、进入领导班子多少年、学历履历年龄身高等，甚至可以有意培育准接班人的势力，比如当年丘处机为尹志平准备的强大后援团……

孙伏虎被推举时，“神色之间甚是得意”，显然认为自己作为大弟子，接班最为名正言顺，尉迟连则是“伸袖擦了擦眼，显得怀念师父，心中悲戚”。可见此人城府最深，在知道自己辈分资历不占优势的情况下，大打两张牌：一是借怀念先师展现自己的“德”并博取同情；二是借低调行径展示自己成熟的一面，以契合自己的被推举理由——年长。

尉迟连言语一直客气，看起来可算是三人中最具掌门气度的，但这只是表象——你有礼貌懂规矩，见到谁都打招呼，开会主动给领导倒茶，领导都觉得你这孩子挺懂事，可一有工作任务你就说让别人先上吧，你能糊弄得了谁?

立长？立嫡？立贤？其实只有立场

韦陀门，创始人是少林无相大师，属少林分支。这位无相咱们都颇熟悉，当年是少林高僧，于南宋末期执掌少林达摩堂，一转眼几百年过去了，到了《飞狐外传》的时代，也就是清朝乾隆年间，韦陀门依然还在，是武林中的优秀传承品种之一。

可在福康安筹办天下掌门人大会的当口，韦陀门的老掌门万鹤声去世了，掌门人位置空缺了。而且他老人家得的是中风，一发作便人事不知，没留下遗言。

没留下遗言，没指定接班人，这可是会出大事的啊，惨痛教训太多了，比如阳顶天失踪后的明教，比如裘千仞落跑后的铁掌帮，前者陷入分裂，后者干脆烟消云散，这可是关乎兴衰存亡的大事。那位说了，老掌门自己也不想这样啊，世事难料，突然发生意外，谁能说得准？意外当然在所难免，但优秀的一把手都懂得未雨绸缪，事事提前安排，比如说老掌门年纪大了，就算不明确指定接班人，但完全可以做些铺垫，对意向人选委以重任，在大家面前有意无意地吹吹风，在制度上也铺铺路，给接班人列个标准，如参加工作多少年、进入领导班子多少年、学历履历年龄身高等，甚至可以有意培育准接班人的势力，比如当年丘处机为尹志平准备的强大后援团……

阳顶天和裘千仞失踪时都正值壮年，没做妥善安排情有可原，但万鹤声既然年事已高，而且没有儿子，平时就应该未雨绸缪，为意向人选铺路，这方面的缺失必然会造成日后的危机。

所以，闹笑话了。万老拳师的追悼会上，三大弟子一同做孝子，胡斐见他们相貌各不相同，还以为万老拳师讨了几个老婆，三个儿子非一母所生，结果后来才搞明白，这三位全是徒弟。书中提到，大家坐定后，“那身材矮小的孝子站起身来，举杯谢客人吊丧。他谢过之后，第二个孝子也谢一遍，接着第三个又谢一遍，言辞举动一模一样，众客人一而再、再而三地起立还礼，不由得颇感腻烦”。有人就问了，三个人一起谢一次不就行了？这么折腾大家干吗呢？有位中年武师就解释了：“万老拳师名成业就，就可惜膝下无儿。他收了三个徒弟，那身材矮小的叫做孙伏虎，是老拳师的大弟子。这白脸膛的汉子名叫尉迟连，是二弟子。红脸膛酒糟鼻的大汉，名叫杨宾，是他的第三弟子。这三人各得老拳师之一艺，武功是很不差的，只是粗人不明礼节，是以大师兄谢了，二师兄也谢，三师弟怕失礼，跟着也来谢一次。”

可实际上，三位师兄弟一人谢一次，真正原因可不是不明礼节，而是都以接班人自居。

在《金庸政治学（一）》中，我曾分析过红花会和全真教的接班人暗战，也写过成吉思汗的接班人选择。韦陀门的这场斗争，看似不起眼，残酷性和激烈程度也远不如前面所提的这几个，但却极具典型性。说到接班人选择，大抵分三种情况：立嫡、立长和立贤。立贤又可分为德才两部分，有时选择品德高尚的，有时选择才能出众的，当然，二者兼而有之最好，但可遇不可求。而在“实际操作”中，立什么压根没有标准，只看个人立场。你的主子是长子，你肯定支持立长；你的主子是嫡子，你肯定支持立嫡；你的主子既不是长子又不是嫡子，你肯定找出种种理由说要立贤，而且这个“贤”的依据很可能千奇百怪甚至歪曲事实，比如说话结巴是老实厚道，反应迟钝是深思熟虑，耽于酒色是不拘小节……

所谓长嫡贤，不过是权力斗争的工具。

外部权威声音提出竞争上岗

韦陀门的这场纷争非常有意思，师兄弟三人，一人找了一个托，都是年老武师，身份地位不低，一开口就表明各自立场。他们是这么说的——一名老武师道："自来不立贤便立长，万老拳师既无遗言，那掌门一席，自非大弟子孙师兄莫属。"另一名老武师道："立长之言是不错的。可是孙师兄虽然入门较早，论年岁却是这位尉迟师兄大着一岁。尉迟师兄老成精干，韦陀门若是由他接掌，定能发扬光大，万老拳师在天之灵，也必极为欣慰了。"第三名老武师连连摇手，说道："不然不然，若在平日，老朽原无话可说。但这番北京大会，各门各派齐显神通。韦陀门掌门人如不能艺压当场，岂不是坏了韦陀门数百年的英名？因此以老朽之见，这位掌门人须得是韦陀门中武功第一的好手，方能担当。三位师兄都是万老拳师的得意门生，各擅绝艺，武林中人人都是十分钦佩的。不过说到出乎其类，拔乎其萃，那还是后来居上，须推小师弟杨宾了。"第一名老武师哼了一声，道："那也未必。武学之道，多练一年，功夫便深一年。杨师兄虽然天资聪颖，但就功力而言，那是远远不及孙师兄了。刀枪拳脚上见功夫，这是丝毫勉强不来的。"第二名老武师道："说到临阵取胜，斗智为上，斗力其次。兄弟虽是外人，但平心而论，足智多谋，还该推尉迟师兄。"

之所以原文摘录，是因为这组对话实在有趣：第一位老武师提出立长，按辈分资历，要立大弟子孙伏虎，而且因为万老拳师没儿子，大弟子与嫡子无异，所以这个立长的实质可算是立嫡；第二位老武师也说要立长，但表示应该立入门晚一点，可年纪大一岁的老二尉迟连，依据是年龄；第三位武师一看，自己要捧的老三杨宾年龄和资历都不占优势，那只好打出立贤旗号了，表示杨宾后来居上，在韦陀门内武功最高。但这个立贤的依据并未经过实践证明，不像孙伏虎的大弟子身份和尉迟连的年纪最长那样无可辩驳，于是前两位老武师立刻反驳，也拿出了“贤”的理由：一个说孙伏虎练功时间最长，功力肯定最深；一个说咱实战不讲究斗力，更讲究斗智，尉迟连足智多谋，更值得信赖。

这三个托儿简直就是推举接班人的样板，各种方式各种理由各种套路都在其中。而准接班人的反应也很有意思，孙伏虎被推举时，“神色之间甚是得意”，显然认为自己作为大弟子，接班最为名正言顺；尉迟连则是“伸袖擦了擦眼，显得怀念师父，心中悲戚”，可见此人城府最深，在知道自己辈分资历不占优势的情况下，大打两张牌：一是借怀念先师展现自己的“德”并博取同情；二是借低调行径展示自己成熟的一面，以契合自己的被推举理由——年长。

值得一提的是，这三个托儿都是外人，并非韦陀门中人。书中提到，韦陀门的前辈尊长们“散处各地，向来不通音问”。这说明韦陀门原本的组织形态就比较松散，而且管理问题绝非万鹤声这一代独有，很可能上上任掌门就留下了一个烂摊子，万鹤声等师兄弟为了掌门之位撕破了脸，结果尽管万鹤声如愿，同门师兄弟却都各自授徒、自成体系，与掌门老死不相往来。当年与万鹤声并称“韦陀双鹤”的刘鹤真，名字仍被老一辈武师所记得，可多年来却销声匿迹，无人识得，多半也是因为这事。他嘴上说“我是师兄，万鹤声是师弟。我要做掌门，当年便做了，何必等到今日”，一方面固然是自身淡泊，另一方面也很有可能是眼见万鹤声等师弟为了掌门之位争斗不休，心灰意冷，主动离去。这也使得新任掌门的争夺战变得“单纯”了些，就是三位师兄弟之争，背后没有老一辈插手，大家所比拼的是自身势力，而且三位都不算聪明人，不懂得合纵连横，因此形成了三方均势。

大家现场争执不下，唯有求助外部权威声音，恰好御前侍卫来送请柬，而且是带着任务来的，唯恐天下不乱，于是站出来说“各位且莫争吵，请听兄弟一言”。大家一看，官老爷发话了，这可是权威啊，听听人家说什么，结果人家出了个主意：竞争上岗吧！大家比拼业务，韦陀门最大的业务就是武学修为，三兄弟拼一拼，立刻见高低，武功最高者为掌门。“咱们便请万老拳师的灵位主持这场比武，由他老人家在天之灵择定掌门，倒是一段武林佳话呢”——把尸骨未寒之际的同室操戈说成武林佳话，也亏他说得出口，也亏有那么多人上当。

当局者利欲熏心，旁观者唯恐天下不乱，只图有热闹可看，都极容易被别有用心者诓骗。

滑头成了倒霉蛋

很多人都说，不管啥年代，滑头最好混，处处占便宜，可若非社会风气极度败坏，滑头即使能获利一时，也成不了大气候，甚至弄巧成拙。而在竞争一把手时，滑头也往往是看似占优，最后失利。

原因很简单：既然是滑头，就注定事事计较得失，欠了担当与魄力，而后两者恰恰是一把手最需要的特质。

韦陀门三大弟子中，尉迟连被称作“足智多谋”，但他的表现则只算滑头，决非多智。御前侍卫建议三人比武决出新掌门，大家并无异议，可既然是三人比武，每轮就必有一人轮空，侍卫按常理询问“是孙师兄与尉迟师兄么”，因为这二位是大师兄和二师兄，按理应该在小师弟之前出场，孙伏虎也无异议。可尉迟连却“心想若是先与大师兄动手，胜了之后还得对付三师弟，不如让他们二人先斗个筋疲力尽，自己再来卞庄刺虎，捡个现成”，于是表示“兄弟武艺既不及师兄，也不及师弟，这个掌门原是不敢争的。只是各位老师有命，不得不勉强陪师兄师弟喂招，还是杨师弟先上吧”。

本来这计策也极常见，尤其是三兄弟水平相当，体力很关键，但眼下是争夺一把手的当口，虽说是以武功定高低，可有无担当有无魄力，大家都会看在眼里。尉迟连在众目睽睽之下说句漂亮话，表示自己不敢争掌门，只是陪着喂喂招，让老大和老三先干架，看似高明，实则丢分，稍有点头脑的人都能看得出他是在取巧，这样的耍手段全无意义。

后来袁紫衣到场，表示要争夺掌门。孙伏虎和杨宾二人不知如何应对，尉迟连则以礼相待，表示“敝门今日在先师灵前选立掌门。请姑娘上坐观礼”，言语一直客气，看起来可算是三人中最具掌门气度的，但这只是表象——

你有礼貌懂规矩，见到谁都打招呼，开会主动给领导倒茶，领导都觉得你这孩子挺懂事，可一有工作任务你就说让别人先上吧，你能糊弄得了谁？

在孙伏虎和杨宾双双受挫后，尉迟连还想要嘴皮子，打算自承武功不及，把丑话说在前面，即使输了比武也不输面子，结果一开口就被袁紫衣打断，说你话太多我懒得听，你少废话爽快点，这态度等于当面说你丫还是不是男人啊，厚脸皮如尉迟连也是脸上一红。他倒也有如意算盘，打算挑战拳脚，还不用本门正宗六合拳，而是用赤尻连拳，这套拳法“是一套近身缠斗的小擒拿手法，每一招不是拿抓勾锁，便是点穴打穴。尉迟连心想她武功再强，小姑娘膂力总不及我，何况贴身近战，女孩儿家有许多顾忌之处，自己便可乘机取胜”。

三流武侠小说里常有一个狗血情节：女主角女扮男装跟男主角比试，男主角不知道，出手直奔对方胸前大穴，女主角脸上一红，说你是流氓，男主角丈二和尚摸不着头脑，心想我咋流氓了咋流氓了……就此留下一场误会，成为姻缘的开始。可见那年头打架，利用女性身体敏感部位来讨便宜是流氓行为。尉迟连这么一说，袁紫衣神情立刻不豫，然后出手，用赤尻连拳却不容他近身，两招就把他踢得直飞出去，“摔在天井的石板之上，脸颊上鲜血直流……三个师兄弟之中，倒是这尉迟连受伤见血”。

至于孙伏虎与杨宾，二人都看不起女子，不愿主动应战，却一一遭袁紫衣击败，不过因为二人不像尉迟连这般要滑头下三滥，都没受伤见血。孙伏虎输得奇快，杨宾则连输刀枪二阵，但他被袁紫衣刀压颈项时，仍极为强硬，反而挺直脖子，心想“你便是将我脑袋斩下，我额头也不点地”，而且他尽管技艺不如人，但无论出战场次、对手出手的强度都优于孙伏虎，可见业务能力已超过师兄，缺陷是比枪失败后，头也不回出门而去。作为一个接班候选人，这种输不起的行径自是显得气度不佳，不过三位竞争者说到底都是粗人，气度格局有限，杨宾此举从另一个角度来看倒也可以理解为知耻，虽然有没有后勇另当别论，但起码人家要脸，这一点就比尉迟连强。

后来，袁紫衣击败刘鹤真，却遭胡斐盗马，当即离去，书中对韦陀门新掌门一事再无交待（袁紫衣那是自封的，不算数）。但就我猜测，经灵堂一役，滑头的尉迟连丢人现眼，并暴露了不敢担当的性格弱点，已再无机会，老大孙伏虎的表现不过不失，还有大师兄这一身份保障；老三杨宾功力最纯，业务最佳，表现也最有气概，韦陀门新掌门的竞争，将从三足鼎立变为孙伏虎和杨宾的二人转。

西岳华拳门的“弃德重才选掌门”

胡斐营救中毒垂危的马春花，偶然遇上了华拳门的掌门争夺战。

华拳门在天下掌门人大会即将召开之际选掌门，实属无奈，俗话说“华拳四十八，艺成行天涯”。这华拳门也是大门派，弟子众多，历史悠久，可就是没掌门，而且不是眼下没掌门，而是从成立时就没掌门，近三百年都没掌门。

三百年没掌门，华拳门各支派都没觉得有啥问题，可眼下要召开天下掌门人大会，对于热衷名利者来说，这可是成名露脸的大好机会，于是，咱必须有掌门，掌门必须还是咱支派的！按书中表述，华拳门“三百年来，一直分为艺字、成字、行字、天字、涯字五个支派，已有三百年没总掌门了。虽说五派都是好生兴旺，但师兄弟们总是各存门户之见”，以至于大家出门之后都说自己是某支派的，绝口不提自己是华拳门的。而且五派之间芥蒂颇深，书中提到，大家比武时都全力以赴，刚出场的那些弟子都并非门中高手，也不是真的想能当上掌门。“只是华拳门五个支派向来明争暗斗，乘此机会，以往相互有过节的便在台上好好打上一架”，结果华拳门虽然人多，手底下也不含糊，可名声却不及其他大门派。

五个支派各成体系，这是“名利”二字使然，大家谁也不想居于人下，现在急急忙忙要选掌门，同样是“名利”二字使然，因为有掌门人大会这么一个露脸机会。

也正因为有利益驱动，所谓“选个掌门将华拳门整顿一番”的说法，其本质是“选个掌门，由一派吞并其他四派”。所以当艺字辈代表表示“晚辈忝为艺字派之长，胆敢代本派的全体师兄弟们说一句，待会推举了掌门人出来，我们艺字派全心全意听从掌门人的言语”时，台下有人嘲讽式地叫好，而其他几个支派虽也表态，但也不可能诚心诚意，比如涯字辈说“涯字派是小弟弟，大哥哥们带头干，小弟弟决不能有第二句话”。其实“艺成走天涯”五派颇似明教五行旗的“金木水火土”，所谓小弟弟的说法不过揶揄，说白了还是一肚子野心。

所以，老蔡说了这么一句话：“本来嘛，掌门人凭德不凭力，后生小子玩艺儿再高明，也不能越过德高望重的前辈去……可是这一次情形不同啦。在天下掌门人大会之中，既是英雄聚会，自然要各显神通。”

老蔡能够在华拳门全体大会上做总结式发言，且眼光独到，并代表华拳门参加天下武林人大会，可算是门中第一名宿，但此人重利忘义，后来出卖胡斐，人品甚差。姬晓峰得父亲真传，已是门内第一高手，“武功已赶得上父亲的九成，但性格却远不及父亲的光明磊落。他悄悄地躲在假山之后，要瞧明白了对手各人的虚实”，行径也非光明正大，由此可见华拳门整体道德素质偏低，但这并非是华拳门“弃德重才选掌门”的根本原因。我曾在《倚天屠龙记》卷中写到，官场上提拔人，所谓的“德才兼备”往往是个工具，只要领导铁了心要提拔你，就总有说法。你没才，“德”就变得无比重要，连你小时候扶老太太过马路也成了佐证；你要是没德，“才”就重要起来了，你小学得过三好学生也能成为天赋异禀的证据。要是不想让你上位，“兼备”二字就妙处陡生：你有才，人家说你没德，你老好人，人家说你没才，反正你就不是德才兼备的合适人选……

说到底，在没有完善选举制度和合理评价体系保障的情况下，这些玩意儿都是工具。眼下的华拳门也是如此，天下掌门人大会在即，要选个掌门去出风头，这是头号政绩工程，关乎大家的脸面，不找个能打的可不行，而且五派各有私心，靠推举不可能有结果，比武是最简单直接的办法，“德”可以忽视。

图书在版编目（CIP）数据

金庸政治学.2 ／ 叶克飞著. —南京：译林出版社，2013.2
ISBN 978-7-5447-3575-9

Ⅰ.①金… Ⅱ.①叶… Ⅲ.①金庸（1924～）－侠义小说－小说评论
Ⅳ.①I207.425

中国版本图书馆CIP数据核字（2012）第316147号

书　　名 金庸政治学（二）
作　　者 叶克飞
责任编辑 陆元昶
特约编辑 粲　然
出版发行 凤凰出版传媒股份有限公司
译林出版社
出版社地址 南京市湖南路1号A楼，邮编：210009
电子邮箱 yilin@yilin.com
出版社网址 http://www.yilin.com
印　　刷 三河市祥达印装厂
开　　本 640×960毫米　1/16
印　　张 21.25
字　　数 170千字
版　　次 2013年4月第1版　2013年4月第1次印刷
书　　号 ISBN 978-7-5447-3575-9
定　　价 35.80元